Начальный курс
РУССКОГО ЯЗЫКА
러시아어

동완 · 김학수
공저

신아사

머리말

최근 어느 외국의 정보센터 통계에 의하면 학술문헌어로서 가장 많이 이용되고 있는 것은 영어지만, 그 다음으로 많은 것은 러시아어 문헌이라고 한다. 이와 같이 선진제국에서의 러시아어 연구열은 대단하며, 정치, 경제, 문화, 특히 과학, 기술 분야의 국제교류가 증진되어감에 따라 러시아어의 중요성은 날이 갈수록 고조되어가고 있다.

그러나 유감스럽게도 우리나라에서의 러시아어 연구는 아직까지도 초보적인 단계를 벗어나지 못하고 있다. 그것은 소련이라는 나라가 역사적으로나 지리적으로 가장 가까운 나라이면서도 우리하고는 체제가 다른 나라, 외교적인 교류가 없는 나라라는 점에서 자연히 소외되고 도외시되어 왔기 때문이다. 그러나 급변을 거듭하는 최근의 국제정세는 체제의 차이를 극복하고 소련이라는 나라를 사실 그대로 이해하고 우리의 참모습을 상대방에게 전해줘야 할 절박한 필요성을 우리에게 제시해 주고 있다.

이런 여러 가지 점으로 미루어 볼 때, 비록 늦은 감은 없지 않아도 이번에 우리나라 최초로 이 러시아어 활자본을 내게 된 것은 시의(時宜)에 맞는 일인 동시에 우리나라 러시아어학계를 위해서도 자못 의의(意義) 깊은 일이 아닐 수 없다.

이 책은 새로 러시아어를 배우려는 사람들을 위한 교본이며 학습서이다. 그러나 이 책은 러시아어를 독학하려는 자습서로도 충분히 이용될 수 있게 꾸며져 있다. 발음 편에서는 어려운 발음마다 도해를 곁들여 설명을 했고, 각 과마다 본문, 단어, 문법, 연습문제의 네 부분으로 나뉘어 있다. 상세한 문법설명, 빈번한 어휘의 반복, 풍부한 연습문제, 그리고 부록에 첨부한 1300여개의 단어집과 동사변화표, 품사변화표는 러시아어를 배우려는 초학자들에게 많은 도움을 주리라고 믿는다.

오래 동안 등사물로 공부하던 학습자들에게 처음으로 이러한 활자본이 제공되는 것은 타산을 생각지 아니한 신아사 정석균 사장의 결단과 편집부장 이종세 씨의 커다란 노고, 그리고 교정을 전담해 준 한국외국어대학 소련 및 동구문제연구소 김종국 간사의 수고의 덕택이다. 저자들은 진심으로 이분들에게 감사를 드리며 이것을 키워서 더욱 완벽한 것을 만들기를 기약하는 바이다.

1975년 3월

저 자

목 차

부 록

자 모

Алфавит

번호	인쇄체 대·소문자	필기체 대·소문자	명 칭	영어의 유사음	음가
1	А а	А а	а 아	"father"의 a	아
2	Б б	Б б	бэ 베	"book"의 b	ㅂ
3	В в	В в	вэ 붸	"vote"의 v	ㅂ
4	Г г	Г г	гэ 게	"good"의 g	ㄱ
5	Д д	Д д	дэ 데	"day"의 d	ㄷ
6	Е е	Е е	е(йэ) 예	"yes"의 ye	예
7	Ё ё	Ё ё	ё(йо) 요	"yolk"의 yo	요
8	Ж ж	Ж ж	же 졔	"pleasure"의 s	ㅈ
9	З з	З з	зэ 제	"zone, please"의 z	ㅈ
10	И и	И и	и 이	"meet"의 ee	이
11	Й й	Й й	и краткое 이 끄라뜨꼬예	"boy"의 y	이
12	К к	К к	ка 까	"kind"의 k	ㄲ
13	Л л	Л л	эл(эль) 엘	"full, god"의 l	ㄹㄹ
14	М м	М м	эм 엠	"man"의 m	ㅁ
15	Н н	Н н	эн 엔	"note"의 n	ㄴ
16	О о	О о	о 오	"port"의 o	오
17	П п	П п	пэ 뻬	"pen"의 p	ㅃ

번호	인쇄체 대·소문자	필기체 대·소문자	명 칭	영어의 유사음	음가
18	Р р	Р р	эр 에르	§ 3의 4 참조	ㄹ
19	С с	С с	эс 에스	"speak"의 s	ㅆ
20	Т т	Т т	тэ 떼	"too"의 t	ㄸ
21	У у	У у	у 우	"book"의 oo	우
22	Ф ф	Ф ф	эф 에프	"fire"의 f	ㅍ
23	Х х	Х х	ха 하	§ 3의 6 참조	ㅎ
24	Ц ц	Ц ц	цэ 쩨	"quartz"의 tz	ㅉ
25	Ч ч	Ч ч	че 체	"lunch"의 ch	ㅊ
26	Ш ш	Ш ш	ша 샤	"short"의 sh	ㅅ
27	Щ щ	Щ щ	ща 시챠	"tovarishch"의 shch	ㅅㅊ
28	ъ	ъ	твёрдый знак 뜨뵤르드이 즈나끄	§ 7 참조	—
29	ы	ы	ы 의	"it"의 i	의
30	ь	ь	мягкий знак 먀흐끼이 즈나끄	§ 4의 2 참조	—
31	Э э	Э э	э 에	"men"의 e	에
32	Ю ю	Ю ю	ю(йу) 유	"Yukon"의 yu	유
33	Я я	Я я	я(йа) 야	"yard"의 ya	야

주: 대문자는 문장의 첫글자나 고유명사의 첫글자에만 사용된다.

문자와 발음

§1. 알파비이뜨 (Алфави́т)

러시아어는 인도·유럽어족 중의 슬라브어파에 속하는 언어이다. 러시아어의 알파비이뜨는 남슬라브어에서 전해진 것으로 [끼릴문자](Кири́ллица)라고 불린다. 그것은 9세기 중엽(A.D. 863) 형 메포오지(Мефо́дий)와 함께 그리이스문자를 모체로 하여 최초의 슬라브문자를 만든 끼리일(Кири́лл)의 이름을 딴 것이다.

1918년 철자법 개정이후 지금까지 러시아에서 사용되고 있는 러시아어의 자모는 모두 33개이다. 그 중에는 10개의 모음문자, 한 개의 반모음문자, 20개의 자음문자, 2개의 무음가 자모가 있다.

모　　음	а, е, ё, и, о, у, ы, э, ю, я
반 모 음	й
자　　음	б, в, г, д, ж, з, к, л, м, н, п, р, с, т, ф, х, ц, ч, ш, щ
무음가자모	ъ, ь

거의 대부분의 자모는 대문자와 소문자의 구분을 갖지만 몇 개의 자모 ъ, ы, ь는 대문자가 없다. 그것은 이들 문자로 시작되는 낱말이 없기 때문이다. 러시아어의 글자는 표음문자이므로 따로 발음부호를 필요로 하지 않는다. 따라서 몇 가지의 발음규칙만 이해한다면 러시아어를 읽는데 별로 지장을 느끼지 않는다.

§2. 모음과 반모음

1. 모음 А, О, У, Ы, Э

А а　아—　[a]　대체로 한국어의 [아]와 비슷하다. 영어의 father, calm 등

의 a와 유사한 발음이다.

О о 오— [o] 한국어의 [오]와 비슷하지만, 좀더 입술을 둥글게 하고 앞으로 내어밀며 발음한다. 영어의 port, morning등의 o와 유사한 발음이다.

У у 우— [u] 한국어의 [우]와 달라서, 입술을 둥글게 하고 앞으로 내면서 [우-]하고 발음한다. 영어의 moon, mood의 oo에 해당한다. 혀는 약간 뒤로 당겨지고 혀의 뒷부분은 입천장 쪽으로 높여진다.

Ы ы 의 [ɨ] 모음 중에서도 가장 특유한 음이다. 영어에는 이에 해당하는 음이 없지만, 우리 나라의 [의]와 몹시 흡사하다. ы를 발음 할 때는 입을 옆으로 벌리고 혀를 뒤로 당긴 다음 혀 중앙부를 입천장 쪽으로 올리며 발음한다.

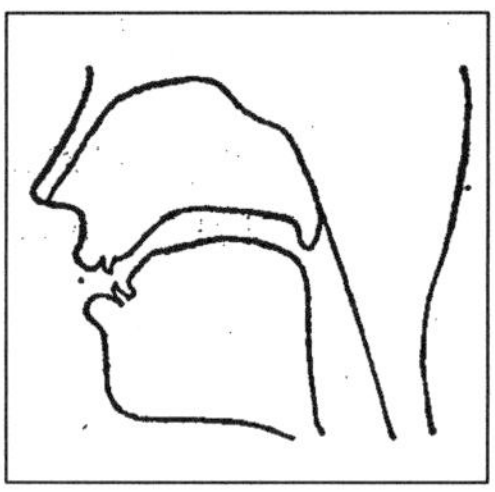

ы로 시작되는 낱말은 없으며 모음 뒤에도 오지 않는다. 항상 경자음과 결합해서 사용된다.

Э э 에 [ɛ] 우리 나라의 [에]와 비슷하다. 영어의 get, let 등의 e와 유사하지만, 좀더 입을 넓게 벌리고 혀와 입천장의 간격도 넓다.

2. 모음 Я, Ё, Ю, И, Е

Я я 야— [ja] 한국어의 [야]와 같다. Yard의 ya음

Ё ё 요— [jo] 대체로 한국어의 [요]와 같다. 언제나 역점을 갖는 것이 특징이다.

Ю ю 유— [ju] 한국어의 [유]와 같다. union의 u

И и 이— [i] 한국어의 [이]와 비슷하다. 영어의 eve, eat, each 등의 모음에 해당한다. 혀를 긴장시키고 입술을 다소 좌우로 당기듯이 하며 [이]라고 분명히 발음한다.

Е е 예— [jɛ] 한국어의 [예]와 비슷하다. 영어의 yes, yet 등의 ye에 해당한다.

3. 반모음 Й

Й й (짧은)이 [j] Й (и кра́ткое)는 단독적으로 발음되지 못하고 항상 모음 뒤에 붙어서 이중모음(diphthong)을 형성한다. 따라서 자음 뒤에는 붙이지 못한다.

ай [아⌒이] 영어의 by, my의 y
ой [오⌒이] 영어의 boy, toy의 oy } 처럼 발음된다.
эй [에⌒이] 영어의 say의 ay

ай, ой, эй 등 이중모음은 두 음이 한데 결합하여 하나의 음절을 이루지만, аи, ои, эи는 두 개의 모음이 따로 발음되어 두 개의 음절을 이룬다.

비교 аи [아이] —— ай [아⌒이]
ои [오이] —— ой [오⌒이]
эи [에이] —— эй [에⌒이]

4. 경모음(硬母音)과 연모음(軟母音)

러시아어의 모음은 각각 대응하는 경모음과 연모음을 갖는다.

경모음:	А а	О о	У у	Ы ы	Э э
	아—	오—	우—	의—	에—
연모음:	Я я	Ё ё	Ю ю	И и	Е е
	야—	요—	유—	이—	예—

연모음은 대응하는 경모음 앞에 Й[j]를 붙임으로써 이루어진다.

й+а [j+a] = я [ja]
й+о [j+o] = ё [jo]
й+у [j+u] = ю [ju]
й+э [j+ε] = е [jε]

※ 음성기호 [j]는 약한 й를 가리킨다. 러시아어 자모중에 [j]를 나타내는 자모는 없으며 연모음을 구성하는 요소가 된다.

ы와 и도 서로 대응하는 경모음과 연모음이지만, 이 대응만은 예외이다. 즉 ы앞에 й를 붙여 발음해도 и음이 되지는 않는다. 이상의 대응관계를 다시 문법적으로 정리하면 다음과 같아진다.

경 · 연모음 대응표

경모음	а	о	у	ы
	|	∧	|	|
연모음	я	е ё	ю	и

위의 대응은 앞으로 명사, 형용사의 어미변화를 배울 때 경변화와 연변화를 나누는 기초가 된다. (э는 주로 낱말의 어두나 외래어표기에 사용되므로 э-е의 대응은 문법상의 의의를 가지지 못한다.)

◈ 발음연습

аяˌ оэ, ое, ую, ые, ою, ее, яя, юю, ею

ои-ой, еи-ей, ыи-ый, ии-ий, яи-яй

§ 3. 자음과 모음의 결합

1. 자음 М, Н

М м [ㅁ] [m] 입술을 다물었다가 숨을 내쉬며 [므]라고 발음한다. 영어의 m와 같다.

ма-мя мо-мё му-мю мы-ми мэ-ме

ам-ям ом-ём ум-юм ым-им эм-ем

май 5월	мой 나의	ма́ма 엄마	и́мя 이름	я́ма 구멍
마이	모이	마마	이먀	야마

Н н [ㄴ] [n] 혀끝을 윗니에 대고 발음한다. 영어의 n에 해당한다 (now의 n).

на-ня, но-нё, ну-ню, ны-ни, нэ-не

ан-ян, он-ён, ун-юн, ын-ин, эн-ен

нам 우리에게	мне 나에게	мне́ние의견	он 그 사람
남	므녜	므녜니예	온

2. 음절과 역점

모음은 그 자신만으로 하나의 음절을 형성한다. 그러나 자음은 단독으로 음절을 형성할 수 없고 모음과 결합해야만 음절을 형성할 수 있다. 러시아어에서 한 음절로 된 낱말 он, май, нам, 두 음절로 된 낱말 ма́ма, я́-ма, е-ё, 세 음절로 된 낱말 мне́-ни-е등이 많고, 네 음절 이상의 낱말은 그리 흔하지 않다.

보통 한 낱말 속에는 반드시 한 개 또는 두 개 이상의 모음이 들어있지만, 두 개 이상의 모음(음절)이 있을 경우에는 그 중의 한 모음이 다른 모음보다 강하고 길게, 그리고 분명하게 발음한다. 이것을 가리켜 역점(ударе́ние, 우다레에니에)을 가진다고 말한다. 한 낱말에 모음이 하나밖에 없을 경우에는 그 모음에 역점이 떨어진다. 역점은 모음 위에 [']로서 표시하지만, 한 음절로 된 낱말에서는 표시하지 않는다. 그리고 교과서나 학습서가 아닌 책이나 신문 잡지에는 역점이 표시되지 않는다. 따라서 처음 낱말을 배울 때는 그 뜻과 함께 역점의 위치도 기억해 두도록 해야 한다(모음 ё는 항상 역점을 가진다).

3. 자음 Б, П; В, Ф

Б б [ㅂ] [b] 입술을 다물었다가 열면서 내는 [ㅂ]소리이다. 영어의 b와 같은 음(boy의 b)

П п [ㅃ] [p] 입술을 다물었다가 열면서 입김을 내는[ㅃ]음이다. 영어의 p와 유사하지만 pen, pin의 p에서 보는 가벼운 기식음 [ㅍ]가 아니라 우리 나라의 된 발음 [ㅃ]에 흡사하다.

б는 유성자음이고 п는 이에 대응하는 무성자음이다.

ба бо бу бы бэ ※ { аб об уб эб
па по пу пы пэ   { ап оп уп эп

※ 낱말 어미에 있는 유성자음은 대응하는 무성자음처럼 발음한다.

аб=ап　об=оп　уб=уп　эб=эп

ба́ба 농부	бана́н 바나나	бой 전투	бо́мба 폭탄
바바	바난	보이	봄바
па́па 아빠	поп 승려	пе́ние 노래	пой 노래하라
빠빠	뽀쁘	뻬니예	뽀이

В в [ㅂ] [v] 윗니 끝을 아래 입술에 가볍게 대고 발음한다. 영어의 v와 흡사하지만, 영어의 v가 윗니 끝을 아래 입술 바깥에 대는데 반해서 러시아어의 В는 아랫입술 안쪽에 대는 것이 다른다.

Ф ф [ㅍ] [f] В와 발음 위치는 동일하다. 윗니로 아래 입술 안쪽을 누르면서 공기를 마찰하여 내는 음이다. Ф는 무성자음이고 이에 대응하는 유성자음은 В이다.

ва　во　ву　вы　вэ　вя　ве
фа　фо　фу　фы　фэ　фя　фе

※ { ав　яв　ов / аф　яф　оф }

※ В는 어미에 있을 때 Ф처럼 발음된다.

война́ 전쟁	вам 당신에게	вы 당신	вино́ 술
보인나	밤	브이	비노
фон 배경	фено́мен 현상	Фе́ня(여자이름)	финн 핀랜드 인
폰	피노멘	페냐	피인

4. 자음 Л, Р

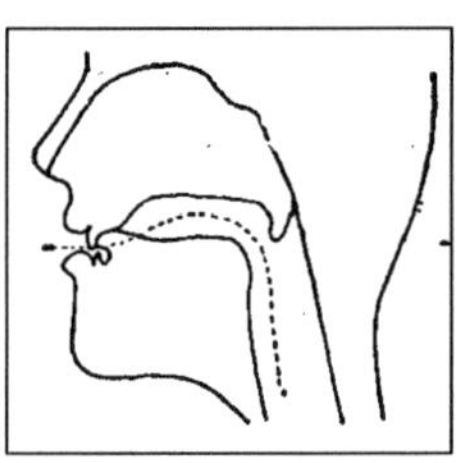

Л л [ㄹ] [l] 혀끝을 윗니 뒤쪽 밑에 가볍게 대고 혀 뒷 부분을 올려 스푼 모양을 만든 다음 목구멍으로부터 [엘]하고 발음한다. 영어의 l로 표시되지만 l하고는 다르다. 한국인에게는 가장 발음하기 힘든 음 가운데 하나이다.

ла ло лу лы лэ

ал ол ул ыл эл

ла́мпа 램프	луна́ 달	план 계획	пол 마루
람빠	루나	쁠란	뽈
бал 무도회	волна́ 파도	пыл 열정	лоб 이마
발	발나	쁴일	로쁘

Р р [르] [r] 혀끝을 윗 잇몸에 가볍게 대고 진동시켜 나는, 이른바 권설음(卷舌音)이다. 영어의 r에 해당하지만 혀끝을 굴린다는 점에서 커다란 차이가 있다.

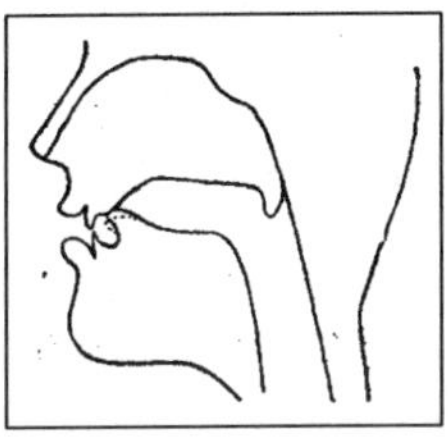

ра ро ру ры

ар ор ур эр

ра́ма 액자	раб 노예	рома́н 소설	ры́ба 물고기
라마	라쁘	라만	르이바
перо́ 펜	ю́мор 유모어	пар 증기	фо́рма 형태
삐로	유머르	빠르	포르마

5. 자음 З, С, Д, Т

З з [ㅈ] [z] 이를 다물고 혀끝을 윗니 안쪽으로 올리고 발음한다.
С с [ㅅ, ㅆ] [s] з는 영어의 **z**, с는 **s**에 해당하지만, з는 유성자음이고 с는 이에 대응하는 무성자음이다.

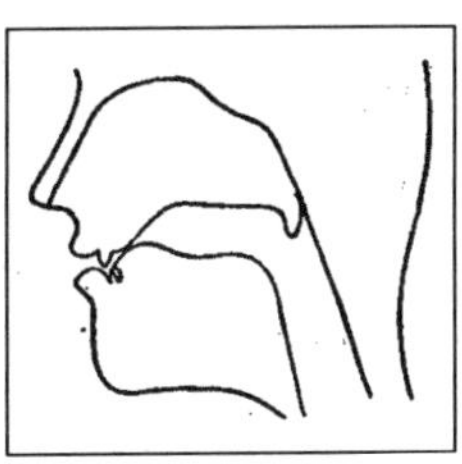

за зо зу зы аз ※ { оз уз
са со су сы ас ※ { ос ус

※ 어미의 з는 с처럼 발음한다.

оз = ос   уз = ус

за зо зу зы зэ зя зе ※ { аз оз
са со су сы сэ ся се ※ { ас ос

※ з는 어미에 있을 때 с처럼 발음한다.

зимá 겨울	зарń 노을	зуб 이빨	вáза 꽃병	раз 한번
지마	자랴	주쁘	바자	라스
сам 자신	Сóня 여자이름	слон 코끼리	сыр 치즈	суп 스프
쌈	쏘냐	슬론	쓰이르	쑤쁘

Д д [드] [d] 혀끝을 윗니 뒤에 붙였다가 떼면서 소리를 내면 드[d]가
Т т [뜨] [t] 되고, 입김을 내면 뜨[t]가 된다. 영어의 d, t에 해당한다.

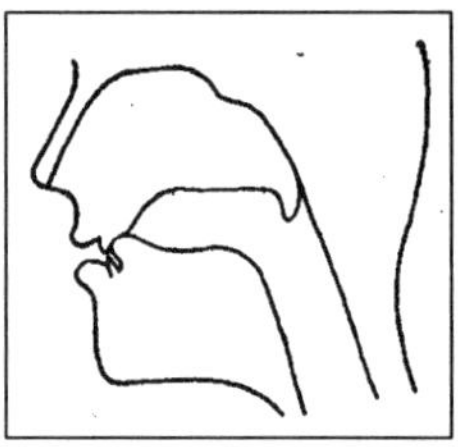

그러나 영어에서는 혀끝을 잇몸 위로 향하지만 러시아어의 д, т에서는 혀끝을 윗니 밑으로 향한다. 러시아어의 т에서는 영어 t에 수반하는 기식음(氣息音)을 찾아볼 수 없다. д는 유성음이고 т는 이에 대응하는 무성음이다.

да до ду ды дэ
та то ту ты тэ

※ { ад од уд / ат от ут }

※ д는 어미에 있을 때 т처럼 발음된다.

дáма 부인	дом 집	два 둘	рад 기쁘다	дым 연기
다마	돔	드바	라뜨	드임
там 저기	том 권	тудá 저기로	стол 책상	тыл 후방
땀	똠	뚜다	스똘	뜨일

д, т는 연모음 я, ё, ю, и, е앞에서 이른바 구개음화(口蓋音化)를 일이켜, д는 [d'] 즉 [ㅈ]비슷이, т는 [t']즉 [ㅉ] 비슷이 발음된다(자음의 구개음화에 대해서는 나중에 다시 설명하기로 한다).

дńдя 아저씨	тётя 아주머니	дéти 아이들
쟈쟈	쬬쨔	졔찌
тéма 테마	тигр 호랑이	дńктор 아나운서
쪠마	찌그르	직떠르

6. 자음 Г, К, Х

Г г [ㄱ] [g] 혀의 뒷부분을 입천장 뒤에 댔다가 떼면서 [그]라고 발음
К к [ㄲ] [k] 한다. 영어의 good의 g에 해당한다.

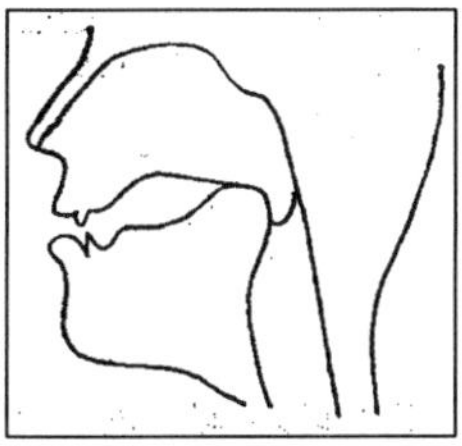

к도 발음위치는 동일하다. 영어의 kind의 k에 흡사하다. 그러나 영어의 к에 수반하는 가벼운 기식음이 러시아어의 к에는 없다.

г는 유성자음이고 к는 대응하는 무성자음이다.

га го гу ге
ка ко ку ке

※ { аг ог уг ег / ак ок ук ек }

※ г는 어미에 있을 때 к처럼 발음된다.

го́род 도시	гром 천둥	бума́га 종이	друг 친구
고라뜨	그롬	부마가	드루끄
ка́рта 지도	кни́га 책	уро́к 학과	куда́ 어디로
까르따	끄니가	우록끄	꾸다

Х х [흐] [x] х는 к와 비슷한 모양으로 발음한다. 그러나 к의 경우에는 혀의 뒷부분이 입천장 뒤에 닿지만 х의 경우에는 입천장에 닿지 않고 접근할 뿐이다. 접근한 그 사이로 숨을 내쉬면 х음이 나온다. к는 연속적으로 발음이 되지 않지만 х는 연속적인 발음(х-х-х)이 가능하다. 한글로는 [흐]로 표시하지만 [크]와 [흐]를 합친 발음이다.

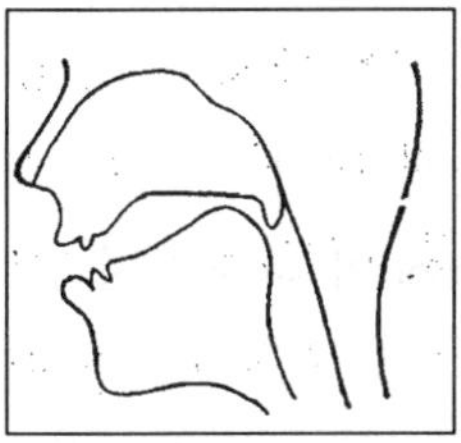

ха ха ху хэ хи ах ох ух их

хор 합창	холм 언덕	са́хар 설탕	хлеб 빵
호르	홀름	싸하르	흘례쁘
хи́тро 교활하게	смех 웃음	хо́лод 추위	хвост 꼬리
히뜨라	스메흐	홀라뜨	흐보스뜨

7. 자음 Ц

Ц ц [쯔] [ts] т와 с가 결합한 소리다. 혀끝을 윗 잇몸에 밀착시켰다가 튕기 듯이 떼며 강하게 발음 한다. 영어의 cats의 ts에 해당한다.

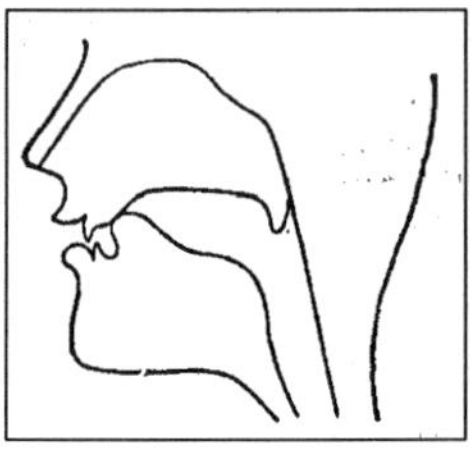

ца цо цу це цы ци

ац оц уц ец ыц иц

цари́ца 여왕 купе́ц 상인 цветы́ 꽃 лицо́ 얼굴

짜리짜 꾸뻬쯔 쯔비뜨이 리쪼

ц는 무성자음이고 항상 경자음(硬子音)이므로 ц뒤에 오는 연모음 е, и는 대응하는 경모음 э, ы로 발음된다.

це → [цэ] **це**нтр 쩬뜨르 [**цэ**нтр] 중심, 중앙

цена́ 쩬나 [**цэна́**] 가격

ци → [цы] **ци́**фра 쯔이프라 [**цы́**фра] 숫자

на́**ция** 나쯔이야 [на**цыя**] 민족, 국민

8. 자음 Ж, Ш, Ч, Щ

Ж ж [즈] [ʒ] 혀끝을 윗 잇몸의 뒤쪽으로 말아 올리듯이 하며 발음한
Ш ш [쉬] [ʃ] 다. ж는 영어의 vision, pleasure의 s, ш는 short의 sh와 유사하지만, 영어보다는 발음이 강하고 혀 위치도 낮다. ж와 ш는 같은 입 모양으로 발음되지만 ж는 유성자음이고 ш는 대응하는 무성자음이다.

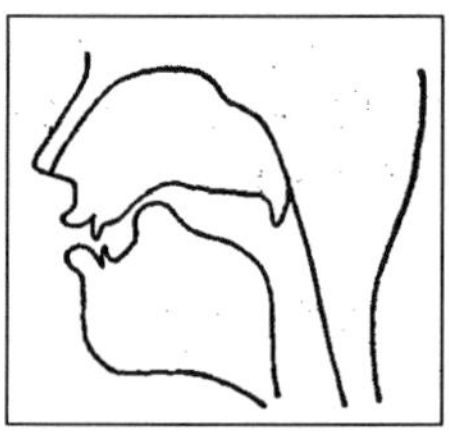

жа жо жу жи же

ша шо шу ши ше

※ { аж ож уж / аш ош уш }

※ ж는 어미에 있을 때 ш처럼 발음된다.

жар 열 журна́л 잡지 граждани́н 시민 муж 남편

좌르 주르날 그라쥐다닌 무쉬

шар 구(球)	ваш 당신의	шкóла 학교	шкаф 책장
솨르	바쉬	쉬꼴라	쉬까프

ж, ш는 항상 경자음이다. 따라서 그 뒤에 오는 연모음 е, и는 э, ы로 발음된다.

же → [жэ]	женá 아내	инженéр 기사
	줴나	인줴녜르
ше → [шэ]	пшени́ца 밀	шéя 목
	쁘쉐니짜	쉐야
жи → [жы]	живёт 살고있다	жи́ла 혈관
	쥐뵤뜨	쥘라
ши → [шы]	маши́на 자동차	ши́ре 더 넓게
	마쉬나	쉬례

Ч ч [츠] [tʃ'] 혀끝을 윗 잇몸의 뒷쪽으로 올리며 가볍게 발음한다. 영어의 lunch, chair등의 ch에 흡사한 음이지만 영어보다는 언제나 연하게 발음된다. ч는 무성자음이고 대응하는 유성자음은 없다.

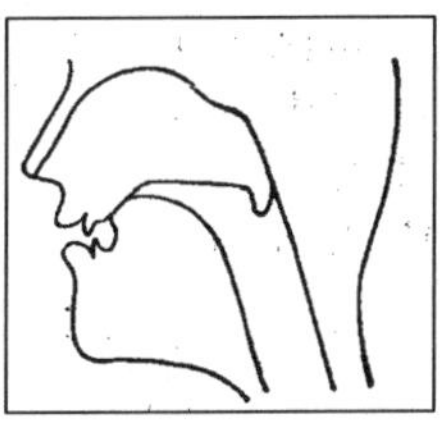

ча чо чу че чи; ач оч уч еч ич

чей 누구의	учени́к 생도	врач 의사	рýчка 펜
체이	우치니끄	브라치	루치까

Щ щ [시치] [ʃ'ʃ' 또는 ʃ'tʃ'] 혀 가운데를 입천장 가까이 올리고 ш와 ч를 결합한 듯이 또는 ш를 길게 끌듯이 발음한다. Щ는 무성자음이고 대응하는 유성자음은 없다.

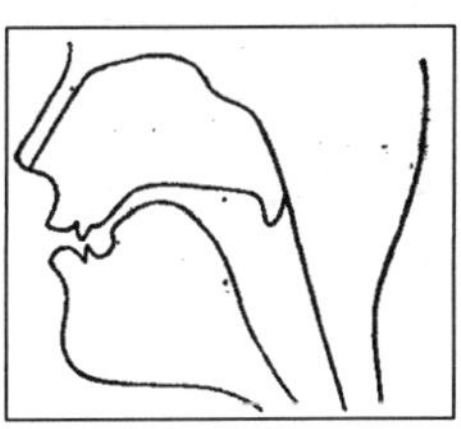

ща що щё щу щи ще

ащ ощ ещ ущ ищ ещ

ещё 아직	щи 캐비지국	щекá 볼	щётка 솔
이쇼	시	시까	쇼뜨까

ч, щ는 항상 연자음이다. 따라서 그 뒤에 오는 경모음 а, у는 대응하는 연모음 я, ю처럼 발음된다.

чай 차	чу́до 기적	щади́ 용서해라	щу́ка 삼치
차이	추다	시지	수까

9. 발음을 상실하는 자음

자음이 세 개 겹칠 때(-сти-, -здн-, -стл-처럼) 가운데 자음은 발음을 상실한다.

гру́стный 슬픈	ра́достный 기쁜	по́здно 늦게
그루스느이	라다스느이	뽀즈나
пра́здник 경축일	счастли́вый 행복한	
쁘라즈니끄	파슬리브이	

§4. 경자음과 연자음

1. 연자음

자음에는 경자음과 연자음이 있다. 지금까지 설명한 자음 м, б, н, п, в, ф, л, р, з, с, д, т, г, к, х, ц, ж, ш은 모두 경자음이다. 대부분의 경자음은 제각기 대응하는 연자음을 갖는다.

연모음의 경우에는 경모음 앞에 й[j]를 덧붙여서 이루어졌지만, 자음의 경우에는 경자음 뒤에 [j]를 덧붙임으로써 연자음이 형성된다.

연자음을 발음할 때에는 경자음을 발음할 때와 같은 입모양을 하고 [이]소리를 낼 때처럼 혀의 앞부분 전체를 입천장 쪽으로 끌어올리면서 발음한다. 이렇게 해서 발음되는 자음을 구개화자음(口蓋化子音), 또는 연자음이라고 부른다. 구개화되지 않은 자음은 모두 경자음이다.

2. 연자음의 표시법

1) 연음부 ь: 연음부 ь(мя́гкий знак)는 독립된 음가를 가지지 못하며 그 앞의 자음을 연화시키는 역할을 할 뿐이다. 즉 ь는 항상 자음 뒤에서만 쓰이며 ь와 결합된 자음은 모두 연자음이다. 연자음은 자음 오른쪽에 음성기호 [']를 달아 표시한다.

конь [kon'] 말　　　　**мать** [mat'] 어머니
꼰　　　　마찌

자음이 경자음이냐 연자음이냐에 따라서 단어의 뜻이 달라진다.

брат [brat] 형제　　　　бра**ть** [brat'] 잡다
브라뜨　　　　브라찌
но**в** [nof] 새롭다　　　　но**вь** [nob'] 처녀지
노프　　　　노비

ь는 자음 г, к, х 뒤에는 사용되지 않는다.

2) 연모음: 연모음 я, ё, ю, и, е도 또한 그 앞의 자음이 연자음임을 표시한다. 경자음 뒤에 연모음이 오면, 그 연모음은 앞의 경자음을 연음화시키기 때문이다. 즉 п+я(경자음+연모음)는 п'+а[p'a] (연자음+a)가 된다. д, т는 연모음 앞에서 구개음화(口蓋音化)를 일으켜 д는 [ㅈ]비슷이, т는 [ㅉ]비슷이 발음된다.

a) дя, дё, дю, ди, де [d'a, d'o, d'u, d'i, d'ε]

дя́дя[d'ad'ʌ] 아저씨
쟈쟈
з**де**сь[zd'εs'] 여기에
즈졔시
дюйм[d'uim] 인치
쥬임
ро́**ди**на[rod'inʌ] 고향
로지나

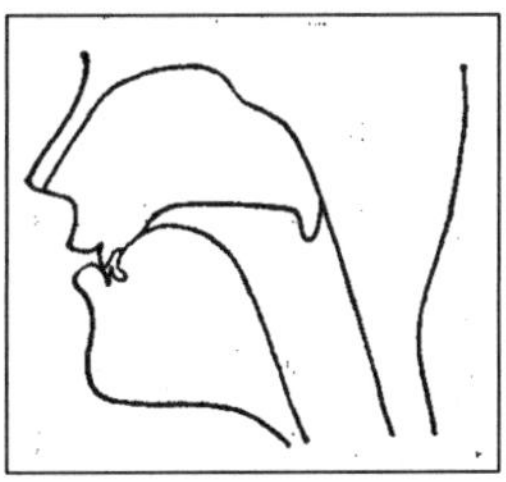

b) тя, тё, тю, ти, те

тётя[t'ot'ʌ] 아주머니

쬬쨔

карти́на[kʌrt'inʌ] 그림

까르찌나

костю́м[kʌst'um] 옷, 의상

까스쯈

c) ня, нё, ню, ни, не

ня́ня[n'an'ʌ] 유모

냐냐

Ню́ра[n'urʌ] 여자이름

뉴라

нёбо [n'obʌ] 입천장

뇨바

нет[n'ɛt] 없다, 아니다

녜뜨

d) ля, лё, лю, ли, ле

연자음 ль[l']는 혀를 입천장 쪽으로 높이고 혀의 앞부분을 경구개(硬口蓋)에 붙이고 발음한다. 영어의 life, lamp의 l보다 더 연하게(더 구개화하여) 발음한다.

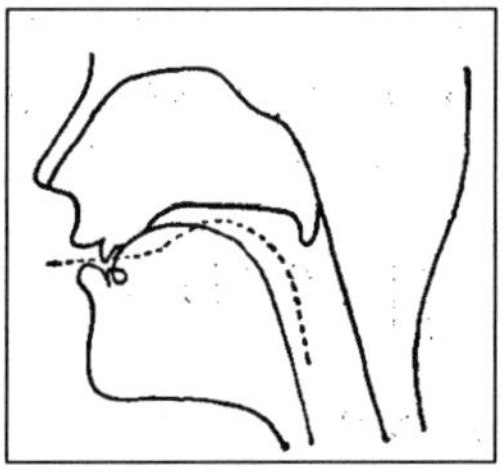

ель 전나무

옐

земля́ 땅

지믈랴

само**лёт** 비행기

싸말료뜨

и́ли 혹은

일리

лю́ди 사람들

류지

	л			ль	
мол	몰	방파제	моль	몰리	좀벌레
мел	멜	백묵	мель	멜리	얕은 여울
лот	로뜨	측연(測鉛)	слёт	슬료뜨	대회
лук	루끄	파	люк	류끄	선창

e) ме, ми, зе, зи, ре, ри, ги, ки, хи

ме́сто	메스따	장소	**рис**	리스	쌀
мир	미르	세계, 평화	**гига́нт**	기간뜨	거인
газе́та	가제따	신문	**кит**	끼뜨	고래
фи́зик	피지끄	물리학자	**хи́мия**	히미야	화학

3. 경자음과 연자음의 대응

다음 표에서 보는 바와 같이 러시아어에는 15개의 대응하는 경자음과 연자음이 있다. 그 밖에 보통 경자음으로만 발음되는 ж, ш, ц가 있는가 하면, 항상 연자음으로 발음되는 ч, щ가 있다(§ 3, 7, 8 참조).

보통경자음	Ж [ʒ]		ш [ʃ]			ц [ts]									
경 자 음	Б [b]	п [p]	д [d]	т [t]	в [v]	ф [f]	з [z]	с [s]	л [l]	м [m]	н [n]	р [r]	г [g]	к [k]	х [x]
연 자 음	бь [b']	пь [p']	дь [d']	ть [t']	вь [v']	фь [f']	зь [z']	сь [s']	ль [l']	мь [m']	нь [n']	рь [r']	[g']	[k']	[x']
항상연자음	ч [tʃ']		щ [ʃ'tʃ']												

a) г, к, х는 е, и앞에서만 연자음이 된다.

b) ь는 г, к, х와 ц뒤에 사용되지 않는다.

c) ж, ш, ч, щ뒤에 ь가 와도 발음에는 아무 영향이 없다.

ж=жь, ш=шь } 항상 경자음　　　ч=чь, щ=щь } 항상 연자음

вра**ч** 의사	до**чь** 딸
브라치	도치
каранда́**ш** 연필	мы**шь** 쥐
까란다쉬	므이쉬

§ 5. 역점(ударе́ние)이 없는 모음의 발음

러시아어의 모음은 역점을 가질 때 비로소 본래의 기본적인 음가를 분명히 나타낸다. 역점의 위치에 따라 단어의 뜻이 달라지기도 하고 역점이 없는 모음은 애매하고 약하게 발음된다. 특히 주의할 필요가 있는 것은 역점이 없는 a, o와 e, я의 발음이다.

замо́к 열쇠	за́мок 성(城), 저택
자모끄	자모끄
мука́ 밀가루	му́ка 고통
무아	무까

1. 역점이 없는 a, o

a) 역점이 있는 음절 바로 앞에 있을 때 역점이 없는 a, o는 모두 약한 [Λ]로 발음된다.

в**а**го́н [vΛgon]	바곤	차량	г**о**ра́ [gΛra]	가라	산
к**а**на́л [kΛnal]	까날	운하	в**о**да́ [vΛda]	바다	물

b) 역점이 있는 음절로부터 한 음절 이상 앞으로 떨어져 있을 때의 a, o는 a와 o의 중간음 [ə]가 된다. 그러나 a, o가 단어 맨 앞에 있을 때는 역점 직전의 음절이 아니라도 [Λ]처럼 발음한다.

г**о**лова́ [gəlΛva]	걸라바	머리
п**о**толо́к [pətΛlok]	뻐딸로끄	천장
оборо́на [ΛbΛronə]	아바로너	방위

c) 역점이 있는 음절보다 뒤에 있을 때의 a, o는 [ə]처럼 발음한다.

мóлот [molət]	몰러뜨	망치
хлóпок [xlopək]	흘로뻐ㄲ	목화

역점이 없는 모음 a, o가 단어 끝에 있을 때는 [Λ]처럼 발음한다.

э́то [εtΛ]	에따	이것
кáрта [kartΛ]	까르따	지도

2. 역점이 없는 e, я

a) 역점이 없는 e, я는 역점이 있는 음절 직전에서 약한 **и**[ɪ], [jɪ]와 비슷하게 발음한다.

сестрá [s'ɪstra]	씨스뜨라	자매
стенá [st'lna]	스찌나	담벽
язы́к [jɪzik]	이직ㄲ	혀, 언어
ряды́ [r'ldi̧]	리드이	줄(列)

b) 그 밖에 역점이 없는 음절에서 e, я는 음성기호 [ə]로 표시되는 애매한 음이 된다.

пóле[pol'ə]	들판
тётя[t'ot'ə]	아주머니

§ 6. 유성자음과 무성자음

앞에서 설명한 것처럼 러시아어의 자음은 경자음과 연자음으로 구분할 수 있지만, 발음할 때의 «성대(聲帶)의 진동 유무»에 따라 유성자음과 무성자음으로 구분된다.

성대의 진동을 동반하며 발음되는 자음을 유성자음이라 하고, 성대의 진동을 동반하지 않고 발음되는 자음을 무성자음이라 한다.

유성자음	б	в	з	д	ж	г					л	м	н	р
무성자음	п	ф	с	т	ш	к	х	ч	щ	ц				

a) 약간의 유성자음은 대응하는 무성자음을 갖는다.

(б-п, в-ф, з-с, д-т, ж-ш, г-к)

b) 유성자음 л, м, н, р은 대응하는 무성자음을 갖지 않고 무성자음 х, ч, щ, ч는 대응하는 유성자음을 갖지 않는다. (그 중 х만은 유성자음 г에 대응하는 무성자음 구실을 할 때가 있다).

1. 자음의 무성화(유성자음 → 무성자음)

a) 유성자음이 어미에 있을 때는 대응하는 무성자음으로 발음한다.

б→[п] клу**б** 클럽　　в→[ф] Че́хо**в** 체에호프(인명)

з→[с] га**з** 가스　　д→[т] са**д** 정원

ж→[ш] но**ж** 칼　　г→[к] дру**г** 친구

b) 낱말 가운데서도 무성자음 바로 앞에 있는 유성자음은 대응하는 무성자음으로 발음된다.

вчера́ 어제 [ф]　　во́**д**ка 보드까(술) [т]

ска́**з**ка 옛날얘기 [с]　　ло́**ж**ка 수저 [ш]

о́**б**щество 사회 [п]　　по**д** кни́гой 책 밑에서 [т]

2. 자음의 유성화(무성자음→유성자음)

a) 무성자음(с, т, к)이 유성자음 б, з, д, ж, г 바로 앞에 있을 때는 대응하는 유성자음으로 발음한다.

сда́ча 잔돈 [з]　　**от** бра́та 형으로부터 [д]

←
экзáмен 시험
[г]

←
про́**сь**ба 청탁
[зь]

b) 유성자음 **в**만은 선행하는 무성자음을 동화시키지 않는다.

свобóда 자유
[с]

твой 너의
[т]

3. 자음의 동화

위에서 본 바와 같이 자음이 서로 겹칠 때[1의 b)와 2의 a)의 경우] 한쪽 자음이 다른 한쪽 자음을 동화하는 것을 자음의 동화라 한다. 러시아어의 자음동화는 언제나 뒤에 있는 자음이 앞의 자음을 동화시키는 것을 원칙이라 한다. 영어의 경우는 전진동화를 하지만, 러시아어는 후진동화를 하는 것이 다르다.

러시아어	영어
← ска́**зк**а [с]	→ ca**ts** [s]
← **сд**а́ча [з]	→ do**gs** [z]

§ 7. 경음부 ъ

경음부 ъ(твёрдый знак)는 원래 어미의 경자음을 표시하는 기호로 사용되었으므로 보통 경음부라 부른다. 그러나 현재는 분리부(分離符)의 구실을 하고 있을 뿐이다. 즉 **ъ**는 모음 **я, е, ё, ю**와 그 앞의 자음을 떼어서 발음하라는 기호이다. 다음 낱말들의 발음을 비교해 보라.

сесть 앉다 ↔ съесть 먹다
쎄에스찌 쓰예에스찌

обéд 식사 ↔ объедáть 갉아먹다
아베에뜨 압예다아찌

§ 8. 음절을 분리하는 법

음절에 대해서는 앞에서도 (§ 2, 3) 간단히 설명한 바 있지만, 음절을 분리하는 방식은 다음과 같다.

1. 모든 낱말은 모음의 숫자에 따라 같은 수의 음절로 나뉘어진다.
2. 반모음 **й**는 언제나 선행하는 모음과 결합해서 이중모음을 이루므로 독자적으로 음절을 형성하지는 못한다.

   война́ (вой-на́) 전쟁
3. 두 모음 사이에 자음이 있을 때 자음은 뒤에 오는 모음과 결합하여 음절을 형성한다.

   бума́га (бу-ма́-га) 종이
4. 두 개 이상의 자음이 두 모음 사이에 있을 때에는 보통 마지막 자음이 뒤에 오는 모음과 함께 음절을 형성한다.

   ка́рта (ка́р-та) 지도

   студе́нтка (сту-де́нт-ка) 여대생
5. к, в, с와 같이 단일자음으로 형성된 전치사는 뒤에 오는 낱말과 한 낱말처럼 발음된다.

   к ним (кним) 그들에게로

   с ва́ми (сва́-ми) 당신과 함께

§ 9. 정자법(正字法) 규칙

1. **г, к, х** 및 **ж, ш, ч, щ** 뒤에는 모음 **ы, я, ю**를 쓰지 못하고, 그 대신 모음 **и, а, у**를 쓴다.
2. **ц** 뒤에는 모음 **я, ю**를 쓰지 못하고, 그 대신 모음 а, у를 쓴다.
3. **г, к, х** 및 **ц** 뒤에는 모음 **ё**와 **ь**를 쓰지 못한다.

※ 위의 법칙은 앞으로 어미변화를 배울 때 적용되므로 잘 기억해 둘 필요가 있다.

※ 외국의 지명이나 인명을 표기할 때는 이 규칙의 제약을 받지 않는다.

1

Пе́рвый уро́к

Что э́то?

Что э́то? Это каранда́ш.

Это перо́. Это бума́га. Это кни́га. Это газе́та и журна́л.

Вот каранда́ш, перо́, бума́га, кни́га, газе́та и журна́л.

Что э́то? Это стол. Это стол и стул.

Что э́то? Это стена́, ка́рта, доска́, мел, окно́.

Вот ко́мната. Что э́то? Это ко́мната. Вот доска́ и мел.

Что э́то? Это доска́ и мел. Вот потоло́к и ла́мпа.

Что э́то? Это потоло́к и ла́мпа. Вот стена́, ка́рта и окно́.

Что э́то? Это стена́, ка́рта и окно́. Вот пол, потоло́к, ла́мпа, стена́, окно́, ка́рта, доска́, мел, стол, стул.

Это ла́мпа? Да.

Это пол? Да.

Это стол? Да, э́то стол.

Это ко́мната? Да, э́то ко́мната.

Это доска́? Да, э́то доска́.

Это перо́? Нет, э́то не перо́, а каранда́ш.

Это сто́л? Нет, э́то не стол, а стул.

Это мел? Нет, э́то не мел, а перо́.

◈ Слова́рь (어휘, 사전)

пе́рвый 제 1의, 첫번째
уро́к 학과, 과목, 수업
что 무엇(발음은 што)
э́то 이것
стол 책상, 식탁
кни́га 책
стул 걸상, 의자
стена́ 벽
ка́рта 지도
доска́ 칠판, 판자
мел 분필, 백묵
окно́ 창문
ко́мната 방(room)
там 저기(위치)
перо́ 펜
каранда́ш 연필
бума́га 종이
газе́та 신문
журна́л 잡지
потоло́к 천장
ла́мпа 램프, 전등
пол 방바닥, 마루바닥
да 네, 그렇다(yes)
нет 아니다(no)
не ~가 아니다, 아니(not)
а 그러나, 그런데, ~이지만
вот 바로 여기에 ~있다.

◈ Грамма́тика (문법)

§ 10. 의문문의 구성

의문사를 가진 의문문: 의문사를 문장 첫머리에 내놓고, 문장 끝에 의문부호를 붙이며, 어조는 의문사에서 높인다.

Что э́то? 이것은 무엇인가?

의문사를 가지지 않는 의문문: 어순을 바꾸지 않고, 문장 끝에 의문부호를 붙이며, 어조를 묻는 말에서 높인다.

Это стол? 이것은 책상인가?
Это кни́га? 이것은 책인가?

§ 11. 러시아어에서는 "~이다", "~이 있다" (영어의 be 동사현재) 는 보통 생략된다. 그리고 관사는 없다.

Это кни́га. 이것은 책이다. (This ***is a*** book.)
Там перо́. 저기 펜이 있다. (This ***is a*** pen.)

◆ Упражне́ния (연습문제)

1. Переведи́те по-ру́сски:(러시아어로 번역하시오)

1) 이것은 무엇인가? 이것은 연필과 펜이다. 잡지와 신문이다.
2) 자, 이것이 마룻바닥이다. 자, 여기 책상과 걸상이 있다.
3) 이것은 책과 종이와 연필과 분필이다.
4) 이것은 무엇인가? 이것은 벽이다. 저기 창문이 있다.
5) 이것은 무엇인가? 이것은 칠판과 지도이다.
6) 이것은 램프인가? 네, 이것은 램프입니다.
7) 이것은 창문인가? 네, 이것은 창문입니다.
8) 이것은 천정인가? 아니오, 이것은 천정이 아닙니다.
9) 이것은 방바닥인가? 아니오, 이것은 방바닥이 아니라 벽입니다.
10) 이것은 신문인가? 아니오, 이것은 신문이 아니라 잡지입니다.

2. Отве́тьте по-ру́сски: (러시아어로 대답하시오)

예) Э́то каранда́ш? Да, э́то каранда́ш.
Нет, э́то не каранда́ш, а перо́.

1) Э́то кни́га?
2) Э́то пе́ро?
3) Э́то газе́та?
4) Э́то журна́л?
5) Э́то мел?
6) Э́то окно́?
7) Э́то ка́рта?
8) Э́то пол?
9) Э́то ко́мната?
10) Э́то стол?
11) Э́то стена́?
12) Э́то бума́га?
13) Э́то доска́?
14) Э́то потоло́к?
15) Э́то ла́мпа?

2

Второ́й уро́к

Кто э́то?

Это ка́рта и́ли доска́? Это ка́рта.
Это пол и́ли потоло́к? Это потоло́к.
Это стена́ и́ли окно́? Это стена́.
Это он и́ли она́? Это она́.
Это студе́нт и́ли студе́нтка? Это студе́нтка. Он студе́нт, а она́ студе́нтка.

Это я. Я профе́ссор.
Кто я, профе́ссор и́ли студе́нт? Вы профе́ссор.
Вы зна́ете, кто э́то? Да, я зна́ю, кто э́то.
Это господи́н Смит.
Он зна́ет, кто э́то? Да, он зна́ет, что э́то господи́н Смит.
Кто она́? Это госпожа́ Смит.
А кто э́то? Я не зна́ю, кто э́то. Она́ то́же не зна́ет, кто э́то.

Где студе́нт? Он там.
Где студе́нтка? Она́ тут.
Они́ зна́ют, где студе́нт и студе́нтка? Да, они́ зна́ют, что студе́нт там, а студе́нтка тут.
Профе́ссор там? Да, профе́ссор там, и студе́нтка там.
Где перо́? Оно́ тут.

Вы зна́ете, кто я? Да, зна́ю. Вы господи́н Каре́нин, а она́ госпожа́ Каре́нина.
Господи́н Смит до́ма? Да, он до́ма. Госпожа́ Смит то́же до́ма? Да, она́ то́же до́ма. Он тут, а она́ там.

◆ Слова́рь

второ́й 제 2의, 두 번째, 둘째의
и́ли 또는, 혹은
кто 누구
он 그 남자(3인칭단수·남성)
она́ 그 여자(3인칭단수·여성)
где 어디에, 어디서
зна́ть(I) 알다
студе́нт 대학생(남자)
тут 여기(위치), 여기서
студе́нтка 대학생(여자)
Смит 인명(남, 여)
госпожа́ 여사
то́же 역시, 또한
профе́ссор 교수
я 나(나는)
господи́н ... 씨(氏), 님
оно́ 그것(3인칭단수·중성)
вы 당신(3인칭복수)
граждани́н 시민, 공민
Каре́нин 인명(남)
гражда́нка 여자시민, 여자공민
Каре́нина 인명(여)
до́ма 집에, 집에서
ты 너(2인칭단수)
мы 우리, 우리들(1인칭복수)
они́ 그들(3인칭복수)

◆ Грамма́тика

§ 12. 의문대명사: кто? что?

а) 사람이나 동물과 같은 활동체에 대한 물음에는 КТО를 쓴다.

Кто э́то? 이것은 누구요?

Э́то студе́нт. 이것은 대학생이오.

б) 비활동체 사물(때로는 동물도)에 대한 물음에는 ЧТО를 쓴다.

Что э́то? 이것은 무엇이오?

Э́то перо́. 이것은 펜이오.

§ 13. 인칭대명사

수 / 인칭	단 수	복 수
1	я 나	мы 우리들
2	ты 너	вы 너희들, 당신들
3	он 그(남자) она́ 그여자 оно́ 그것	они́ 그들, 그것들

※ 상대방이 한 사람일 때에도 존대하는 경우에는 ты 대신 вы를 쓴다. 그러나 친근한 사이(부자간, 부부간, 형제간)에서는 손윗사람에게도 ты를 쓴다.

§ 14. 명사의 성(род)

러시아어의 명사에는 남성, 여성, 중성의 구별이 있다. 명사의 성은 단수주격형 어미 문자에 의해 식별할 수 있다.

남성명사	자음으로 끝나는 것 자음+ь 로 끝나는 것 -й 로 끝나는 것	стол(책상) учи́тель(선생) музе́й(박물관)	инжене́р(기사) го́спиталь(병원) ге́ний (천재)
여성명사	-а 로 끝나는 것 -я 로 끝나는 것 자음+ь 로 끝나는 것	доска́ (칠판) фами́лия(성 姓) дверь(방문)	госпожа́ (여사) ня́ня(유모) тетра́дь(공책)
중성명사	-о 로 끝나는 것 -е(ё) 로 끝나는 것 -мя 로 끝나는 것	окно́ (창문) по́ле(들) и́мя(이름)	перо́ (펜) бельё (속옷) вре́мя(시간)

주 1. 사람이나 동물을 나타내는 활동체명사의 성은, 대개 그 생리적 성과 일치한다.

2. 남성을 나타내는 명사인데도 –а나 –я로 끝나는 것이 더러 있다.
мужчи́на(남자), дя́дя(아저씨) 등은 그 예이다.

3. 자음+ь로 끝나는 명사에는 남성과 여성이 있다. 그것을 간단히 식별

하는 방법은 없다. 다만 상악음(ж, ч, ш, щ) 다음에 –ь 가 있으면 여성이라는 것을 기억하라.

4. -мя 로 끝나는 중성명사는 10개 뿐이다.
5. 인칭대명사 3인칭은 활동체명사뿐만 아니라 비활동체명사를 가리킬 때에도 쓰인다. (남성명사 он, 여성명사 онá, 중성명사 онó, 복수 они́)

Где студéнт?	Он там.
Где журнáл?	Он тут.
Где студéнтка?	Онá там.
Где доскá?	Онá тут.
Где перó?	Онó тóже тут.
Где студéнт и профéссор?	Они́ там.

§ 15. 동사의 현재형

러시아어의 동사 현재형은 주어의 인칭(лицó) 과 수 (числó)에 따라 각각 어미의 형태가 다르다.

[예] знáть(알다) .... зна-(어간), -ть(어미)

[긍정]	[부정]
я знáю	я не знáю
ты знáешь	ты не знáешь
он / онá / онó } знáет	он / онá / онó } не знáет
мы знáем	мы не знáем
вы знáете	вы не знáете
они́ знáют	они́ не знáют

§ 16. 접속사의 구실을 하는 кто, что; где

의문대명사 кто, что는 문장 가운데서 접속사의 구실을 할 때가 있다. 의문부사 где도 또한 앞뒤의 문장을 접속하는 구실을 겸한다.

Я зна́ю, **кто** он. 나는 그가 누군지 알고 있다.

Я не зна́ю, **что** э́то. 나는 이것이 무엇인지 모른다.

Он зна́ет, **где** перо́. 그는 펜이 어디에 있는지 알고 있다.

위의 예문들에서 의문대명사 및 의문부사는 간접의문을 나타내고 있지만, 아래와 같은 경우에는 순수한 접속사의 구실만을 하고 있을 뿐이다.

Она́ не зна́ет, **что** он профе́ссор.
그 여자는 그가 교수라는 것을 모르고 있다.

◆ Упражне́ния

1. 공란에 적당한 말을 기입하라:

1) Э́то студе́нтка и́ли ____________?
2) Он________ Каре́нин, а она́ _________ Каре́нина.
3) О́на не_______________, что э́то____________ Смит.
4) Профе́ссор_____________, а студе́нт там.
5) Мы не ___________, что господи́н Смит до́ма.
6) _____________ зна́ешь, кто она́?
7) Они́_____________, что госпожа́ Смит тут.
8) Где он и она́? _________________ до́ма.
9) Где окно́?________________там.
10) Кто вы?________________ господи́н Каре́нин.
11) Где ла́мпа?______________там.
12) Где каранда́ш? ____________тут.
13) Где потоло́к? Вот_____________.
14) Журна́л тут, газе́та_____________тут.
15) Э́то не ка́рта, а ______________.

2. Переведи́те по-ру́сски:

1) 이것은 방바닥입니까, 천정입니까? 이것은 천정입니다.
2) 그는 교수입니까, 대학생입니까? 그는 대학생입니다.
3) 당신은 누구시오: 스미이뜨씨요 아니면 꺄례에닌씨요?
4) 이 사람이 누구인지, 당신은 아십니까? 이 사람이 누구인지, 당신은 압니다.
5) 그들은 남자대학생과 여자대학생이 어디 있는지 알고 있습니다.
6) 너는 이것이 무엇인지 아느냐? 나는 모르지만 그 여자는 알고 있다.
7) 책은 어디 있습니까? 그것은 여기 있습니다.
8) 연필은 어디 있습니까? 그것은 저기 있습니다.
9) 펜은 어디 있습니까? 그것도 역시 저기 있습니다.
10) 김교수는 여기 있고, 스미이뜨 여사는 저기 있다는 것을 우리는 알고 있습니다.

3

Тре́тий уро́к

Госпожа́ Ким в Росси́и.

- До́брый ве́чер. Вы господи́н Но́виков?
- Да, я Но́виков.
- Вы Ива́н Но́виков?
- Нет. Я не Ива́н Но́виков. Я Михаи́л Но́виков. А вы госпожа́ Ким?
- Да, я Ве́ра Ким.
- О́чень прия́тно. Я о́чень рад, что вы в Росси́и.
- Спаси́бо. Я то́же ра́да, что я тут.
- Вы хорошо́ говори́те по-ру́сски?
- Нет, я понима́ю, но говорю́ о́чень пло́хо.
- Ничего́, Ива́н хорошо́ понима́ет и говори́т по-англи́йски и по-коре́йски.
- Да, я зна́ю, что и вы и он понима́ете и говори́те и по-коре́йски и по-англи́йски.
- Мы всегда́ чита́ем и по-коре́йски и по-англи́йски, когда́ мы до́ма.
- Это о́чень хорошо́. Я никогда́ не чита́ю по-ру́сски, и говорю́ о́чень пло́хо.
- Нет, не о́чень пло́хо. А вот и Ива́н.
- Здра́вствуйте, Ива́н.
- Здра́вствуйте.

Слова́рь

тре́тий 제 3의, 세 번째
чита́ть(I) 읽다
говори́ть 말하다
по-ру́сски 러시아어로, 러시아식으로
о́чень 매우, 몹시, 아주
прия́тно 유쾌하다, 기쁘다
спаси́бо 고맙습니다
хорошо́ 참, 훌륭히; 좋다

понима́ть (I) 이해하다
но 그러나
ничего́ 아무것도; 괜찮다, 문제 없다.
по-англи́йски 영어로
по-коре́йски 한국말로
до́брый ве́чер 저녁인사
Но́виков 인명(성)
Ива́н 인명(이름)
Михаи́л 인명(이름)
Ве́ра 인명(이름)
рад(남성형), ра́да(여성형) 기쁘다, 반갑다
в Росси́и 러시아에, 러시아에서
пло́хо 잘못~, 나쁘게; 나쁘다
и..., и... ....도, ...도
всегда́ 항상, 언제나
когда́ 언제; ~할 때
никогда́ 한번도(부정 否定), 결코
здра́вствуйте! 안녕하십니까!
(в, т는 발음할 때 빠진다)

◈ Грамма́тика

§ 17. 동사의 현재형 변화

чита́ть(읽다), говори́ть(말하다)와 같은, 동사의 기본이 되는 형을 **미정형**(부정법)이라 한다. 미정형의 대부분은 –ть로 끝난다. 동사는 동작을 나타내는 말이므로, 그 동작이 언제 행하여지는가를 나타낼 필요가 있다. 러시아어에서는 이것을 과거, 현재, 미래의 세 가지로 나누어 각각 다른 변화형으로 나타낸다. 여기서는 우선 현재형에 대해서 설명하기로 한다.

이미 설명한 바와 같이, 동사의 현재형은 그 주어의 인칭(лицо́)과 수(число́)에 따라 여섯 가지로 변화하며, 그 변화방식에는 제 1식(I)과 제 2식(II)이 있다.

어느 동사가 제 1식 변화를 하고, 또 어느 동사가 제 2식 변화를 하는지, 형태상으로 보아 첫눈에 가려낼 수 있는 규칙은 없다. 따라서 동사의 원형이라 할 수 있는 미정형을 기억할 때, 그 변화방식도 함께 기억해 두어야 한다. 다만 미정형이 –ать로 끝나는 동사의 대부분이 제 1식에 속하며, 미정형이 –ить로 끝나는 동사의 대부분이 제 2식변화에 속한다고 생각하면 될 것이나, 물론 예외는 간혹 있다.

а) 제 1식 변화 (е 형변화)

제 1식 변화는 미정형에서 어미 -ть를 떼어내고 남은 부분을 현재형 어간으로 하여, 거기다 인칭어미 -ю, -ешь, -ет; -ем, -ете, ют를 붙인다.

미정형 **чита́ть**(I) (읽다) 현재형어간 **чита́-**

수 / 인칭	단 수	복 수
1	я чита́-ю	мы чита́-ем
2	ты чита́-ешь	вы чита́-ете
3	он / она́ / оно́ } чита́-ет	они́ чита́-ют

б) 제 2식 변화 (и 형변화)

제 2식 변화는 미정형에서 어미 -ть를 떼어내고 남은 부분을 현재형 어간으로 하여, 거기다 인칭어미 -ю, -ишь, -ит; -им, -ите, - ят를 붙인다.

미정형 **говори́ть**(II) (말하다) 현재형어간 **говор-**

수 / 인칭	단 수	복 수
1	я говор-ю́	мы говор-и́м
2	ты говор-и́шь	вы говор-и́те
3	он / она́ / оно́ } говор-и́т	они́ говор-я́т

[주] 위의 변화방식은 정칙변화이다. 동사 가운데는 제 1식 또는 제 2식 변화방식을 따르면서도, 현재형 어간이나 어미가 조금씩 다른 것들이 있다. 이러한 동사는 слова́рь에 제1인칭 단수(я)와 제2인칭 단수(ты); 그리고 제3인칭 복수(они́)의 변화형을 표시하기도 한다.

§ 18. 인칭대명사와 동사의 생략

러시아어에서는 동작의 주체가 되는 인칭대명사(주어)를 생략할 수 있다. 예를 들어 "говори́м"하면, 인칭어미 –им으로 보아 "말하는" 사람이

мы라는 것이 명백하므로, 주어인 인칭대명사(мы)는 생략해도 혼동을 일으키지 않는다. 특히 회화에서는 인칭대명사가 생략되는 경우가 많다.

Вы говори́те по-ру́сски? 당신은 러시아어로 말합니까?

Говорю́. 말합니다. (я가 생략되었다.)

또한 다음과 같은 경우에는 동사를 생략할 수 있다.

Кто говори́т по-ру́сски. 누가 러시아어로 말합니까?

Я. 내가(말합니다). (говорю́가 생략되었다.)

§ 19. 접속사 но 와 а

но(그러나)는 "반대"의 뜻을 나타낼 때 사용된다. а는 "가벼운 대립"의 뜻으로 사용되며, 때로는 и(그리고)와 거의 같은 뜻으로 사용된다.
다음 예문들을 비교해 보라.

Я чита́ю по-ру́сски, **но** не понима́ю. 나는 러시아어로 읽기는 하나, (그러나) 이해하지는 못한다.

Он студе́нт, **но** ничего́ не зна́ет. 그는 대학생이다, 그러나 아무것도 모른다.

Стол тут, **а** доска́ там. 책상은 여기 있고, 칠판은 저기 있다.

Я говорю́ по-ру́сски, **а** вы по-англи́йски. 나는 러시아어로 말하고(말하는데), 당신은 영어로 말한다.

Он не профе́ссор, **а** студе́нт. 그는 교수가 아니라, 대학생이다.

[주] 접속사 но와 а 앞에는 [,] (запята́я)를 찍는다.

◈ Упражне́ния

1. Переведи́те по-ру́сски:

1) 나는 러시아어로 읽고 말합니다.
2) 누가 한국어로 읽고 있습니까?
3) 그 여자는 영어로 잘 말합니까? (영어를 잘 합니까?)
4) 네, 그 여자는 영어를 썩 잘 합니다.
5) 우리들은 교수가 말하는 것을 하나도 이해하지 못한다.
6) 당신은 내가 스미이뜨 교수라는 것을 아시지요?
7) 그들은 집에 있을 때는 항상 영어로 말한다.
8) 당신이 러시아어를 할 줄 알아서(러시아어로 말하는 것이) 나는 매우 기쁘다.
9) 언제 너는 집에 있느냐? 언제 너희들은 집에 있느냐?
10) 그들은 이바안이 대학생이라는 것을 모른다.
11) 교수 미하이일은 한 번도 영어로 말하는 일이 없다.
12) 당신이 러시아에 와서(있어서) 나는 매우 기쁩니다.
13) 나도 역시 내가 여기 온(있는) 것이 무척 기쁩니다.
14) 안녕하십니까, 김여사!
15) 매우 유쾌하다, 썩 좋다. 매우 나쁘다. 고맙다.
16) 그는 대학생이다. 그러나 아무것도 모른다.
17) 김교수는 러시아어로 말하지는 못하나, 이해는 한다.
18) 그들은 여기 있지 않고, 집에 있다.
19) 너는 대학생이지, 교수는 아니다.
20) 이것은 분필이 아니다, 연필이다.

2. 다음 동사들을 변화시켜라:

1) зна́ть　　2) чита́ть　　3) понима́ть　　4) говори́ть

3. Отве́тьте по-ру́сски:

[예] Вы понима́ете, что я говорю́?

Да, я понима́ю, что вы говори́те.

Нет, я не понима́ю, что вы говори́те.

1) Он хорошо́ говори́т по-ру́сски?
2) Она́ пло́хо чита́ет по-англи́йски.
3) Где он: тут и́ли до́ма?
4) Вы господи́н Но́виков?
5) Они́ чита́ют по-англи́йски до́ма?
6) Вы говори́те по-ру́сски?
7) Вы хорошо́ говори́те по-ру́сски?
8) Она́ всегда́ говори́т по-англи́йски?
9) Они́ понима́ют, что я говорю́?
10) Вы зна́ете, кто я? кто он? кто она́?

4

Четвёртый уро́к

Я хочу́ говори́ть по-ру́сски

Профе́ссор: Здра́вствуйте. Кто зна́ет уро́к?

Жу́ков: Я сего́дня зна́ю уро́к.

Пр.: Жу́ков всегда́ хо́чет чита́ть. Хорошо́, чита́йте, пожа́луйста. Спаси́бо. Вы о́чень хорошо́ чита́ете и пи́шете. Но госпожа́ Жу́кова сего́дня пи́шет пло́хо.

Жу́кова: Моё перо́ пло́хо пи́шет сего́дня. Да́йте пожа́луйста каранда́ш, Ивано́в.

Ивано́в: Господи́н профе́ссор, у меня вопро́с.

Пр.: Да, пожа́луйста. Что?

Ивано́в: Как по-ру́сски: "나는 러시아어를 잘 하고 싶습니다."

Пр.: Я хочу́ хорошо́ говори́ть по-ру́сски. Повтори́те. Хорошо́. Ещё раз. Очень хорошо́.

Жу́кова: У меня́ то́же вопро́с.

Пр.: Пожа́луйста.

Жу́кова: Я уже́ хорошо́ говорю́ по-ру́сски?

Пр.: Нет, но вы хоти́те хорошо́ говори́ть.

Жу́ков: Да, моя́ жена́ и я о́чень хоти́м говори́ть по-ру́сски, по-англи́йски и по-францу́зски.

Пр.: Ивано́в, ва́ша жена́ ру́сская?

Ивано́в: Нет, она́ америка́нка, но она́ говори́т по-ру́сски. Я то́же америка́нец, но говорю́ и по-ру́сски и по-англи́йски.

Жу́кова: Мо́й брат ру́сский, но говори́т по-испа́нски и по-францу́зски.

Пр.: Моя́ жена́ англича́нка, но она́ хорошо́ понима́ет по-ру́сски и по-испа́нски. Жу́ков, ва́ша сестра́ понима́ет по-испа́нски?

Жу́ков: Нет, она́ не понима́ет по-испа́нски, но она́ хорошо́ говори́т и пи́шет по-францу́зски.

Пр.: Ивано́в, ваш брат англича́нин и́ли ру́сский?

Ивано́в: Он ру́сский.

◆ Слова́рь

четвёртый 제 4의, 네번째
брат 형(兄), 제(弟)
фами́лия 성(姓)

и́мя 이름
сего́дня(부) 오늘(은)
хоте́ть (хочу́, хо́чешь, хо́чет; хоти́м, хоти́те,хотя́т) 원하다, 하고 싶어하다.
чита́йте 읽으시오.
писа́ть(I) (пишу́, пи́шешь; пи́шут) 쓰다.
пожа́луйста 어서 제발, 바라건대 (please)
Жу́кова 인명(여자의 성)
да́йте (дать) 주세요, 주십시오
моё 나의(중성형)
Ивано́в 인명(姓, 여성형은 Ивано́ва)
у меня́ 나에게는 ...이 있다 (나는 ...을 가지고 있다.)

вопро́с 질문, 문제
как 어떻게
повтори́те (повтори́ть) 반복하세요, 따라하세요

ещё 아직
ещё раз 또 한번, 다시 한번
уже́ 이미, 벌써
жена́ 아내
по-францу́зски 프랑스어로
ваш, ва́ша, ва́ше 당신(들)의
ру́сская 러시아 여자(형용사 여성형)
америка́нка 미국여자
то́лько ...만, ...뿐; 오직, 다만
америка́нец 미국남자
ру́сский 러시아 남자(형용사 남성형)
сестра́ 누이, 자매
по-испа́нски 스페인어로
англича́нка 영국여자
англича́нин 영국남자
коре́ец 한국남자
корея́нка 한국여자

◈ Грамма́тика

§ 20. 동사 хоте́ть 의 변화

동사 хоте́ть (원하다)는 특수한 방식으로 변화한다. 즉 단수는 제 1식 변화에 준하고 복수는 제 2식 변화에 준한다. 따라서 이것을 혼합변화라고도 한다.

인칭 \ 수	단 수	복 수
1	я хочу́	мы хоти́м
2	ты хо́чешь	вы хоти́те
3	он хо́чет	они́ хотя́т

[주] хоте́ть는 동사미정형과 함께 사용되는 경우가 많다.
Он всегда́ **хо́чет чита́ть**. 그는 언제나 읽고 싶어 한다.

§ 21. 동사 писа́ть(쓰다)의 변화 (제 1식 치음변화)

현재형 어간 пиш-

인칭 \ 수	단 수	복 수
1	я пишу́	мы пи́шем
2	ты пи́шешь	вы пи́шете
3	он пи́шет	они́ пи́шут

동사의 현재형 변화에 있어 어간의 마지막 자음이 치음(**д, з, с, т, ст**) 일 때 그것이 대응하는 상악음으로 교체된다. (**д, з→ж, с→ш, т→ч, ст→щ**) 즉 писа́ть는 현재형에서 치음 **с**가 상악음 **ш**로 교체된다. 이러한 변화방식을 치음변화라고 한다. 그러나 제 1식 변화에 속하는 동사로서 치음변화를 하는 것은 그리 흔하지 않다. 제 1인칭 단수어미와 제 3인칭 복수어미가 -ю, -ют 대신에 -у, -ут로 된 것은 정자법규칙 때문이다.

§ 22. 동사의 명령형(1)

현재형 제 2인칭 단수(ты) 어간에 명령형 어미 -й, -йте; -и́, -и́те를 붙이면 된다. 어간이 모음으로 끝나면 –й,-йте를 붙이고, 자음으로 끝나면, -и́, -и́те를 붙인다.

현재형 제 2인칭 단수	단수 상대방 (ты)	복수 상대방(вы)
ты { чита́-ешь говор-и́шь пи́ш-ешь	чита́-й говор-и́ пиш-и́	чита́-йте говор-и́те пиш-и́те

§ 23. 물주대명사 мо́йи와 ваш

мо́й(나의), ваш(너희들의, 당신, 당신들의)등 물주대명사는, 그가 관계하는 명사의 성과 수에 따라서 각각 다른 형태를 취한다. 여기서는 우선 단수형만을 설명한다.

남 성	여 성	중 성
мой ваш	моя́ ва́ша	моё ва́ше

мой брат　　брат мой

моя́ фами́лия　　фами́лия моя́

моё и́мя　　и́мя моё

ваш каранда́ш　　каранда́ш ваш

ва́ша ко́мната　　ко́мната ва́ша

ва́ше окно́　　окно́ ва́ше

◆ Упражне́ния

1. Переведи́те по-ру́сски:

1) 그는 프랑스어로 말하기를 원한다. 그러나 그 여자는 원하지 않는다.
2) 그들은 러시아어를(러시아어로) 잘 이해하기를 원한다.
3) 나는 당신이 말하는 것을(무엇을 말하는지) 이해하지 못한다.
4) 어서 다시 한 번 반복해 주십시오. 됐습니다(좋습니다).
5) 당신은 매우 잘 읽고 또 쓰십니다.
6) 그러나 스미이뜨씨는 오늘 러시아어를(러시아어로) 잘 쓰지 못합니다.
7) 나는 스페인어로 말하기를 매우 원하고 있습니다. 그러나 나의 아내는 원하지 않습니다.
8) 나의 아내는 한국여자입니다. 그러나 그 여자는 영어를 잘 압니다.
9) 교수님, 질문이 있습니다. "오늘"이라는 말을 러시아어로 어떻게 합니까?
10) 나의 형(제)는 벌써 러시아어로 말하고 또 잘 씁니다.
11) 이것은 당신의 펜입니까? 네, 나의 펜입니다.
12) 이것은 당신의 방입니까? 네, 나의 방입니다.
13) 나의 성은 김입니다. 당신의 성은 쥬우꼬프입니까?
14) 이바안은 나의 형(제)이고, 베에라는 나의 누이입니다.
15) 당신의 부인과 쥬우꼬바여사는 오늘 무엇을 쓰고 있습니까?
16) 당신의 교수는 러시아인이지만, 나의 교수는 영국인입니다.
17) 노오비꼬프씨, 분필을 좀 주십시오. 그리고 연필도 주십시오.
18) 이바노오프씨, 여기서는 제발 스페인어로 말하지 마십시오.
19) 여기서 우리들은 러시아어로만 말하고 있습니다.
20) 누가 아직도 프랑스어를 잘 쓰지 못합니까? 당신의 아내가 아직 잘 쓰지 못합니다.

2. 다음 동사의 명령형을 만들라:

1) писа́ть 2) понима́ть 3) говори́ть 4) чита́ть

3. Отве́тьте по-ру́сски:

1) Кто хо́чет говори́ть по-ру́сски?
2) Кто уже́ хорошо́ говори́т по-испа́нски?
3) Ва́ша жена́ понима́ет по-францу́зски?
4) Ва́ша сестра́ англича́нка и́ли америка́нка?
5) Ваш брат ру́сский и́ли америка́нец?
6) Ва́ше перо́ пи́шет хорошо́ и́ли пло́хо?
7) Кто ваш ру́сский профе́ссор?
8) Госпожа́ Жу́кова ру́сская и́ли англича́нка?
9) Господи́н Ивано́в англича́нин и́ли ру́сский?
10) Студе́нт и студе́нтка говоря́т то́лько по-ру́сски?

5 Пя́тый уро́к

Где? Что?

I. Где? Что?

Вот стол. Что на столе́? На столе́ кни́га. Что в кни́ге? В кни́ге ка́рта.

Что на стене́? На стене́ то́же ка́рта. Что на ка́рте? На ка́рте Евро́па. Вот А́зия. Тут А́фрика. Там Австра́лия. Посмотри́те, вот Аме́рика. Евро́па контине́нт. Аме́рика то́же контине́нт. Вот США, а здесь на ка́рте, Нью-Йо́рк. Нью-Йо́рк го́род. Где Чика́го? Го́род Чика́го в Аме́рике. Го́род Вашингто́н-столи́ца США.

Посмотри́те, вот Росси́я. Вот река́ Во́лга. Зде́сь го́род Волгогра́д. Волгогра́д на Во́лге. Москва́ столи́ца Росси́и.

II. Коре́ец и ру́сская

Коре́ец: Где ваш дом?

Ру́сская: Наш дом в го́роде. Я живу́ в Москве́, и сестра́ моя́ то́же живёт здесь. Мы живём и рабо́таем в го́роде. А где вы живёте?

К.: Я живу́ в Сеу́ле. Там мой дом. Я то́лько один де́нь в Москве́. Куда́ вы тепе́рь идёте?

Р.: Я иду́ в парк гуля́ть, а сестра́ идёт домо́й чита́ть кни́гу. Она́ никогда́ не хо́чет гуля́ть в па́рке. А вы что де́лаете в Сеу́ле?

К.: Я инстру́ктор в шко́ле, но я та́кже рабо́таю в фи́рме. А где вы рабо́таете?

Р.: Я стенографи́стка и рабо́таю в фи́рме, а сестра́ в теа́тре. Она́ арти́стка. Но сего́дня мы не рабо́таем и идём в кино́. Там идёт англи́йская карти́на.

К.: Вы понима́ете по-англи́йски?

Р.: Да, немно́го, но всегда́ чита́ю перево́д по-ру́сски.

К.: Это хоро́шая карти́на?

Р.: Не зна́ю. Говоря́т, что хоро́шая.

◈ Слова́рь

пя́тый 제 5의
на(+전치격) ...위에(위치, 장소)
Евро́па 유럽
А́зия 아시아
А́фрика 아프리카(주)
Австра́лия 호주
посмотри́те; (посмотре́ть(II)의 명령형) 보십시오
Аме́рика 아메리카(주), 미국
контине́нт 대륙
США (발음 Эс-Ша-А) 미국 USA
здесь 이곳에, 여기
Нью-Йо́рк 뉴요크(New York)
го́род 도시, ...市
Чика́го (발음шика́го) 시카고
Вашингто́н 와싱톤(Washington)
столи́ца 수도
река́ 강, ~Во́лга 볼가강
Волгогра́д 볼고그라드 (전의 Сталингра́д)
Москва́ 모스크바(Moscow)
дом 집
наш, на́ша, на́ше 우리들의
жить (I) 살다, 지내다 (живу́, живёшь; живу́т)
немно́го 약간, 조금
перево́д 번역
рабо́тать(I) 일하다
оди́н 하나(1), 어떤
день(남) 낮, 날, 요일
Я то́лько один день в Москве́. 나는 모스크바에서 (모스크바에 온지) 하루 밖에 안 되었다.
куда́ 어디로
тепе́рь 지금, 이제는
идти́ (I) (иду́, идёшь; иду́т) 걸어가다·오다, 상영·상연되다
парк 공원
гуля́ть(I) 산책하다, 거닐다.
сестра́ 누이, 자매
домо́й 집으로
де́лать(I) 하다, 만들다.
Сеу́л 서울
шко́ла 학교
та́кже 또한, 역시
фи́рма 회사, 상회
стенографи́стка 여자속기사
теа́тр 극장(주로 연극, 오페라 등의)
инстру́ктор 교관, 지도교사 교관
арти́стка 여배우
кино́ 영화, 영화관
идёт карти́на 영화가 상영중이다.
англи́йская 영국의 (여성형)
хоро́шая 좋은, 훌륭한(여성형)

◈ Грамма́тика

§ 24. 명사의 격변화

명사는 문장 가운데 있어, 다른 말과 여러 가지 관계를 갖는다. 이것을 우리말에서는 "가, 의, 에게, 를"등의 조사(토씨)로 표현하지만, 러시아어에서는 어미의 변화로 나타낸다. 명사가 문장 가운데서 취하는 형태를 격(паде́ж)이라 부르며, 이와 같은 형태상의 변화를 격변화라 한다.

러시아어의 격은 여섯 가지가 있다.

격	격 паде́ж	물음 вопро́с
1. 주격	имени́тельный ~가, 이; 는, 은	кто? что?
2. 생격	роди́тельный ~의	кого́? чего́?
3. 여격	да́тельный ~에게	кому́? чему́?
4. 대격	вини́тельный ~를, 을	кого́? что?
5. 조격	твори́тельный ~으로	кем? чем?
6. 전치격	предло́жный (전치사와 함께)	о ком? о чём?

[주] стол, ко́мната, окно́처럼, 경자음이나 경모음으로 끝나는 명사의 격변화 방식을 **경변화**라고 하고, учи́тель(선생), фами́лия, по́ле(들판) 처럼 연자음이나 연모음으로 끝나는 명사의 격변화 방식을 **연변화**라 한다. 여기서도 편의상 경변화만을 익혀 나가기로 한다.

§ 25. 명사의 주격

주격은 명사의 기본형이다. 지금까지 나온 명사는 그 대부분이 주격이었다. 주격은 문장 가운데서 다음과 같이 사용된다.

1) 문장의 주어로서

Студе́нт чита́ет уро́к. 대학생은 학과를 읽고 있다.

2) 문장의 술어로서:

Мой брат **студе́нт**. 나의 형(동생)은 대학생이다.

명사 주격에 대한 물음은 **кто**(누가)? **что**(무엇이)? 이다.

§ 26. 명사의 전치격

전치격은 일정한 전치사(전치격을 지배하는 전치사)와 함께만 사용되며 단독적으로는 제 구실을 하지 못한다. (따라서 여기 해당되는 우리말 조사는 없다.)

§ 27. 명사의 대격

대격은 우리말 조사 "~를, ~을"에 해당되는 것으로, 타동사의 직접보어로 사용된다.

Он пи́шет **уро́к**. 그는 학과를 쓰고 있다.

Я чита́ю **кни́гу**. 나는 책을 읽고 있다.

대격은 또한 대격을 지배하는 전치사와 함께 사용되기도 한다.

Он идёт **в шко́лу**. 그는 학교로 간다.

직접보어로 사용되는 명사의 대격에 대한 물음은 **кого́**(누구를)? **что**(무엇을)? 이다.

주격 · 대격 · 전치격 어미(경변화)

성 / 격	남 성	여 성	중 성
주 격	стол	ко́мната	окно́
대 격	стол	ко́мнату	окно́
전치격	столе́	ко́мнате	окне́

§ 28. 전치사 B, HA

러시아어의 전치사는, 함께 사용되는 명사가 일정한 격이 되기를 요구한다. 이것을 **전치사의 격지배**라 한다. 그리고 전치사 중에는 한 가지 격만을 지배하는 것도 있지만, 개중에는 두 가지 또는 그 이상의 격을 지배하는 전치사가 있다. 이러한 경우 지배하는 격이 다르면 나타내는 뜻도 다르다. 전치사 в와 на는 전치격과 대격의 두 가지를 지배한다. (전치사는 반드시 지배하는 말과 함께 발음한다.)

1) 전치격을 지배할 때는, “**위치 · 장소**”를 나타낸다.

Где он рабо́тает? 그는 어디서 일하고 있는가?

— Он рабо́тает **в Москве́**. — 그는 모스크바에서 일하고 있다.

Где моя́ кни́га? 어디 내 책이 있는가?

— Она́ **на столе́**. — 그것은 책상 위에 있다.

2) 대격을 지배할 때는, “동작의 방향”을 나타낸다.

Куда́ вы идёте? 당신은 어디로 가시오?

— Я иду́ **в шко́лу**. — 나는 학교로 가오.

Куда́ он кладёт ка́рту? 그는 어디다 지도를 놓는가?

— Он кладёт **на стол**. — 그는 책상 위에다 놓는다.

§ 29. 동사 идти́와 жи́ть의 변화

제 1식 변화에 속하는 동사로서 ударе́ние가 어미에 올 때는, 어미의 -е-는 -ё-로 바뀐다. 또한 어미의 -ю-가 -у-로 바뀌는 것도 간혹 있다.

идти́ (итти́) (I)(걸어가다) жи́ть (I)(살다)

단 수			복 수		
я	ты	он,она́,оно́	мы	вы	они́
иду́ живу́	идёшь живёшь	идёт живёт	идём живём	идёте живёте	иду́т живу́т

§ 30. 부정인칭문

분명치 않은 사람에 의해 이루어지는 동작을 나타낼 때, 또는 동작하는 사람에게 관심을 돌리지 않을 때는, 주어를 생략하고 **3인칭 복수형** 동사를 쓴다.

Говоря́т, что он о́чень хоро́ший студе́нт.

그는 아주 좋은 대학생이라고들 말한다(사람들이).

Говоря́т, что э́то хоро́шая карти́на.

이것은 좋은 그림(영화)라고들 말한다(사람들이).

◈ Упражне́ния

1. Переведи́те по-ру́сски:

1) 당신은 어디로 가십니까? 나는 시내로 가는 길입니다.
2) 시내에서 당신은 무엇을 합니까? 나는 회사에서 일을 합니다.
3) 당신의 누이는 어디로 가는 길입니까? 그 여자는 학교로 가는 길입니다.
4) 쥬우꼬프씨와 쥬우꼬바여사는 오늘 영화관에 갑니다.
5) 우리는 공원으로 산책하러 가고, 그들은 책을 읽으러 집으로 갑니다.
6) 나는 모스크바에서 살고, 나의 형(제)는 뉴요크에서 살고 있습니다.
7) 책상 위에 무엇이 있습니까? 책상 위에는 책이 있습니다.
8) 그 여자는 지금 어디로 갑니까? 극장으로 갑니다. 그 여자는 배우지요.
9) 당신은 지금 무엇을 읽고 있습니까? 나는 신문을 읽고 있습니다.
10) 당신의 아내는 어디서 일합니까? 사무실에서 일합니다.
11) 당신의 펜은 어디 있습니까? 나의 펜은 길상 위에 있습니다.
12) 나는 당신의 책이 어디 있는지 압니다.
13) 당신은 저 사람들(그들)이 지금 어디로 가는지 아십니까?
14) 나는 그들이 지금 어디로 가는지 모릅니다.
15) 나는 러시아어를 조금 압니다만, 언제나 영어로 번역된 것을 읽습니다.

2. 괄호 안의 말을 올바른 형으로 고치시오:

1) Мы (жить) в (го́род).
2) Мы (идти́) в (шко́ла)
3) Я (гуля́ть) в (парк).
4) Куда́ он тепе́рь (идти́), в (фи́рма) и́ли в (теа́тр)?
5) Она́ (хоте́ть) жить в (Москва́) и рабо́тать в (теа́тр)?
6) Вы всегда́ (чита́ть) (кни́га), когда́ вы (гуля́ть).
7) Стенографи́стка хорошо́ (понима́ть) по-ру́сски и по-англи́йски, но она́ (писа́ть) то́лько по-ру́сски.
8) Мы немно́го (говори́ть) по-испа́нски.

9) Наш брат тепе́рь в (кино́) и не (хоте́ть) идти́ домо́й.
10) Они́ (чита́ть) перево́д по-англи́йски и всегда́ (понима́ть) (карти́на).

3. Отве́тьте по-ру́сски по те́ксту: (текст 에 따라)

1) Где вы живёте?
2) Куда́ вы идёте?
3) Где она́ всегда́ гуля́ет?
4) Где ру́сская стенографи́стка рабо́тает?
5) Кто здесь живёт?
6) Что они́ чита́ют, кни́гу и́ли газе́ту?
7) Ру́сская стенографи́стка хорошо́ понима́ет по-англи́йски?
8) Кто говори́т, что карти́на хоро́шая?
9) Что тепе́рь идёт в кино́?
10) Э́то ру́сская и́ли англи́йская карти́на.

6

Шесто́й уро́к

Наш класс

I. Наш класс

Вот наш класс. Тепе́рь учи́тель чита́ет, а мы слу́шаем. Учи́тель чита́ет по-ру́сски о́чень хорошо́. Това́рищ Жу́ков то́же чита́ет хорошо́, но не так хорошо́, как наш учи́тель.

В классе мы пи́шем и́ли чита́ем. Я пишу́ на бума́ге и́ли на доске́. На бума́ге я пишу́ карандашо́м и́ли перо́м, а на доске́ пишу́ ме́лом. Когда́ я пишу́, я всегда́ держу́ тетра́дь руко́й и смотрю́ на бума́гу. Когда́ я чита́ю, кни́га лежи́т на столе́. Учи́тель говори́т, что я ча́сто смотрю́ на стол, а не в кни́гу.

Когда́ я пишу́ в кла́ссе, я всегда́ сижу́. Мой друг Коля никогда́ не сиди́т. Наш учи́тель ча́сто сиди́т на сту́ле, но иногда́ он стои́т. Когда́ мы отвеча́ем, мы иногда́ сиди́м и иногда́ стои́м. Мы смо́трим в кни́гу и слу́шаем, когда́ учи́тель чита́ет уро́к. То́лько моя́ сестра́ Же́ня не слу́шает, а смо́трит на потоло́к.

II. Разгово́р

Учи́тель: Ко́ля, где ва́ша сестра́ сего́дня? Почему́ она́ не идёт в шко́лу?

Ко́ля: Она́ не идёт в шко́лу, потому́ что она́ идёт в магази́н.

У.: Что она́ хо́чет купи́ть в магази́не?

К.: Она́ хо́чет купи́ть кни́гу и тетра́дь.

У.: Где магази́н? Далеко́?

К.: Нет, о́чень бли́зко.

У.: А шко́ла далеко́?

К.: Нет, то́же о́чень бли́зко.

У.: Почему́ она́ идёт в магази́н , а не в шко́лу?

К.: Почему́? То́лько моя́ сестра́ зна́ет почему́!

Словáрь

шестóй 제 6의
класс 교실, 클라스
учи́тель 선생, 스승
слýшать(I) 듣다
товáрищ 동지, 동무
господи́н 님, 씨(氏)
(경칭: 성이나 직위에 붙여서)
так...как ...처럼 그렇게(...만큼)
держáть(II) (держý, дéржишь; дéржат)
가지고·붙잡고·쥐고 있다.
보유·유지하다.
тетрáдь(여) 공책, 노우트
рукá 손, 팔
смотрéть(II) (смотрю́, смóтришь; смóтрят) 바라보다
лежáть(II) (лежý, лежи́шь; лежáт)
누워있다, (가로 뉘여서)놓여 있다.
сидéть(II) (сижý, сиди́шь; сидя́т)
앉아있다.
иногдá 때로, 이따금
стоя́ть(II) (стою́, стои́шь; стоя́т)
서 있다.
отвечáть(I) 대답하다.
Жéня 이름
(Евгéний-남, Евгéния-여애칭)
Кóля 이름(Николáй-남 애칭)
почемý 왜, 어째서
потомý что 왜냐 하면, ~때문 에
магази́н 상점
купи́ть(II) (куплю́, кýпишь;
кýпят) 사다(매)
далекó 멀다; 멀리
бли́зко 가깝다; 가까이
чáсто 자주

Граммáтика

§ 31. 명사의 조격

조격은 우리말 조사 "...로, ...로서"에 해당하며, 동작이 행하여지는 "수단(도구)"을 나타낸다. 이러한 뜻으로 사용되는 명사 조격에 대한 물음은 **кем**(누구로 하여)? **чем**(무엇으로)? 이다.

Учи́тель пи́шет **карандашóм**. 선생은 연필로 글을 쓴다.
(**Чем** он пи́шет?)
Я держý тетрáдь **рукóй**. 나는 손으로 공책을 붙잡고 있다.
(**Чем** я держý тетрáдь?)

조격은 또한 조격지배 전치사와 함께 사용 되기도 한다.

조격 어미(경변화)

성 / 격	남 성	여 성	중 성
주 격 조 격	стол стол**о́м**	ко́мната ко́мнат**ой**	окно́ окн**о́м**

§ 32. 동사 сиде́ть의 변화(제 2식 치음변화)

сиде́ть(II) (앉아 있다)

수 / 인칭	단 수	복 수
1 2 3	я си**жу́** ты сид**и́шь** он сид**и́т**	мы сид**и́м** вы сид**и́те** они́ сид**я́т**

어간의 마지막 자음이 치음일 때, 그것이 대응하는 상악음으로 교체된다는 것은 이미 설명한 바 있다(уро́к 4, §21). 제 1식 치음변화가 모든 인칭에 걸쳐 자음교체를 일으키는데 반하여, 제 2식 치음변화는 단지 제 1인칭 단수에서만 자음교체를 일으킨다. 또한 제 2식 변화에 속하는 동사로서 어간의 마지막 자음이 치음인 것은 예외없이 전부 치음변화를 한다.

§ 33. 동사 лежа́ть와 держа́ть의 변화

	лежа́ть (II)(누워 있다.)	держа́ть(II)(쥐고 있다.)
단 수	я леж**у́** ты леж**и́шь** он леж**и́т**	держ**у́** де́рж**ишь** де́рж**ит**
복 수	мы леж**и́м** вы леж**и́те** они́ леж**а́т**	де́рж**им** де́рж**ите** де́рж**ат**

[주] -ю-, -ят가 -у-, -ат로 바뀐 것은 정자법 규칙에 따른 것이다.

◆ Упражне́ния

1. Переведи́те по-ру́сски:

1) 나의 선생은 교실에서 절대로 앉지 않는다. 그는 항상 서 있다.
2) 나는 글을 쓸 때는 언제나 앉아 있다.
3) 대학생은 종이에 연필로 글을 쓴다. 그러나 칠판에는 분필로 쓴다.
4) 그는 읽을 때, 언제나 손으로 책을 쥐고 있다.
5) 선생은, 그 여자가 책을 보지 않고, 자주 벽을 본다고 말한다.
6) 그들은, 때로는 앉아서, 때로는 서서 대답한다.
7) 우리의 누이 제에냐는 상점으로 가지 않고 학교로 간다.
8) 책과 신문이 책상 위에 놓여 있다(누워있다).
9) 방 안에는 책상과 걸상이 놓여 있다(서 있다).
10) 왜 그들은 상점으로 갑니까? 왜냐하면 그들은 지도를 사기 원하기 때문입니다.
11) 내가 과목을 읽을 때, 당신은 책을 봅니까?
12) 나는, 당신이 읽을 때, 책을 보지 않고, 천정을 바라봅니다.
13) 제발 말하지 마십시오. 책을 들여다 보십시오. 그리고 듣기만 하십시오.
14) 여기 앉아 계십시오. 교실로 가지 마십시오.
15) 손으로 펜을 쥐십시오. 그리고 펜으로 쓰십시오.
16) 당신은 오늘 극장에 가십니까? 갑니다. 왜냐하면 좋은 러시아 영화가 상영되고 있으니까요.
17) 쥬우꼬프씨는 연필로 글을 쓸 때, 손으로 공책을 잡는 일이 절대로 없습니다.
18) 당신들의 학교는 어디 있습니까? 멉니까? 아니요, 우리 학교는 아주 가깝습니다.
19) 언제 당신은 극장에 갑니까? 나는 오늘 갑니다.
20) 나의 동무 까레에닌도 역시 가까이 살고 있지만, (그러나) 우리 동생(형)만큼 그렇게 가까이 살고 있는 건 아닙니다.

2. 공란에 적당한 말을 기입하라:

1) Кни́га____________ на столе́.
2) Я______________ на сту́ле.
3) Учи́тель_____________, когда́ он чита́ет уро́к.
4) Коля Жу́ков____________ не так хорошо́, как я.
5) Мы всегда́_____________, когда́ отвеча́ем в кла́ссе.
6) Они́_______________ в тетра́дь, когда́ они́____________.
7) Мы________________ в кни́гу, когда́ мы_________________.
8) Же́ня никогда́ не______________, когда́ учи́тель чита́ет.
9) Она́__________________ купи́ть кни́гу в магази́не.
10) Она́ сего́дня не____________________ в шко́лу.

3. 다음 동사들의 현재형 어미를 채워 넣고 ударе́ния를 표시하라:

1) Мы зна____________
2) Они́ говор_________
3) Я пиш__________
4) Вы смо́тр________
5) Ты леж___________
6) Он рабо́та_________
7) Вы хот____________
8) Я сиж_____________
9) Она́ ид___________
10) Она́ понима́_______
11) Вы ид___________
12) Они́ леж__________
13) Мы рабо́та__________
14) Я хоч_____________
15) Вы сид___________
16) Он зна____________
17) Они́ смо́тр__________
18) Мы говор__________
19) Ты понима́__________
20) Вы пиш_____________

4. Отве́тьте по-ру́сски:

1) Кто в кла́ссе?
2) Где сего́дня Же́ня?
3) Почему́ она́ сего́дня не идёт в шко́лу?
4) Что она́ хо́чет купи́ть в магази́не?
5) Чем вы пи́шете, карандашо́м и́ли перо́м?

7

Седьмо́й уро́к

Письмо́

Ива́н живёт в Москве́, а Мэ́ри в Нью-Йо́рке. Он изуча́ет англи́йский, а она́ ру́сский язы́к. Мэ́ри пи́шет господи́ну Петро́ву письмо́ в Москву́. Вот конве́рт и а́дресс:

Росси́я

Москва́

Пу́шкинская у́лица, дом №3, кв.2

И.А. Петро́ву

А вот письмо́:

Дорого́й Ива́н Андре́евич!

Почему́ Вы ничего́ не пи́шете ни мне, ни сестре́? Что Вы де́лаете? Что чита́ете? Я зна́ю, что Вы уже́ давно́ изуча́ете англи́йский язы́к и что у Вас молода́я учи́тельница-америка́нка. Вы, наве́рно, уже́ хорошо́ говори́те по-англи́йски.

Как ви́дите, я пишу́ э́то письмо́ по-ру́сски. Этот язы́к интере́сный и не о́чень тру́дный. Мой учи́тель, когда́ даёт уро́к, хорошо́ объясня́ет мне ру́сскую грамма́тику и я ду́маю, что она́ не тру́дная. Я тепе́рь чита́ю интере́сную ру́сскую кни́гу. Я уже́ свобо́дно чита́ю и пишу́, но говорю́ пло́хо. Когда́ говоря́т ме́дленно, я всё понима́ю; но когда́ говоря́т бы́стро, я ничего́ не понима́ю. У нас в шко́ле но́вая ру́сская библиоте́ка. Я люблю́ чита́ть в библиоте́ке. Там о́чень ти́хо. До свида́ния, Ива́н Андре́евич. Пиши́те

◆ Слова́рь

седьмо́й 제 7의
изуча́ть(I) 연구하다, 공부하다.
ру́сский,-ая,-ое
　러시아의, 러시아인(어)의
англи́йский,-ая,-ое
　영국의, 영국인의, 영어의
язы́к 말, 언어; 혀
письмо́ 편지
конве́рт 봉투
а́дрес 주소
у́лица 거리, 한길, 가(街)
Пу́шкинская у́лица 뿌쉬킨 街(路)
но́мер 번호, №; 방(아파트·호텔의)
три 3, 셋
кварти́ра 주택(아파트식)
два 2, 둘
дорого́й,-ая,-ое 친애하는, 값비싼
Андре́евич발음(Андре́ич) 인명(명칭)
так 그렇게
давно́ 오래 전에,
　오래 전부터, 오랫동안
ни...ни... ...도...도(부정문에서)
мне 나에게(я의 여격)
у Вас 당신(들)에게 ...이 있다.
молодо́й,-а́я,-о́е 젊은

америка́нский,-ая,-ое 미국의
учи́тельница 여선생
наве́рно 아마도, 필시
как 어떻게; ...처럼
ви́деть(II) (ви́жу, ви́дишь;
ви́дят)보다, 보이다.
э́тот, э́та, э́то 이...
интере́сный,-ая,-ое
　흥미 있는, 재미 있는
тру́дный,-ая,-ое 어려운
объясня́ть (I) 설명하다, 해석하다.
ду́мать (I) 생각하다.
дава́ть (I) (даю́, даёшь; даю́т) 주다.
свобо́дно 자유롭게; 자유롭다.
ме́дленно 천천히, 느리게; 느리다.
всё 모든 것, 전부
бы́стро 빠르게; 빠르다.
у нас 우리들에게 ....이 있다.
у нас в шко́ле 우리 학교에 ...이 있다.
но́вый,-ая,-ое 새로운
библиоте́ка 도서관, 문고
люби́ть (II) (люблю́, лю́бишь;
лю́бят) 사랑하다, 좋아하다
ти́хо 조용히; 조용하다.
до свида́ния (작별인사)
　다신 만날 때 까지

◆ Граммáтика

§ 34. 명사의 여격

여격은 우리말 조사 "에게"에 해당하며, 동작이 미치는 상대편을 나타낸다. 이러한 뜻으로 사용되는 명사의 여격에 대한 물음은 комý(누구에게)? чемý(무엇에게)? 이다.

Я даю перó **ученикý.** 나는 생도에게 펜을 준다.

(**Комý** вы даёте перó?) (당신은 누구에게 펜을 줍니까?)

Он пи́шет письмó **сестрé**. 그는 누이에게 편지를 쓴다.

(**Комý** он пи́шет письмó?) (그는 누구에게 편지를 씁니까?)

[주] 여격은 또한 여격 지배 전치사와 함께 사용되기도 한다.

Я идý **к сестрé**. 나는 누이한테 간다.

Они́ идýт **к столý**. 그들은 책상 쪽으로 간다.

§ 35. 형용사의 용법

형용사는 그가 관계하는 명사를 수식·한정·규정하는 말이다. 물주대명사 мой, ваш, наш 따위와 마찬가지로, 형용사도 역시 관계하는 명사의 성·수·격에 따라 각각 다른 어미를 취한다.

성	남 성	여 성	중 성
어 미	-ый, -ой	-ая	-ое
명사와 결합	нó**вый** дом	нó**вая** кни́га	нó**вое** перó

[주] 남성어미가 –ой인 것은 항상 어미에 ударéние를 가진다.

молодóй студéнт
молодáя студéнтка
молодóе дéрево

[주] рýсский, англи́йский 등의 남성어미가 –ый 대신 –ий인 것은 정자법 규칙에 따라, к 뒤에 ы를 쓸 수 없기 때문이다.

형용사는 문장 가운데서 술어와 정어 두 가지로 사용된다. 술어로 사용될 때는 통상 관계하는 명사 뒤에, 정어로 사용될 때는 관계하는 명사 앞에 위치한다.

1) 술어로:

Уро́к **интере́сный**. 학과(과목)는 **재미있다**.

2) 정어로:

Это - **интере́сный** уро́к. 이것은 **재미있는** 과목이다.

§ 36. 지시대명사 э́тот

지시대명사 э́тот(이...)도 형용사처럼 관계하는 명사의 성과 수에 따라 각각 다른 형태를 취한다.

Этот уро́к тру́дный. 이 과목은 어렵다.

Эта кни́га но́вая. 이 책은 새것이다.

Это письмо́ интере́сное. 이 편지는 재미있다.

지시대명사 э́тот의 중성 э́то는 "이것"이라는 뜻으로(명사적으로)도 사용된다. 이러한 경우에는 술어가 되는 명사의 성이나 수에는 구애됨이 없이 항상 э́то 만을 사용한다.

Это тру́дный уро́к. 이것은 어려운 과목이다.

Это но́вая кни́га. 이것은 새 책이다.

Это интере́сное писмо́. 이것은 재미있는 편지다.

§ 37. 활동체를 나타내는 남성명사의 대격

남성명사의 대격은 주격과 같은 형태를 취하지만, 활동체(사람이나 동물)를 나타내는 남성명사의 대격은 다른 어미형을 취한다. (대격 이외의 격들은 비활동체와 동일하다.)

이미 앞에서 나온 격의 형태를 정리하면 다음과 같다.

	비활동체	활동체
주 격	**стол**	**студе́нт**
생 격	(앞에서 나오지 않았음)	

여 격	столу́	студе́нту
대 격	стол	студе́нта
조 격	столо́м	студе́нтом
전치격	столе́	студе́нте

Кого́ вы ви́дите? 당신은 누구를 봅니까?

Я ви́жу студе́нта. 나는 대학생을 봅니다.

§ 38. 동사 люби́ть의 변화 (제 2식 순음변화)

제 2식 변화에 속하는 동사로서 어간의 마지막 자음이 순음(б, п; в, ф; м)일 때에는, 제 1인칭 단수(я)에서 어미 -ю앞에 -л-을 삽입한다. 이것을 가리켜 순음변화라고 한다. (제 1식 변화에 속하는 동사 가운데는 순음변화를 하는 것이 극히 드물다.)

люби́ть (II) (사랑하다, 좋아하다)

단 수	복 수
я люблю́	мы лю́бим
ты лю́бишь	вы лю́бите
он лю́бит	они лю́бят

§ 39. 동사 дава́ть의 변화 (-авать형 변화)

-авать로 끝나는 제 1식 변화 동사는, 현재형 어간을 -ава-에서 -а-로 축소시켜 변화시킨다.

дава́ть (I) (주다)

단 수	복 수
я даю́	мы даём
ты даёшь	вы даёте
он даёт	они́ даю́т

명령형: дава́й, дава́йте

§ 40. 형용사의 대격

형용사는 관계하는 명사와 성·수·격에 있어 일치한다. 따라서 관계하는 명사가 대격이 되면 형용사도 대격이 되어야 한다. 형용사의 대격어미는, 남성과 중성은 주격과 같고, 여성은 -ую이다.

Она́ изуча́ет **ру́сский язы́к**. 그 여자는 러시아어를 공부(연구) 한다.

Он де́ржит руко́й **но́вое перо́**. 그는 손으로 새 펜을 쥐고 있다.

Я чита́ю **интере́сную кни́гу**. 나는 재미있는 책을 읽는다.

◆ Упражне́ния

1. Те́кст에서 명사를 뽑아, 그 성과 격을 지적하라.

[예] Москве́ 여성, 전치격

2. Переведи́те по-ру́сски:

1) 재미있는 러시아 책을 나에게 주십시오. 그리고 누이에게도 주십시오.
2) 지금 나는 대학생에게 (편지를) 쓰고 있습니다. 그는 젊은 러시아인입니다.
3) 나의 친구 이바노오프는 공원에서 산책하기를 좋아합니다.
4) 누구를 당신은 사랑합니까? 누이입니까 혹은 형(제)입니까?
5) 나는 누이도 동생도 사랑하고 있지 않습니다.
6) 우리들은 이미 러시아어로 자유롭게 쓰고 있지만, 말하는 것은 아직 서툴다.
7) 우리 학교에는 도서관이 있습니다. 그곳은 매우 조용하다고들 합니다.
8) 뻬뜨로프씨는 오래 전부터 모스크바에 살고 있습니다. 나는 뻬뜨로프씨에게 자주 (편지를) 씁니다. 그러나 그는 나한테 아무것도 써 보내지 않습니다.

9) 나는 러시아어 문법이 매우 어렵다고 생각합니다.
10) 이 책상은 새것입니다. 이 책은 재미있습니다. 이 편지는 누가 쓰는 겁니까?

3. 동사와 명사의 어미를 채워 넣어라:

1) Я ви́______ карти́н_______ на стен_________.
2) Ты ви́________ бра́т________ и сестр________.
3) Он ви́________ кни́г________ и газе́т________.
4) Мы ви́________ письм________ на стол________.
5) Вы ви́________ каранда́ш_______ и бума́г________.
6) Они́ ви́________ а́дрес________ на конве́рт________.

8

Восьмо́й уро́к

Отве́т

Мэ́ри живёт в Нью-Йо́рке с бра́том и сестро́й. Ива́н пи́шет Мэ́ри отве́т в Нью-Йо́рк. Вот а́дресс:

Мэ́ри Бра́ун
I Ва́шингтон Авеню́, кварти́ра 4 (четы́ре)
Нью-Йо́рк, США

Ми́лая Мэ́ри!

Большо́е спаси́бо за Ва́ше интере́сное письмо́. Я очéнь рад, что Вы изуча́ете ру́сский язы́к. У меня́ но́вый инстру́ктор-америка́нец. Он о́чень хоро́ший и о́пытный инстру́ктор. Мы с инстру́ктором ча́сто хо́дим в кино́ и́ли чита́ем Шекспи́ра. Я о́чень рад, что чита́ю "Га́млета" по-англи́йски. После́дний акт о́чень интере́сный.

Утром у меня́ англи́йский уро́к; днём я хожу́ рабо́тать в фи́рму, а пото́м хожу́ чита́ть в библиоте́ку. Ве́чером, иногда́ я хожу́ в теа́тр и́ли на конце́рт, а иногда́ сижу́ до́ма.

Моя́ сестра́ тепе́рь на Кавка́зе. У неё о́тпуск. Она́ то́же ча́сто хо́дит чита́ть в библиоте́ку. Она́ о́чень лю́бит чита́ть и чита́ет о́чень мно́го. Мы с бра́том тепе́рь никогда́ не обе́даем до́ма. Всегда́ за́втракаем и обе́даем в рестора́не. Но когда́ сестра́ до́ма, мы все и обе́даем, и за́втракаем, и ужи́наем до́ма. Моя́ сестра́ хоро́шая и до́брая де́вушка. Я её о́чень люблю́. Вы зна́ете мой а́дрес. Пиши́те. До свида́ния. С приве́том.

Ива́н Петро́в.

◆ Слова́рь

восьмо́й 제 8의
с (+조격) ~와 함께, 더불어
отве́т 대답, 답장
четы́ре 4, 넷
ми́лый, -ая, -ое 귀여운, 사랑하는
большо́й, -ая, -ое 큰, 대단한
большо́е спаси́бо
대단히(매우) 고맙습니다.
за (+대격) 뒤로;~에 대하여, ~을 위하여
у (+생격) 옆에; ~에게(소유의 뜻으로)
инстру́ктор 교관, 지도교사
хоро́ший, -ая, -ое 좋은, 훌륭한
о́пытный, -ая, -ое 경험을 쌓은, 노련한
ходи́ть (II) (хожу́, хо́дишь; хо́дят)
다니다(걸어서)
Га́млет 해믈리트(Hamlet)
после́дний, -яя, -ее 최후의, 최근의
а́кт 막(연극의)
с приве́том 경구(편지 끝에 쓰는말)
у́тром 아침에(у́тро의 조격형)
днём 낮에 (день의 조격형)
пото́м (그)다음에, (그)후에
ве́чером 저녁에(ве́чер의 조격형)
на (+대격) 위로, 으로, 에로
конце́рт 음악회
Кавка́з 까프까즈지방(코카서스)
о́тпуск 휴가
мно́го 많이; 많다.
обе́дать (I)
식사를 하다, 점심을 먹다.
за́втракать (I) 조반(아침)을 먹다.
рестора́н 레스토랑, 음식점
все 모두, 모든사람; 모든
мы все 우리는 모두
у́жинать (I) 저녁식사를 하다.
до́брый, -ая, -ое 착한, 선량한, 좋은
её 그 여자를(она́의 생격·대격)
приве́т 인사, 환영사

◆ Грамма́тика

§ 41. 전치사 С

전치사 с 는 조격을 지배할 때 "....와 함께, 더불어"의 뜻을 나타낸다.

Мэ́ри ча́сто хо́дит **с** бра́том в ки́но.
메에리는 자주 오빠와 함께 극장에 간다(다닌다).

Он обе́дает **с** профе́ссором в рестора́не.
그는 교수와 함께 레스토랑에서 식사를 한다.

전치사 с 는 또한 и 와 같은 뜻으로 사용될 때도 있다.

мы **с** бра́том —— я и (мой) брат 나와 형(동생)

мы **с** сестро́й —— я и (моя́) сестра́ 나와 누이

Мы **с** бра́том всегда́ обе́даем до́ма. 나와 형(동생)은 언제나 집에서 식사를 한다.

§ 42. 인칭대명사의 생격과 대격

인칭대명사의 생격과 대격은 형태가 동일하다.

수 / 격	단 수					복 수		
주 격	я	ты	он	она́	оно́	мы	вы	они́
생 격	меня́	тебя́	его́	её	его́	нас	вас	их
대 격	меня́	тебя́	его́	её	его́	нас	вас	их

[주] он 과 оно́ 는 주격 이외의 격들이 서로 같다.
его́는 ево́로 발음한다.

§ 43. "у меня́ (есть) ..."형의 표현

전치사 у는 명사의 생격을 지배하며 "~옆에, ~에게(소유의 뜻으로)"의 뜻을 나타낸다. 또한 у는 인칭대명사 생격과 합하여 "~에게는 ~이 있다"즉 "~는 ~을 가지고 있다"는 뜻을 나타낸다.

у меня́ / у тебя́ / у него́ / у неё } (есть) перо́ — 나는 / 너는 / 그는 / 그여자는 } 펜을 가지고 있다.

у нас / у вас / у них } (есть) перо́ — 우리들은 / 당신)들)은 / 그들은 } 펜을 가지고 있다.

[주] 동사 есть(있다)를 쓰면 뜻이 더욱 강조된다.

제 3인칭 인칭대명사는 전치사와 함께 사용될 때 앞에 н-을 붙인다.

"у меня́, у тебя́" 등은 때로 물주대명사와 같은 뜻으로도 사용된다.

у меня́ в кóмнате **나의** 방 안에는

у вас в дóме **우리들의** 집 안에는

"у меня́, у тебя́" 등에 대한 물음은 у когó(누구에게)? 이다.

У когó (есть) автомоби́ль?

У негó (есть) автомоби́ль.

§ 44. 물주대명사 егó, её; их

제 1인칭 및 제 2인칭 물주대명사 мой(나의), твой(너의), наш(우리들의), ваш(당신·당신들의)는 관계하는 명사의 성·수에 따라 각각 다른 형태를 취하지만(урóк 4, §23), 제 3인칭 물주대명사 егó(그의), её(그 여자의), их(그들의), 그것들의)는 관계하는 명사의 성·수에 관계없이 언제나 동일한 형태만을 사용한다.

егó дом, егó кварти́ра, егó перó

её стол, её кни́га, её окнó

их брат, их кóмната, их пóле

[주] 제 3인칭 물주대명사는 인칭대명사의 생격과 형태가 동일하므로 혼동하지 말아야 한다.

§ 45. 동사 идти́ 와 ходи́ть (정태동사와 부정태동사)

운동을 나타내는 동사 가운데는 정태와 부정태가 대응하는 것이 있다. 정태는 일정한 방향으로, 일정한 때에 행하여지는 운동을 나타내며, 부정태는 종종 행하여지는 일정한 방향과 때를 가지지 않는 운동, 반복, 왕복되는 운동을 나타낸다. (정태와 부정태가 대응하는 동사는 15개 뿐이다.)

동사 идти́는 정태동사이다. 이에 대응하는 부정태동사는 ходи́ть이다.

Он идёт сейчáс в парк. 그는 지금 공원으로 간다.

Он хóдит в шкóлу. 그는 학교에 다닌다.

§ 46. 경변화 형용사와 연변화 형용사

단수 주격 어미가, -ый(ой), -ая, -ое로 끝나는 것은 경변화 형용사라고 하며, -ий, -яя, -ее로 끝나는 것은 연변화 형용사라고 한다.

연변화 형용사의 대부분은 어간의 마지막 자음이 -н-이다.

성 / 격	남 성	여 성	중 성
주 격	после́дн**ий**	после́дн**яя**	после́дн**ее**
대 격	после́дн**ий**	после́дн**юю**	после́дн**ее**

§ 47. 전치사 на의 특수용법

전치사 на는 보통명사 이외에도, уро́к(수업), конце́рт(음악회), рабо́та(일), ле́кция(강의)등의 추상명사와 함께 사용될 때도 있다.

전치격과 함께:

Сейча́с мы на уро́ке. 우리는 지금 수업중이다.

대격과 함께:

Они́ иду́т на уро́к. 그들은 수업을 받으러 간다.

보통명사로서 "방향·위치"를 나타낼 때, 전치사 в를 쓰지 않고 на를 쓰는 것이 있다. 예를 들면:

Я рабо́таю на по́чте (на заво́де, на фа́брике).

Я иду́ на по́чту (на заво́д, на фа́брику).

§ 48. все와 всё

все는 "모든 사람, 전원", всё는 "모든 것, 전부"라는 뜻이다.

Все понима́ют э́то. 모두가(모든 사람이) 이것을 이해한다.

Я всё понима́ю. 나는 죄다(전부) 이해한다.

все는 명사·대명사 복수와 함께 "모든..."이라는 뜻으로도 사용된다.

Все студе́нты (они́) зна́ют. 모든 대학생이(그들 모두가) 알고 있다.

◆ Упражнения

1. Переведите по-русски:

1) 그 여자는 최후의 편지를 쓰고 있다.
2) 그들은 오늘 마지막 음악회에 간다.
3) 나는 김교수와 그의 젊은 부인(아내)을 알고 있다.
4) 그 여자의 동생(누이)은 나를 사랑하고 있다. 나도 그 여자를 사랑한다.
5) 당신은 그를 좋아합니까? 모두들 그를 좋아합니다.
6) 당신들은 누이가 있습니까? (당신들에겐 누이가 있습니까?) 네, 있습니다.
7) 그 여자는 좋은 펜을 가지고 있습니까? 그 여자는 좋은 펜을 가지고 있습니다.
8) 누가 러시아 신문을 가지고 있습니까? 그 사람이 가지고 있습니다.
9) 친애하는 나의 제에냐, 우리들은 지금 휴가 중입니다(휴가를 가지고 있습니다). 그래서 아침에는 집에 있습니다. 우리들은 아침을 먹고, 신문이나 잡지를 읽고, 그 다음에 나와 형은 자주 공원에 갑니다. 이따금 나와 누이는 도서관에 갑니다. 나에게는 젊은 누이가 있습니다. 나는 그녀를 매우 사랑합니다. 그녀는 귀엽고 착한 처녀입니다. 그래서 모두들 그녀를 사랑합니다. 그녀는 또한 아주 훌륭한 대학생입니다. 그리고 영어도 잘 합니다. 형과 누이와 나는 자주 레스또랑에서 저녁식사를 합니다. 그 다음 우리는 영화관이나 음악회에 갑니다. 오늘 우리는 극장(연극)에 갑니다, 왜냐하면 지금 해믈리트가 상연되고 있는데, 우리는 셰익스피어(Shakespeare)를 좋아하기 때문입니다.

2. 공란에 정당한 말을 기입하라:

где (어디, 어디서)? куда (어디로)?

1) _______ мы теперь?
2) _______ вы ходите вечером?

3) _______ она́ рабо́тает?

4) _______ мы идём?

5) _______ они обе́дают?

когда́? как? что?

6) _______ вы у́жинаете?

7) _______ мы идём в шко́лу?

8) _______ вы рабо́таете: бы́стро и́ли ме́дленно?

9) _______ вы пи́шите: по-францу́зски и́ли по-испа́нски?

10) ________ они́ де́лают в го́роде?

идти́, ходи́ть

11) Я ча́сто_______ в шко́лу.

12) Он всегда́_______ в библиоте́ку у́тром, но сего́дня _______ ве́чером.

13) Они́ тепе́рь_______ не в теа́тр, а на конце́рт.

14) Мы никогда́ не_______ в рестора́н днём.

15) Я тепе́рь________ домо́й, а пото́м ________ в кино́.

9

Девя́тый уро́к

Мой день

Сего́дня хоро́шее у́тро. Я люблю́ гуля́ть у́тром. Когда́ я не рабо́таю, я гуля́ю в па́рке. Мой брат то́же лю́бит гуля́ть. Мы гуля́ем в па́рке и за́втракаем в рестора́не. Я пью горя́чий ко́фе с молоко́м, а брат пьёт холо́дное молоко́. Он не лю́бит ко́фе, а я не люблю́ молока́. Ма́ма говори́т, что я пью ма́ло молока́, потому́ что я пью то́лько оди́н стака́н молока́ в де́нь.

По́сле за́втрака мы игра́ем в те́ннис. В час дня мы до́ма. У нас уро́к му́зыки. Мы с бра́том игра́ем дуэ́том. Я игра́ю на роя́ле, а брат на скри́пке. В два часа́ у нас ру́сский уро́к. На́ша учи́тельница говори́т о́чень ско́ро и мы иногда́ ничего́ не понима́ем. Но когда́ она́ говори́т ме́дленно, мы всё понима́ем. Мы чита́ем, пи́шем и говори́м по-ру́сски. Мы изуча́ем ру́сский язы́к. По́сле уро́ка, ма́ма даёт нам обе́д. Мы еди́м суп, мя́со, десе́рт и пьём чай. По́сле обе́да, я мо́ю посу́ду, а пото́м мы с бра́том е́дем на конце́рт.

◆ Слова́рь

девя́тый 제 9의
у́тро 아침
пи́ть (I) (пью, пьёшь; пьют) 마시다
горя́чий,-ая,-ее 뜨거운
ко́фе[불변·남성·중성] 커피
по́сле(+생) 후에, 끝난 다음에
за́втрак 조반(아침)
игра́ть (I) 놀다, 유희하다; 연주하다
те́ннис 테니스, 정구
молоко́ 우유
холо́дный 차가운, 추운
ма́ма 어머니, 엄마
ма́ло 적게, 조금; 적다
стака́н 컵
в день 하루에
в два часа́ 2시에
ско́ро 빨리; 곧, 얼마 안 있어
даёт нам 우리들에게 준다.

играть в теннис 정구를 치다.
час 시(時)
суп 수프
в час дня 낮(오후) 한시에
музыка 음악
дуэт 이중주, 이중창
рояль 그랜드(로얄) 피아노
играть на рояле 피아노를 치다.
скрипка 바이얼린
играть на скрипке
바이얼린을 연주하다.

обед 점심, 정찬
есть (ем, ешь, ест; едим, едите, едят)
먹다
мясо 고기, 육류
десерт 디저트(식후의)
чай 차(茶), 홍차
мыть (I) (мою, моешь, моет; моют)
씻다, 빨다
посуда 식기
ехать (I)(еду, едешь; едут) 타고가다.

◆ Грамматика

§ 49. 명사의 생격

생격은 우리말 조사 "의"에 해당하며, "소유"의 뜻을 나타낸다. 이러한 뜻으로 사용되는 명사에 대한 물음은 чей(누구의?), чего(무엇의?) 등이다.

생격어미 (경변화)

격 \ 성	남 성	여 성	중 성
주 격	стол	комнат**а**	окн**о**
생 격	стол**а**	комнат**ы**	окн**а**

[주] 어간의 마지막 자음이 г, к, х; х, ч, ш, щ인 여성명사의 생격어미는 –и(-ы 대신에)이다. книга-книг**и**

생격의 용법

1) "소유"의 뜻으로: (소유생격)

вопрос **студента**

фамилия **ученицы**

2) 부정(否定)되는 타동사의 보어로: (부정생격)

Я **не** люблю́ **сестры́**. (сестру́ 대신에)

Он **не** лю́бит **молока́**. (молоко́ 대신에)

3) два, три, четы́ре및 мно́го, ма́ло 등과 함께: (수량생격)

Они́ едя́т **мно́го мя́са**.

Они́ пьют **ма́ло молока́**.

Два бра́та, **две сестры́**

Три ча́са, **три студе́нтки**

4) 생격지배 전치사와 함께

у бра́та интере́сная кни́га.

У меня́ е́сть хоро́шая скри́пка.

§ 50. 형용사의 생격 · 대격

1) 경변화

성 / 격	남 성	여 성	중 성
주 격 생 격 대 격	но́**вый** но́**вого** но́**вый** 또는 но́**вого**	но́**вая** но́**вой** но́**вую**	но́**вое** но́**вого** но́**вое**

주격 생격 대격	ру́сск**ий** ру́сск**ого** ру́сск**ий** 또는 ру́сск**ого**	ру́сск**ая** ру́сск**ой** ру́сск**ую**	ру́сск**ое** ру́сск**ого** ру́сск**ое**

2) 연변화

주 격 생 격 대 격	после́дн**ий** после́дн**его** после́дн**ий** 또는 после́дн**его**	после́дн**яя** после́дн**ей** после́дн**юю**	после́дн**ее** после́дн**его** после́дн**ее**

주 격 생 격 대 격	**хоро́ший** **хоро́шего** **хоро́ший** 또는 **хоро́шего**	**хоро́шая** **хоро́шей** **хоро́шую**	**хоро́шее** **хоро́шего** **хоро́шее**

§ 51. 인칭대명사의 여격

수 / 격	단 수					복 수		
주 격	я	ты	он	она́	оно́	мы	вы	они́
여 격	мне	тебе́	ему́	ей	ему́	нам	вам	им

[주] 인칭대명사 제 3인칭(단수·복수)이 전치사와 함께 사용될 때는 н-을 앞에 붙인다. Я иду́ к нему́. 나는 그에게로 간다.

§ 52. 동사 е́хать, мыть, пить의 변화

е́хать, мыть, пить는 제 1식변화에 속하지만, 현재형 어간을 취하는 방식이 각각 정칙변화와는 다르다.

е́хать (타고 가다)	**мыть** (씻다)	**пить** (마시다)
я е́ду	я мо́ю	я пью
ты е́дешь	ты мо́ешь	ты пьёшь
он е́дет	он мо́ет	он пьёт
мы е́дем	мы мо́ем	мы пьём
вы е́дете	вы мо́ете	вы пьёте
они́ е́дут	они́ мо́ют	они́ пьют

§ 53. 동사 есть의 변화

есть는 복수만이 제 2식 변화 방식을 따르는 특이한 동사이다.

есть (먹다)

я	ем	мы	еди́м
ты	ешь	вы	еди́те
он	ест	они́	едя́т

[주] "있다"라는 뜻의 есть와 혼동하지 말라.

◈ Упражне́ния

1. Переведи́те по-ру́сски:

1) 아침식사 후 나와 동생은 식기를 닦고, 누나는 피아노를 친다.
2) 나는 절대로 음악을 듣지 않는다. 왜냐하면 나는 그것을 좋아하지 않기 때문이다.
3) 나는 오늘 뉴욕으로 간다. 왜냐하면 나는 동생을 만나보고 싶기 때문이다.
4) 나의 어머니는 아침에 우유 한 잔을 마신다.
5) 그의 형과 그의 누이는 점심을 먹은 다음 테니스를 친다.
6) 어머니는 그들에게, 지금 우리가 휴가 중이라고(휴가를 갖고 있다고) 쓰고(편지를) 있다.
7) 우리 친구 이바안은 고기를 조금 먹고, 우유를 많이 마신다.
8) 그들은 하루에 우유를 넉잔 마신다.
9) 그들의 방안에는 두 장의 지도와 석장의 그림이 있다.
10) 저 사람에게 책을 두 권(두 권의 책을) 주시기 바랍니다.
11) 나는 한 번도 러시아어 책을 읽지 않습니다.
12) 우리는 새(새로운) 교수를 모릅니다. 당신은 그를 압니까?
13) 우리 어머니는 오래 전부터 모스크바에 살고 있습니다. 우리들은 자주 어머니에게(그 여자에게) 편지를 씁니다.

14) 당신은 3권의 영어책을 가지고 있습니다. 2권의 책을 우리들에게 주십시오.
15) 그녀는 디저트도 먹지 않고 우유도 마시지 않고, 오직 뜨거운 차만을 마십니다.
16) 우리들의 여선생이 러시아어로 천천히 말할 때, 우리들은 다 알아듣습니다(이해 합니다). 그러나 빨리 말할 때는 하나도 알아듣지 못합니다.
17) 2시에 우리에게는 음악 수업이 있고, 3시에는 러시아어 시간이 있습니다. 저녁에 우리들은 음악회에 (타고)갑니다.
18) 당신은 고기를 먹지만, 당신의 아내는 수프를 먹습니다.
19) 그는 차가운 우유를 마시지 않고, 우유를 넣은 뜨거운 커피를 마십니다.
20) 나는 누이와 자주 이중주를 합니다. 누이가 피아노를 치고 내가 바이얼린을 연주하지요.

10 Деся́тый уро́к

За́втра пра́здник

Кака́я замеча́тельная пого́да! Прия́тно ходи́ть пешко́м, когда́ со́лнце све́тит. Я живу́ недалеко́ от шко́лы и ча́сто хожу́ пешко́м, но когда́ идёт до́ждь я е́зжу на трамва́е. В таку́ю пого́ду хорошо́ гуля́ть, но я до́лжен сиде́ть в шко́ле.

В шко́ле я тепе́рь изуча́ю ру́сский язы́к и я о́чень рад, что у нас сего́дня урок ру́сского языка. Уро́к на сего́дня лёгкий-перево́д и упражне́ние. Я мно́го занимаюсь, потому́ что о́чень хочу́ хорошо́ говори́ть по-ру́сски. Учи́тельница говори́т, что у меня́ хоро́шее произноше́ние и что я хорошо́ пишу́.

За́втра пра́здник. За́втра шко́лы не́т, и мы е́дем в дере́вню к тёте и дя́де. Мой дя́дя сего́дня в го́роде. По́сле шко́лы я до́лжен идти́ с дя́дей в магази́н. Я покупа́ю тёте пода́рок, а он покупа́ет всё, что ей ну́жно на за́втра. У дя́ди е́сть автомоби́ль, и мы е́дем с ним в дере́вню. Не зна́ю, как вы, но я о́чень люблю́ е́здить на автомоби́ле.

У тёти в дере́вне большо́й дом и сад недалеко́ от ле́са. Како́й там краси́вый лес! Когда́ я у тёти, я люблю́ сиде́ть в саду́ под де́ревом и́ли гуля́ть в лесу́. Как хорошо́ в дере́вне ле́том. Но зимо́й я хочу́ жить в го́роде.

◆ Слова́рь

деся́тый 제 10의
за́втра 내일
пра́здник 휴일, 경축일
како́й 어떠한; 얼마나~한(감탄문)
замеча́тельный 놀랄만한, 썩 좋은
до́лжен, должна́, должно́
(+미정형)~하지 않으면 안 된다
на сего́дня 오늘 할
лёгкий 가벼운, 쉬운
(발음 лёхкий)

погóда 날씨
пешкóм 도보로, 걸어서
идти́ (정태) (부정태는 ходи́ть)
걸어서 가다(다니다)
сóлнце (발음 сóнце) 태양, 해
свети́ть(II) (свечу́,свéтишь;-ят)빛나다
недалекó 멀지 않은 데, 가까이; 가깝다
от(+생격) ~로부터
дóждь 비
идёт дождь 비가 온다.
éздить (II) (éзжу, éздишь;-ят)
타고 다니다
трамвáй 전차
éздить на трамвáе 전차를 타고 다니다.
в таку́ю погóду 이러한(그러한) 날씨에
дéрево 나무
такóй 그러한, 이러한
лéтом 여름에
хорошó 참, 훌륭히; 좋다
урок русского языка 러시아어 수업
учи́ть (учу́, у́чить; у́чат) кого пету가르치다
учиться (учу́и, у́читься; у́чамся) пету 배우다, 학습하다

упражнéние 연습(문제), 실습
произношéние 발음
нет 없다; 아니다
дерéвня 시골
тётя 아주머니
дя́дя 아저씨
покупáть (I) 사다(買)
подáрок 선물
ну́жно 필요하다.
всё, что ей ну́жно
그녀에게 필요한 모든 것
автомоби́ль 자동차, 승용차
сад 정원, 소공원
краси́вый 아름다운
лес 숲
под (+대격) 밑으로
(+조격) 밑에
зимóй 겨울에
заниматься чем 공부하다.

◈ Граммáтика

§ 54. 여성명사의 격변화표 (단수)

-а로 끝나는 여성명사(경변화)의 변화형을 알면 –я로 끝나는 여성명사(연변화)의 변화형은 곧 알 수 있다. 즉 경변화 어미의 경모음을 대응하는 연모음으로 바꾸면 된다. (а→я, ы→и, у→ю, о→е). 그러나 –ия로 끝나는 명사만은 특수한 방식으로 변화한다.

주 격	ко́мнат**а**	тёт**я**	фами́л**ия**
생 격	ко́мнат**ы**	тёт**и**	фами́л**ии**
여 격	ко́мнат**е**	тёт**е**	фами́л**ии**
대 격	ко́мнат**у**	тёт**ю**	фами́л**ию**
조 격	ко́мнат**ой (-ою)**	тёт**ей (-ею)**	фами́л**ией (-ею)**
전치격	ко́мнат**е**	тёт**е**	фами́л**ии**

[주] 1) 조격 -ою, -ею는 시(詩) 같은 데서 간혹 사용된다.
2) -га, -ка, -ха로 끝나는 명사의 생격어미는 -и 이다 (-ы대신).
3) -жа, -ча, -ша, -ща로 끝나는 명사의 생격어미는 -и 이다 (-ы대신).
4) -жа, -ча, -ша, -ща 및 -ца로 끝나는 명사의 조격은 -ей(-ею)이다. 그러나 어미에ударе́ние가 있을 때는 -ой(-ою)가 된다.
кни́га → кни́ги(생격), госпожа́ → госпожи́(생격)
да́ча → да́чей(조격), свеча́ → свечо́й(조격)

§ 55. 의문대명사 како́й 지시대명사 тако́й

1) 의문대명사 **како́й**(어떠한)는 사물의 성질을 묻는 대명사이다.

Кака́я сего́дня **пого́да?** 오늘은 어떠한 날씨입니까?

како́й는 형용사와 함께 감탄문을 만드는데 쓰인다.

Како́й краси́вый **лес!** 얼마나 아름다운 숲이냐!

2) 지시대명사 **тако́й**(그러한)는 사물의 성질을 가리키는 대명사이다.

На уро́ке он ниче́го не слу́шает. 수업시간에 그는 아무것도 듣지 않는다.

Я не люблю́ **тако́го** студе́нта. 나는 그러한 대학생을 싫어한다.

[주] како́й, тако́й는 형용사와 동일하게 격 변화 한다.

§ 56. 부사의 형성

부사에는, 다른 말에서 파생하지 않은 본디부터 있는 부사(본원부사)와 다른 품사에서 파생한 부사(파생부사)가 있다. тут(여기에), там(저곳에), как(어떻게) 등은 본원부사에 속하는 것이며, хорошо́(훌륭히, 잘), бы́стро (빨리), у́тром(아침에) 따위는 파생부사에 속한다. 여기서는 파생부사의 형성을 설명하기로 한다.

파생부사 중에서 가장 흔한 것은 형용사에서 온 것이며, -o로 끝나는 부사는 거의 전부가 형용사에서 파생한 것이다.

1) 형용사 어간에 –o 또는 -e(연변화 형용사일 때)를 붙인다.

медленный (느린) → медленн**о** 느리게

хоро́ший (훌륭한, 좋은) → хорош**о́** 훌륭히, 잘

плохо́й (나쁜) → пло́х**о** 나쁘게, 잘못

кра́йний (극단적인) → кра́йн**е** 극단적으로

2) -ский로 끝나는 형용사는 어간에 -и를 붙인다(-ски).

коми́ческий (희극적인) → коми́ческ**и** 희극적으로

ру́сский (러시아의, 러시아어의) → по-ру́сск**и** 러시아어로, 러시아식으로

3) 명사의 조격을 그대로 부사로 사용한다.

у́тро → у́тром	아침에
де́нь → днём	낮에
ве́чер → ве́чером	저녁에
но́чь → но́чью	밤에
весна́ → весно́й	봄에
ле́то → ле́том	여름에
о́сень → о́сенью	가을에
зима́ → зимо́й	겨울에
лес → ле́сом	숲속을(지나서)
по́ле → по́лем	들판을(지나서)

§ 57. нет 의 두 가지 뜻

нет는 "아니다"(да의 반대)의 뜻과, "없다"(е́сть의 반대)의 뜻을 가졌다. "없다"의 뜻으로 사용될 때에, 존재가 부정(否定)되는 명사는 생격이 된다. 이것도 부정생격에 속한다(уро́к9, §49, 2 참조).

1) "아니다"의 뜻으로

Вы хоти́те гуля́ть? 당신은 산책을 하고 싶습니까?
– Нет, я не хочу́. – 아니오, 나는 하고 싶지 않습니다.

2) "없다"의 뜻으로

Сего́дня нет **ру́сского уро́ка**. 오늘은 러시아어 시간이 없다.
Инстру́ктора нет сего́дня. 오늘은 교관이 없다.
Его́ нет до́ма. 그는 집에 없다.
Их нет до́ма. 그들은 집에 없다.
У меня́ нет **карандаша́.** 나에게는 연필이 없다.

§ 58. ну́жен, нужна́, ну́жно.

이것은 "필요하다", "필요가 있다"라는 뜻을 나타낸다. 필요한 대상인 명사가 남성이면ну́жен을, 여성이면 нужна́를, 중성이면 ну́жно를 쓴다. 이때 그 대상을 필요로 하는 **주체**는 **여격**이 된다.

Мне **ну́жен каранда́ш**. 내게는 연필이 필요하다.
Студе́нту **нужна́ бума́га**. 대학생에겐 종이가 필요하다.
Тёте **ну́жно молоко́**. 아주머니에게는 우유가 필요하다.

ну́жно는 동사 미정형과 함께 "필요한 동작"을 나타낸다.

Нам **ну́жно изуча́ть** ру́сский язы́к.
우리는(우리에게)는 러시아어를 공부(연구)할 필요가 있다.

§ 59. до́лжен, должна́, должно́

이것은 동사 미정형과 함께 "하지 않으면 안 된다"는 뜻을 나타낸다. 주어가 남성이면 до́лжен을, 여성이면 должна́를, 중성이면 должно́를 쓴다

Я до́лжен идти́ в магази́н. 나는 상점에 가지 않으면 안 된다.
(я 가 남자인 경우)
Я должна́ мы́ть посу́ду. 나는 식기를 씻지 않으면 안 된다.
(я 가 여자인 경우)
Тётя должна́ е́хать в Пуса́н. 아주머니는 부산에 (타고)가야 한다.

§ 60. 동사 е́хать와 е́здить

е́хать(타고 가다)는 정태동사이고, е́здить(타고 다니다)는 е́хать에 대응하는 부정태동사이다(уро́к 8, §45).

Сего́дня я е́ду на трамва́е. 나는 오늘 전차를 타고 간다.

Я всегда́ е́зжу на трамва́е. 나는 언제나 전차를 타고 다닌다.

§ 61. 전치격어미가 –у́ (-ю́)인 남성명사

남성명사 중에는 전치격에서 어미 -е를 취하지 않고, **-у́ -ю́**를 취하는 것이 약간 있다.

лес→в лесу́ пол→на полу́

сад→в саду́ край→на краю́

◆ Упражне́ния

1. Переведи́те по-ру́сски:

1) 해가 빛날 때면, 나는 아저씨와 아주머니와 함게 공원으로 산책하러 가곤 한다.
2) 비가 오면(올 때는), 우리는 버스나 자동차를 타고 갑니다.
3) 우리 학교는 도서관으로부터 멀지 않은(가까운)데 있습니다.
4) 나의 선생님은, 내가 교실에서 연습문제를 조용하게(낮은 소리로) 읽어야 한다고 말합니다.
5) 그들은 러시아어를 아주 조금 밖엔 말하지 못하지만(아주 조금 말하지만), 그들의 발음은 훌륭합니다(그들에게는 훌륭한 발음이 있습니다).
6) 당신은 연필을 가지고 있지 않소? (당신에겐 연필이 없습니까?)
7) 나는 아저씨 아주머니에게 편지를 쓰지 않으면 안 됩니다. 그러나 나는 펜도 종이도 없습니다.
8) 좋은 날씨에 정원이나 숲에서 산책하기란 참으로 좋은 일이다(얼마

나 좋은가!).

9) 그녀는 시골에 살고 있다. 그녀는 거기 커다란 집과 아름다운 정원을 가지고 있다.

10) 여름에 그녀는 정원에서 나무 밑에 앉아 있기를 좋아한다.

11) 시골에는 상점이 없다. 그래서 그녀는 자동차로 자주 시내에 가곤 한다.

12) 나는 아주머니를 좋아한다. 그래서 그녀와 함께 시골서 살고 싶어 하지만, 형은 그녀를 좋아하지 않는다. 그래서 시내에서 살기를 원한다.

2. 다음 명사들을 격변화시켜라.

1. ла́мпа　　2. жена́　　3. бума́га
4. да́ча　　5. госпожа́　　6. у́лица
7. дере́вня　　8. дя́дя　　9. Росси́я

3. 괄호 안의 명사들을 적당한 격으로 고쳐라.

1) Да́йте (инстру́ктор)_________ кни́гу.
2) Мы пи́шем (дя́дя) ______ письмо́.
3) Я сего́дня еду в шко́лу на (трамва́й)________.
4) Он лю́бит е́здить на (автомоби́ль)___________.
5) Мы живём недалеко́ от (шко́ла)__________.
6) Я сижу́ в (сад)______ и чита́ю (кни́га)___________.
7) Лес недалеко́ от (дом)__________.
8) По́сле уро́ка я иду́ в (лес)________.
9) Он идёт домо́й по́сле (уро́к)_________.
10) У́тром я чита́ю (газе́та)___________.
11) Я покупа́ю пода́рок (тётя)___________.

12) Он гуля́ет с (брат) _______ в па́рке________.
13) Брат с (сестра́)________ идёт в парк.
14) У меня́ хоро́шее (перо́)_________.
15) Я люблю́ писа́ть (перо́)__________.
16) Мы ча́сто хо́дим к (тётя)________ обе́дать.
17) Мы понима́ем(профе́ссор)____________.
18) Он не понима́ет (уро́к)___________.
19) В (теа́тр)__________ идёт ру́сская карти́на.
20) Кни́га лежи́т на (стол)_________.

4. ну́жен, нужна́, ну́жно 중에서 적당한 것으로 공란을 채워라.

1) Мне ______ ваш брат.
2) Вам не _________ э́та кни́га.
3) Ему́ ________ автомоби́ль.
4) Ей __________ перо́.
5) Им _________ скри́пка.
6) Нам ________ роя́ль.
7) Тебе́ ________ письмо́.
8) Кому́ _________ ка́рта?

5. Отве́тьте по-ру́сски по те́ксту:

1) Кака́я сего́дня пого́да?
2) Что вы лю́бите де́лать в таку́ю пого́ду?
3) Вы живёте далеко́ от шко́лы?
4) Кто хо́чет хорошо́ говори́ть по ру́сски?
5) Како́й сего́дня уро́к, лёгкий и́ли тру́дный?
6) У кого́ хоро́шее произноше́ние?

7) Почему́ вы за́втра не идёте в шко́лу?
8) Почему́ за́втра шко́лы нет?
9) Куда́ вы е́дете за́втра?
10) К кому́ вы е́дете за́втра?
11) Куда́ вы идёте сего́дня по́сле шко́лы?
12) С кем вы идёте в магази́н?
13) Что вы покупа́ете в магази́не?
14) Где сего́дня ваш брат?
15) Вы лю́бите е́здить на автомоби́ле?
16) Что у тёти в саду́?
17) Вы лю́бите сиде́ть в саду́?
18) Како́й дом у тёти?
19) Где вы всегда́ сиди́те в саду́?
20) Где вы хоти́те жи́ть ле́том, и где зимо́й?

11

Оди́ннадцатый уро́к

Вы по́мните?

- Что вы де́лали вчера́?
- Вчера́ я сиде́л до́ма. А вы?
- Я то́же сиде́ла до́ма. Моя ма́ма рабо́тала весь день, а я чита́ла.
- А я был до́ма оди́н и писа́л ве́сь де́нь. Моя ма́ма то́же рабо́тала, но не до́ма. Она́ рабо́тает на заво́де.
- Вот как! А что она́ де́лает? Я ду́мала, что она́ всегда́ до́ма.
- О нет, она́ секрета́рь и рабо́тает в о́фисе заво́да.
- А что вы писа́ли вчера́? Мо́жно спроси́ть? Это не секре́т?
- Коне́чно мо́жно. Я писа́л письмо́ моему́ бра́ту. Он ра́ньше жил в Ленингра́де, а тепе́рь живёт в Москве́. Обы́чно он пише́т ча́сто, но из Москвы́ он мне ещё не писа́л.
- До́лго ли идёт письмо́ из Санкт-Петербу́рга сюда́?
- Не о́чень до́лго. Вот э́то письмо́ шло то́лько два дня, а э́то четы́ре.
- Вы по́мните, как пло́хо шла по́чта во вре́мя войны́?
- Коне́чно по́мню. Оди́н раз я получи́л писмо́ от бра́та из Ленингра́да, кото́рое шло два ме́сяца.
- Наве́рно э́то бы́ло во вре́мя блока́ды.
- Да. Я тогда́ был на Ура́ле, а мой брат в Ленингра́де. Мы ча́сто ничего́ не зна́ли друг о дру́ге.
- А вы ча́сто писа́ли бра́ту в Ленингра́д во вре́мя блока́ды?
- Я писа́л ему́ ка́ждый де́нь! Но он не все пи́сьма получа́л во вре́мя блока́ды. А где вы бы́ли во вре́мя войны́?
- Во вре́мя войны́ я была́ на Кавка́зе. Я рабо́тала там в го́спитале. Оди́н раз в го́спитале была́ вечери́нка и мы пе́ли "От кра́я и до кра́я". Вы зна́ете э́ту пе́сню?
- Коне́чно. Все её зна́ют.

◈ Слова́рь

оди́ннадцатый 제 11의
по́мнить (II) [불완] 기억하고 있다
вчера́ 어제
ве́сь, вся, всё 모든, 전...
бы́ть (I) (미래 бу́ду, бу́дешь; бу́дут, 과거был, была́,бы́ло; были́) 있다, ...이다
оди́н, одна́,одно́; одни́ 하나의, 어떤.... 쪽의
часы́ 시계(복수형으로 씀)
вот как 그래? 정말 그래, 설마 그럴까!

заво́д 공장(주로 중공업)
мо́жно(+미정형) ~할 수 있다, ~해도 좋다
спроси́ть (II)[완료](-ошу́, -о́сишь; -о́сят) 묻다, 질문하다
секре́т 비밀
коне́чно(ч의 발음은 ш) 물론
моему́ бра́ту 나의 형(제)에게
ра́ньше 그 전에, 이전에
жи́ть(I) [불완] (жив-у́,-ёшь;-у́т, 과거 жил, жила́, жи́ло; жи́ли) 살다
обы́чно 보통, 여느 때는
из... (+생격)(안으로)부터
до́лго 오랫동안
сюда́ 이리로, 이곳으로
идти́ (I)[불완] (과거 шёл, шла, шло; шли)걸어가다, 진행되다.

по́чта 우편물, 우체국
вре́мя 시간, 때
война́ 전쟁
во вре́мя войны́ 전쟁 때에, 전시에
раз (한) 번
оди́н раз 한 번은, 언젠가
получи́ть(II) [완] 받다
кото́рый, -ая, -ое 몇 번째의, 어느 쪽의 (관계대명사로) ~하는, 그~
ме́сяц 달(한달, 두 달의) 월(정월·이월의)
блока́да 봉쇄
Ура́л 우랄지방
тогда́ 그때, 그 당시에
дру́г 친구, 벗
друг о дру́ге 서로 상대방에 대해서
ка́ждый, -ая, -ое 매(每)~, 하나 하나의
пи́сьма (письмо́)의 복수 주·대격) 편지
получа́ть(I) [불완] 받다
го́спиталь(남) 병원
вечери́нка 야회(夜會)
пе́ть (I) [불완] (пою́, поёшь; пою́т) 노래 부르다
пе́сня 노래
край 가장자리, 말단, 변경(邊境), 지방
"От кра́я и до кра́я" (나라의) 끝에서 끝까지
э́ту пе́сню 이 노래를(대격)

◈ Грамма́тика

§ 62. 동사의 과거형

동사의 현재형은 **인칭**과 **수**에 따라 6가지로 변화하며, 그 변화방식에는 제 1식과 제 2식의 구별이 있지만, 과거형은 **성**과 **수**에 따라 4가지로 변화하며, 변화방식에는 제 1식과 제 2식의 구별이 없다.

대부분의 동사는 미정형(부정결)에서 –ть를 어미로 하는데, 미정형에서 –ть를 떼어내고 남은 부분을 미정형어간 또는 과거형어간이라 한다. 이 어간에 과거형어미 **–л**(남성), **-ла**(여성), **-ло**(중성); **-ли**(복수)를 붙이면 과거형이 된다.

미정형어간	남성형	여성형	중성형	복수형
де́ла-ть	де́лал	де́ла**ла**	де́ла**ло**	де́ла**ли**
говори́-ть	говори́л	говори́**ла**	говори́**ло**	говори́**ли**
писа́-ть	писа́л	писа́**ла**	писа́**ло**	писа́**ли**
сиде́-ть	сиде́л	сиде́**ла**	сиде́**ло**	сиде́**ли**

я, ты, он 및 남성명사 → де́лал
я, ты, она́ 및 여성명사 → де́лала
оно́ 및 중성명사 → де́лало
мы, вы, они́ 및 복수형 명사 → де́лали

Вчера́ мой брат **чита́л** кни́гу. 어제 나의 형(동생)은 책을 읽었다. (읽고 있었다.)
Моя́ ма́ма **писа́ла** письмо́. 나의 어머니는 편지를 썼다. (쓰고 있었다.)
Они́ **сиде́ли** в саду́. 그들은 정원에 앉아 있었다.

1) 동사 бы́ть의 과거형

бы́ть(있다, ...이다)의 현재형은 есть이지만, 보통 생략된다는 것은 이미 설명한 바 있다. 그러나 과거형은 생략되지 않는다.

Вчера́ я был до́ма. 어제 나는 집에 있었다.

Там бы́ло большо́е зда́ние.	그곳에 큰 건물이 있었다.
Мо́й оте́ц был инжене́р.	나의 아버지는 기사였다.
Кни́га была́ интере́сная.	책은 재미 있었다.
Его́ часы́ бы́ли хоро́шие.	그의 시계는 좋았었다.
Бы́ло интере́сно.	재미 있었다.
В ко́мнате бы́ло ти́хо.	방안은 조용했다.
У меня́ была́ кни́га.	나는 책을 가지고 있었다.
У неё бы́ло перо́.	그녀는 펜을 가지고 있었다.
У нас был уро́к.	우리들에게는 수업이 있었다.

2. 동사 идти́ (итти́)의 과거형

идти́ 는 과거형 어간이 특이하다.

Он **шёл**. Она́ **шла**. Оно́ **шло**. Они́ **шли**.

§ 63. 부사구의 구실을 하는 명사의 대격

всё у́тро	아침내(온 아침을)
весь день	온종일
всю ночь	밤새도록
ка́ждое у́тро	매일 아침, 아침마다
ка́ждый день	매일, 날마다
ка́ждую ночь	매일 밤, 밤마다

§ 64. 수사 оди́н

수사 оди́н (1, 하나의)은 형용사처럼 관계하는 명사의 성과 수에 따라 각각 다른 형태를 취한다.

оди́н каранда́ш (남성) одна́ тетра́дь (여성)
одно́ перо́ (중성) одни́ часы́ (복수)

[주] 수사 оди́н은 "어떤"이라는 뜻을 나타내는 대명사로도 사용된다.

§ 65. 동사의 체(1)

러시아어의 동사는, 그가 나타내는 동작(또는 상태)이 **지속적인 것**이냐, 또는 **완료된**, **완료될 것**이냐도 동시에 나타낸다. 이 구별에 따라 거의 모든 동사가 **불완료체**와 **완료체**라는 서로 대응하는 한 쌍의 형을 가진다.

지금까지 나온 동사는 한 두개를 제외하면 모두가 불완료체 동사였다. 불완료체와 완료체의 예를 들면 다음과 같다.

뜻	불완료체	완료체
받다	получа́ть	получи́ть
쓰다	писа́ть	написа́ть
묻다	спра́шивать	спроси́ть

[주] 동사의 체에 관해서는 уро́к 17, 18, 19에서 다시 설명할 것이다.

§ 66. 의문조사 ли 를 쓰는 의문문

러시아어의 의문문은, 평서문의 어순을 바꾸지 않고 어조를 바꾸고 의문부호를 붙임으로써 만들 수 있다는 것은 이미 설명한 바 있다. 그러나 의문을 나타내는 말을 문장 첫머리에 내놓고 그 뒤에 의문조사 ли를 붙여서 의문문을 만들 수도 있다. 이 경우에는 말하는 사람이 의문시하는 것이 무엇인지 더욱 명확해진다. 아래의 예문들을 비교해 보라.

Сего́дня ли вы идёте в шко́лу? 오늘 당신은 학교에 갑니까? (가는 것은 오늘입니까?)

Идёте ли вы сего́дня в шко́лу? 오늘 당신은 학교에 갑니까? (안 갑니까?)

В шко́лу ли вы идёте сего́дня? 오늘 당신은 학교에 갑니까? (가는 곳은 학교입니까?)

Я не знаю́, **писа́л ли** он бра́ту. 나는 그가 형에게 (편지를) 썼는지 안 썼는지 모릅니다.

[주] 의문조사 ли는 반드시 그 앞에 말과 함께 발음해야 한다.

◆ Упражне́ния

1. Переведи́те по-ру́сски:

1) 어제는 온종일 비가 왔다.
2) 나는 밤새도록(온밤을) 전차를 타고 (돌아)다녔다.
3) 그녀는 절대로 일을 하지 않았다. 그러나 저녁마다 바이얼린을 켰다.
4) 나의 어머니는 항상 집에 혼자 있었다.
5) 우리 아주머니는 그전에는 매우 아름다웠다.
6) 그의 누이는 (그녀의) 아저씨한테서 선물을 받았다.
7) 우리 형은 친구한테서 자주 편지를 받곤 했다.
8) 전쟁 때에 그들은 모스크바로부터 우리들에게 (편지를) 써 보냈다. 그리고 우리는 그들의 편지를 죄다(그들의 모든 편지를) 받았다.
9) 모스크바에서 뉴요크까지 우편은 보통 한 달이 걸렸었다.
10) 나는 그들이 집에 있었는지 (어떤지) 모르고 있었다.
11) 그때 나는 아주머니와 함께 뻬쩨르부르그에 살고 있었다.
12) 그의 숙모는 타이피스트였다. 그녀는 공장 사무실에서 온종일 일했었다.
13) 나의 숙부는 뻬쩨르부르그(구 레닌그라드) 봉쇄시에 우랄지방에 있었다.
14) 나는 온종일 도서관에 혼자 앉아 있었다.
15) 누구한테 편지를 썼지요? 그것도 비밀이 아닙니까?
16) 네(아니요), 그것도 역시 비밀은 아닙니다. 나는 쥬우코프씨의 누이한테 썼습니다. 당신은 그녀를 아십니까? 나는 그녀에게 매일 (편지를) 씁니다.
17) 물론 알고 있지요, 전쟁 때 나는 그녀와 함께 까프까아즈에서 일했어요. 그런데 지금 그녀는 어디서 살고 있습니까?
18) 전에는 모스크바에서 살았는데 지금은 우라알지방에서 살고 있습니다.
19) 당신은 그녀를 사랑합니까? 어째서 그녀에게 매일 편지를 쓰지요?
20) 당신은 내가 그녀를 사랑한다고 생각하십니까? 자, 여기 나의 편지를 읽어 보십시오.

2. 괄호 안의 동사를 과거형으로 고쳐라:

1) Я (говори́ть) по-ру́сски о́чень хорошо́.
2) Она́ вчера́ (чита́ть) по-англи́йски.
3) Мы (люби́ть) гуля́ть в па́рке.
4) Мэ́ри и Ива́н (быть) до́ма вчера́. Они́ (обе́дать) и (у́жинать) до́ма.
5) Где (быть) он вчера́? Он (рабо́тать) на заво́де.
6) Она (быть) до́ма и не (знать), что в кино́ (идти́) англи́йская карти́на.
7) Ра́ньше мы (жи́ть) Москве́, а пото́м в Санкт-Петербу́рге.
8) Мы (игра́ть) в те́ннис вчера́, потому́ что (бы́ть) хоро́шая пого́да, но сего́дня у́тром (идти́) дождь и мы (игра́ть) дуэ́том до́ма.

3. ли 를 써서 의문문을 만들라:

1) Она́ говори́ла, что лю́бит петь.
2) Он был до́ма.
3) За́втра вы не идёте в теа́тр.
4) Он не говори́т бы́стро.
5) Вы чита́ете уже́ свобо́дно.

4. 물음에 알맞은 대답을 골라내라:

1) **Где вы бы́ли вчера́**.
 а) Я сижу́ до́ма.
 б) Я гуля́л в па́рке.
 в) Я люблю́ чита́ть.

2) **Кто хорошо́ отвеча́л в кла́ссе?**
 а) Я отвеча́л вчера́ в кла́ссе о́чень хорошо́.

б) Ива́н отвеча́ет на письмо́ Мэ́ри.

в) Мэ́ри отвеча́ла Ива́ну из Нью-Йо́рка.

3) **Где пе́ли пе́сню "От кра́я и до кра́я"?**

а) В Нью-Йо́рке студе́нты пою́т её.

б) В А́фрике мно́го пою́т по-ру́сски.

в) На Кавка́зе в го́спитале на вечери́нке.

4) **Как рабо́тал Ива́н во вре́мя войны́?**

а) Ива́н рабо́тает в Москве́ ка́ждый день.

б) Ива́н рабо́тал о́чень мно́го.

в) Все рабо́тают во вре́мя войны́.

5) **Почему́ она́ сего́дня не рабо́тает?**

а) Потому́ что он вчера́ мно́го рабо́тал.

б) Потому́ что у нас о́чень тру́дная рабо́та.

в) Потому́ что у неё о́тпуск.

5. Отве́тьте по-ру́сски:

1) Где вы бы́ли вче́ра?
2) Что вы де́лали там?
3) Где вы жи́ли во вре́мя войны́?
4) Мо́жно спроси́ть кому́ вы писа́ли всё у́тро?
5) Не жи́ли ли вы ра́ньше в Ленингра́де.
6) Не зна́ете ли вы, как до́лго идёт письмо́ из Нью-Йо́рка в Москву́?
7) Хорошо́ ли шла́ по́чта в США во вре́мя войны́?
8) От кого́ вы получи́ли пода́рок из Вашингто́на?
9) Не рабо́тает ли ва́ша сестра́ в го́спитале?
10) Лю́бите ли вы петь?

11) Каку́ю пе́сню вы ча́сто поёте?

12) Каку́ю пе́сню вы пе́ли в шко́ле?

13) Вы по́мните пе́сню “От кра́я и до кра́я”?

14) Лю́бите ли вы пи́ть холо́дный чай?

15) Что вы обы́чно пьёте ве́чером?

16) Что вы пи́ли вчера́ на вечери́нке?

17) Хоро́шее ли у вас произноше́ние?

18) Хорошо́ ли в дере́вне зимо́й?

19) Когда́ хорошо́ в го́роде?

20) Когда́ пло́хо в дере́вне?

12

Двена́дцатый уро́к

Два дру́га

Пе́тя и Ва́ся о́чень лю́бят друг дру́га. Пе́тя приле́жный учени́к и о́чень хорошо́ занима́ется в шко́ле. Ва́ся лени́вый учени́к и никогда́ не зна́ет уро́ка. Пе́тя почти́ всегда́ сиди́т до́ма и занима́ется, и Ва́ся ча́сто до́лжен ходи́ть в кино́ оди́н.

Пе́тя о́чень лю́бит ру́сский язы́к. Он всегда́ по́льзуется словарём, когда́ он гото́вится к уро́ку, и обы́чно зна́ет ка́ждое сло́во. Ва́ся же почти́ никогда́ не по́льзуется словарём и ре́дко зна́ет уро́к и́ли упражне́ние. Он ча́сто прихо́дит в шко́лу без уче́бника, без бума́ги, без пера́ и́ли карандаша́. Ва́ся о́чень не лю́бит занима́ться. Он то́лько лю́бит гуля́ть в лесу́ и́ли в по́ле, и купа́ться в реке́. Ра́но у́тром и́ли по́здно ве́чером, когда́ все спят, он лю́бит петь и весь день игра́ть в мяч.

Все говоря́т:"Пе́тя приле́жный ма́льчик, а Ва́ся лени́вый; Пе́тя хоро́ший учени́к, а Ва́ся плохо́й; Пе́тя всегда́ занима́ется, а Ва́ся никогда́ ничего́ не де́лает." Все ча́сто спра́шивают: " Почему́ э́ти два дру́га так лю́бят друг дру́га?" Но никто́ не мо́жет поня́ть и́ли объясни́ть почему́.

◆ Слова́рь

двена́дцатый 제 12의
Пе́тя 인명(Пётр의 애칭)
Ва́ся 인명(Васи́лий의 애칭)
друг дру́га 서로(를)
лени́вый 게으른
почти́ 거의
по́льзоваться (I)[불완] (по́льзу-юсь, -ешься; -ются) 사용하다, 이용하다
слова́рь 사전, 어휘
по́льзоваться словарём 사전을 이용(사용)하다
приготовля́ть (I)[불완] 준비하다, 예습하다
сло́во 낱말, 말
же (그 앞의 말을 강조하는 조사)
ре́дко 드물게; 드물다
приходи́ть (II)[불완] (прихожу́, -оди́шь; -о́дят) 온다
уче́бник 교과서
по́ле 들, 벌판
купа́ться (I)[불완] 목욕하다, 미역감다
гото́вится к уро́ку 수업을 준비하다.
приле́жный 근면한, 부지런한
учени́к 생도, 제자
занима́ться 공부하다, 종사하다 (무슨 일에)
ра́но 일찍이; 이르다
по́здно 늦게; 늦다
спать (II)[불완](сплю, спишь; спят) 잠자다
мяч 공(ball)
игра́ть в мяч 공을 가지고 놀다
ма́льчик 사내아이, 소년
плохо́й 나쁜
спра́шивать (I)[불완] 묻다, 질문하다
э́ти 이..., 이들... (복수형)
никто́ 아무도
мочь (I)[불완] (могу́, мо́жешь; мо́гут) 할 수 있다.
поня́ть (I)[완](пойму́, поймёшь; -у́т) 이해하다
объясни́ть(II)[완] 설명하다
без(+생격) 없이

◆ Грамма́тика

§ 67. 남성명사 변화표(단수형)

경자음으로 끝나는 남성명사(경변화)의 변화형을 알면, -ь나 –й로 끝나는 남성명사(연변화)의 변화형은 곧 알 수 있다. 즉 경변화 어미의 경모음은 대응하는 연모음으로 바꾸면 된다. (а→я, у→ю, о→е, ё)

격 \ 변화	경 변 화	연 변 화	
주 격	стол	слова́рь	трамва́й
생 격	стола́	словаря́	трамва́я
여 격	столу́	словарю́	трамва́ю
대 격	стол	слова́рь	трамва́й
조 격	столо́м	словарём	трамва́ем
전치격	столе́	словаре́	трамва́е

[주] 1. 남성명사의 대격은, 비활동체는 대격=주격이고, 활동체는 대격=생격 이다. 즉 стол의 대격은 стол이지만,
студе́нт의 대격은 студе́нта,
учи́тель의 대격은 учи́теля,
геро́й의 대격은 геро́я 이다.
2. 연변화 조격어미는 -ем이지만 ударе́ние가 어미에 올 때는 -ём이 된다. слова́рь의 조격은 словарём.
3. ж, ч, ш, щ 및 ц로 끝나는 명사의 조격은 -ем이다. 그러나 ударе́ние가 어미에 올 때는 -ом이 된다.
즉 това́рищ의 조격은 това́рищем이지만
каранда́ш의 조격은 карандашо́м이다.

§ 68. 중성명사 변화표(단수형)

경모음 –о 로 끝나는 중성명사는 경변화, 연모음 –е 로 끝나는 중성명사는 연변화이다. 중성명사는 주격과 대격 이외의 격은 모두 어미가 남성명사와 동일하다. (-ие로 끝나는 명사만은 특수한 방식으로 변화한다.)

격 \ 변화	경 변 화	연 변 화	
주 격	сло́во	по́ле	упражне́ние
생 격	сло́ва	по́ля	упражне́ния
여 격	сло́ву	по́лю	упражне́нию
대 격	сло́во	по́ле	упражне́ние
조 격	сло́вом	по́лем	упражне́нием
전치격	сло́ве	по́ле	урпажне́нии

[주] -же, -че, -ше, -ще 및 -це로 끝나는 명사의 생격어미는 -а(-я대신), 여격어미는 -у(-ю대신)이다. 이것은 정자법 규칙 때문이다.

§ 69. –ся가 붙은 동사(재귀동사)

동사중에는 купáться처럼 타동사의 어미에 –ся가 붙는 것이 있는데, 이것을 재귀동사라 하며, 동작이 자기에게 되돌아오는 것을 나타낸다.

–ся는 원래 재귀대명사 **себя́** (자기·자신을)에서 온 것이다.

купáть	→	купáть себя́	→	купáться
(미역감기다)		(자신을 미역감기다)		(미역감다)

Мáма **купáет** мáльчика. 어머니가 소년을 미역감긴다.

Мáльчик **купáется**. 소년이 미역감는다.

[주] 1. –ся 형 동사중에는 재귀의 뜻 이외에, "피동"또는 "상호간의 동작"을 나타내는 것도 있다.

피동의 뜻으로: читáть(읽다) → читáться(읽히우다)
상호간의 동작: встречáть(만나다) → встречáться(상봉하다)

2. 본디부터 –ся 가 붙은 동사도 간혹 있다.

смея́ться 웃다
надéяться 기대하다

-ся 형 동사의 변화

-ся형 동사는 -ся가 붙지 않은 동사와 동일한 방식으로 변화하며, 다만 자음으로 끝나는 어미 뒤에는 -ся를, 모음으로 끝나는 어미 뒤에는 -сь를 붙이면 된다.

Купáться (I) [불완] **미역감다**

형 \ 수	단 수	복 수
현재형	я купá**юсь** ты купá**ешься** он купá**ется**	мы купá**емся** вы купá**етесь** они́ купá**ются**
과거형	он купá**лся** онá купá**лась** онó купá**лось**	они́ купá**лись**
명령형	ты капá**йся**	вы купá**йтесь**

[주] -ться, -тся는 ццa로 발음한다.

§ 70. 동사 мочь

мочь(I) [불완] **할 수 있다**

형 \ 수	단 수	복 수
현재형	я могу́ ты мо́жешь он мо́жет	мы мо́жем вы мо́жете они́ мо́гут
과거형	он мог она́ могла́ оно́ могло́	они́ могли́

[주] мочь(할 수 있다)와 уме́ть(할 줄 알다)를 혼동하지 말라.
Я не могу́ чи́тать, потому́ что я ниче́го не ви́жу.
나는 읽을 수 없다. 왜냐하면 아무것도 보이지 않으니까.
Я не уме́ю чита́ть, потому́ что я никогда́ не ходи́л в шко́лу.
나는 읽을 줄 모른다. 왜냐하면 전혀 학교를 다니지 않았으니까.

◈ Упражне́ния

1. Переведи́те по-ру́сски:

1) 어째서 뻬에쨔와 바아샤는 서로 좋아하는지 설명해 주시오.
2) 선생님은 오늘 꼬올랴가 과목(학과)을 준비하지 않았다는 것을 알고 있었다.
3) 뻬에쨔는 어제 하루종일 공부를 했다.
4) 그는 이른 아침이나 저녁 늦게 숲속에서 산책하기를 즐긴다.
5) 뻬에쨔가 부지런한 소년이고 바아샤가 게으른 소년이라는 것을 우리는 모두 알고 있었다.
6) 당신은 사전을 볼 줄(사용할 줄) 압니까? 물론이죠, 나는 예습할때는 항상 사전을 이용합니다.

7) 나의 아내는 거의 언제나 집에서 책을 읽고 있습니다. 그래서 나는 혼자 영화관에 가야 할 때가 자주 있습니다. (번번히 영화관에 혼자 가지 않으면 안됩니다.)
8) 그들은 어제 강에서 미역을 감았지만, 우리는 오늘 미역을 감습니다.
9) 비가 올 때 당신은 도서관에 올 수 있습니까? 네, 올 수 있습니다.
10) 왜 그들이 서로 사랑하는지 그는 설명할 수 없었다.
11) 나의 누이는 온종일 집에 앉아 있을 수가 없었다.
12) 그들은 곧잘(자주) 교과서도 펜도 없이 학교에 오곤 했다.
13) 나의 형(제)은 교과서에 있는 하나하나의 단어를 기억하고 있다.
14) 우리는 밤새도록(온밤을) 잠을 잘 수 없었다.
15) 나는 사전 없이는 도저히 공부를 할 수가 없다.
16) 클라스에서는 모두들 그녀가 뛰어난 대학생이라고 생각하고 있다. 그러나 그녀가 어떻게(해서) 하나하나의 단어를 기억하고 있는지는 아무도 설명하지 못한다.

2. 괄호 안의 동사는 과거형으로, 명사는 적당한 격으로 고쳐라.

예: Я (рабо́тать) там в (го́спиталь).
Я рабо́тал там в го́спитале.

1) Под (де́рево) (стоя́ть) автомоби́ль.
2) В (автомоби́ль) (сиде́ть) два челове́ка.
3) Под (слова́рь) (лежа́ть) тетра́дь.
4) Арти́стка (петь) на (конце́рт).
5) Он (идти́) к (учи́тель).
6) Они́ не (ви́деть) (по́ле).
7) Она́ (е́здить) в (го́спиталь) ка́ждый день.
8) Они́ до́лго (жить) в (Австра́лия).
9) Мы́ с (брат) (игра́ть) дуэ́том на (роя́ль).
10) Мы не (говори́ть) об (упражне́ние).

11) Она́ (зна́ть) мой (секре́т).

12) Вчера́ у нас (бы́ть) пра́здник.

13) Ко́ля (купи́ть) (тётя) пода́рок.

14) (По́льзоваться) ли ты (уче́бник)?

15) Я (писа́ть) письмо́ моему́ (дя́дя).

16) Вчера́, когда́ мы (быть) в (дере́вня) у (тётя), со́лнце (свети́ть).

17) Зимо́й она́ (хоте́ть) жи́ть в (го́род).

18) Я вчера́ не (зна́ть) (перево́д).

19) Мы два (час) (купа́ться) в (река́).

20) Оди́н раз она́ (получи́ть) письмо́ от (сестра́) из (Волгогра́д).

13

Трина́дцатый уро́к

На да́че

Зимо́й я мно́го занима́лся. Моя́ сестра́ то́же занима́лась всю зи́му. Пе́ред экза́меном мы занима́лись всю но́чь. Тепе́рь у нас кани́кулы и мы е́дем на всё ле́то на да́чу. Подру́га сестры́ и мой друг то́же е́дут с на́ми. У нас ма́ленькая да́ча на берегу́ реки́. Я люблю́ сиде́ть у реки́. Около до́ма у нас большо́е де́рево. Там прия́тно лежа́ть под де́ревом и слу́шать как пою́т пти́цы. Я рад, что о́сень и зима́ позади́. Как бы́стро лети́т вре́мя. Вот уже́ весна́ и ско́ро ле́то.

На да́че с на́ми живёт наш оте́ц. У отца́ есть ло́шадь, кото́рую мы все о́чень лю́бим. Я люблю́ е́здить на ло́шади и ка́ждое у́тро е́зжу верхо́м. Подру́га сестры́ то́же хорошо́ е́здит верхо́м. Она́ о́чень краси́вая и интере́сная де́вушка. Жа́ль, что у нас то́лько одна́ ло́шадь.... Мой друг предпочита́ет ходи́ть пешко́м и сестра́ то́же. Че́рез неде́лю мы е́дем на да́чу. Проща́й го́род и шко́ла! Проща́йте у́лицы и магази́ны! Проща́йте кни́ги и карандаши́!

Наконе́ц мы в по́езде. Мы смо́трим в окно́ и ви́дим сады́, па́рки, ре́ки. Вот больша́я зелёная гора́. На горе́ два до́ма. Оди́н большо́й бе́лый, а друго́й ма́ленький кра́сный. Как всё э́то краси́во. Хорошо́, что мы е́дем днём, а не но́чью. Вот опя́ть ре́ки, дере́вни. Ура! Мы уже́ на да́че. Све́тит со́лнце. Как ти́хо! Кака́я замеча́тельная пого́да!

Слова́рь

трина́дцатый 제 13의
да́ча 별장
зима́ 겨울
всю зи́му 온 겨울을, 겨우내
весна́ 봄
оте́ц 아버지
ло́шадь 말(馬)
е́здить верхо́м 말을 타고 다니다

пе́ред (+조격) ~전에, ~앞에
экза́мен 시험
но́чь(女) 밤
кани́кулы(복수형) 방학
ле́то 여름
на всё ле́то 여름내 ~하려고
подру́га 여자친구
с на́ми 우리들과 함께
ма́ленький 작은
бе́рег (바닷)가, (강)가
о́коло(+생격) 근처에, 가까이
пти́ца 새, 조류
о́сень(女) 가을
позади́ 뒤에, 배후에
лете́ть (II)[정태](лечу́, лет-и́шь; -я́т)
날아가다
ура́! 만세
жа́ль 애석하다, 유감스럽다
предпочита́ть (I)[불완]
~쪽을 (더) 좋아하다
че́рез(+대격) 넘어서, 지나서,
경유해서, 후에
неде́ля 주일(一週日)
проща́й, проща́йте 안녕!
안녕히 계십시오(이별의 인사)
наконе́ц 드디어, 마침내
по́езд 기차
зелёный 녹색의, 초록빛의
гора́ 산(山)
бе́лый 백색의
кра́сный 적색의, 홍색의
но́чью 밤에
опя́ть 다시, 또다시

◆ Грамма́тика

§ 71. –ь로 끝나는 여성명사의 변화 (단수형)

ло́шадь 말(馬)

주 격	ло́шад**ь**
생 격	ло́шад**и**
여 격	ло́шад**и**
대 격	ло́шад**ь**
조 격	ло́шад**ью**
전치격	ло́шад**и**

[주] 1.-ь로 끝나는 여성명사는, 경변화도 연변화도 아닌 특이한 방식으로 변화한다.

2.-жь, -чь, -шь, -щь로 끝나는 명사 전부와 -знь-, -сть, -сь, -вь, -бь, -пь로 끝나는 비활동체 및 접미사 -ость가 붙은 명사 전부가 여성명사이다.

§ 72. 명사의 복수형

명사의 복수(주격)는 다음과 같이 어미형을 가진다.

성 \ 수	단 수		복 수	
남성명사	자음	стол	-ы (и)	стол**ы́**
	-ь	слова́р**ь**	-и	словар**и́**
	-й	трамва́**й**	-и	трамва́**и**
여성명사	-а	ко́мнат**а**	-ы (и)	ко́мнат**ы**
	-я	тёт**я**	-и	тёт**и**
	-ия	фами́л**ия**	-ии	фами́л**ии**
	-ь	тетра́д**ь**	-и	тетра́д**и**
중성명사	-о	сло́в**о**	-а	слов**а́**
	-е	по́л**е**	-я	пол**я́**
	-ие	упражне́н**ие**	-ия	упражне́н**ия**
	-мя	вре́**мя**	-меня	време**на́**

[주] 1. 경자음으로 끝나는 남성명사는, 단수형에 복수형어미 -ы를 덧붙이면 된다. 그러나 г, к, х; ж, ч, ш, щ로 끝나는 것은 정자법 규칙에 따라 –ы 대신 -и를 덧붙인다.

учени́к – ученик**и́** уче́бник – уче́бник**и**

това́рищ – това́рищ**и**

2. 그 밖의 명사는 단수형어미를 복수형어미로 바꾸어 놓으면 된다. 그러나 -а로 끝나는 여성명사중 어간의 마지막 자음이 г, к, х; ж, ч, ш, щ 인 것은 -ы대신 -и를 복수형어미로 취한다..

кни́га – кни́г**и**

госпожа́ – госпож**и́**

3. 여성명사와 중성명사(-мя은 제외)는 복수형(주격) 어미가 단수생격어미와 같다. (혼동하지 말도록 유의하라)

§ 73. 불규칙적인 남성명사의 복수형

남성명사중에는 복수주격어미가 -á(-ы 대신에) 또는 –я́(-и 대신에)인 것이 약간 있다(이런 것은 하나하나 기억해 둘 수 밖에 없다). 이러한 경우 –á, -я́ 에는 반드시 ударе́ние가 있다.

го́род – города́	кра́й – края́
до́м – дома́	ве́чер – вечера́
профе́ссор – профессора́	учи́тель – учителя́
бе́рег – берега́	лес - леса́

§ 74. 명사 복수형의 ударе́ние

ударе́ние의 위치 변동에 관한 알기 쉬운 법칙은 없다.

1) 위치가 변동하지 않는 것

студе́нт – студе́нты	това́рищ – това́рищи
газе́та – газе́ты	зда́ние- зда́ния

2). 위치가 어미로 옮겨지는 것

стол – столы́	дом - дома́
каранда́ш – карандаши́	по́ле- поля́

3) 위치가 어간으로 옮겨지는 것

стена́- сте́ны	сестра́ – сёстры
река́ – ре́ки	окно́- о́кна

§ 75. –ок, -ец, -ень 로 끝나는 남성명사의 격변화

-ок, –ец, -ень으로 끝나는 남성명사는 변화할 때 -о-, -е-가 탈락해 버린다. 이러한 경우 -о-, -е- 를 **출몰모음**이라고 부른다.

단수주격	단수생격	단수여격	복수주격
кусо́к	куска́	куску́	куски́
оте́ц	отца́	отцу́	отцы́
день	дня	дню	дни

§ 76. 관계대명사 кото́рый

관계대명사 кото́рый는 형용사와 동일하게 변화하며, 그 선행사와 성과 수가 일치한다. 그러나 관계대명사 및 그 선행사의 격은, 각기 주문과 종속문에 있어서의 역할에 따라 결정된다.

Я зна́ю студе́нта, кото́рый сиди́т на сту́ле.

나는 걸상에 앉아 있는 (그) 대학생을 알고 있다.

У отца́ есть ло́шадь, кото́рую мы все о́чень лю́бим.

아버지는, 우리들 모두가 무척 좋아하는 말을 가지고 있다. (아버지는 말을 한 필 가지고 있는데, 그것을 우리 모두가 무척 좋아한다.)

◈ Упражне́ния

1. Переведи́те по-ру́сски:

1) 연필들은 책상 위 노우트 밑에 놓여 있다.
2) 나는 사전을 이용하지 않는다, 왜냐하면 모든 단어들이 교과서에 있기 때문에.
3) 시내에서 전차들은 아주 빨리 다닌다.
4) 기차는 강쪽으로 가고 있다.
5) 만세! 마침내 우리는 강가에 (와)있다. 미역을 감을 수 있다!
6) 당신은 선생님의 성을 압니까?
7) 우리는 우체국으로 간다. 그 다음에 음악회나 극장에 간다.
8) 우리는 봄과 여름을 좋아한다. 그러나 가을과 겨울은 그다지 좋아하지 않는다.
9) 나와 누이의 친구는 일주일 예정으로(일주일 동안) 시골에 간다.
10) 마침내 우리에게는 방학이 왔다(방학이 있다). 선생님들이여, 안녕!
11) 시험들은 지나가고 지금 우리는 방학중이다(방학을 갖고 있다).
12) 나흘 예정으로 우리는 시골에 간다.
13) 아버지는 시골에 조그만 별장을 가지고 있다.
14) 별장은 강가에 있다. 별장 가까이 정원들과 들판(밭)들과 커다란 초록빛 산과 숲이 있다.
15) 별장에 우리는 흰 말을(한 필) 가지고 있는데, 그 말을 모두들 사랑하고 있다(кото́рый를 사용할 것).

16) 어제 당신들이 극장에서 만난(본) 처녀는, 나의 누이다.
17) 저기 앉아 있는 대학생은 그녀의 오빠다.
18) 시골에 있으면(시골에서는) 참으로 세월(시간)이 빨리 흐른다(날아간다)!

2. 다음 명사들의 복수 주격을 써라:

1) ла́мпа
2) уро́к
3) окно́
4) автомоби́ль
5) пти́ца
6) фами́лия
7) письмо́
8) пра́здник
9) ма́льчик
10) сло́во
11) ко́мната
12) това́рищ
13) день
14) дом
15) каранда́ш
16) упражне́ния
17) но́чь
18) машини́стка
19) о́тпуск
20) слова́рь
21) магази́н
22) кни́га
23) дере́вня
24) оте́ц
25) тетра́дь
26) го́спиталь
27) лес
28) подру́га
29) у́лица
30) де́вушка

3. 괄호 안의 명사를 올바른 형으로 고쳐라:

1) Стол стои́т о́коло (окно́).
2) Мы живём о́коло (по́чта).
3) Он весь день сиде́л у (река́).
4) Вот письмо́ от (профе́ссор).
5) По́езд идёт че́рез (лес).
6) Я люблю́ гуля́ть пе́ред (обе́д).
7) Я был у (она́) вчера́.
8) От (он) нет письма́.
9) Они́ е́здят верхо́м на (ло́шадь).
10) Че́рез (неде́ля) мы е́дем на (да́ча).

4. 공란에 적당한 전치사를 골라서 기입하라:

(у, от, о́коло, пе́ред, к, в, с, на)

1) Э́то письмо́_________ сестры́.
2) ________ до́ма большо́й сад.
3) Он сиде́л ________ стола́ и чита́л.
4) _________ конце́ртом я был у дру́га.
5) Я иду́ _________ бра́ту.
6) Они́ бы́ли ___________ теа́тре.
7) Оте́ц ________ бра́том до́ма.
8) Они́ иду́т _____________ конце́рт.

14

Четы́рнадцатый уро́к

Моя́ ко́мната

У меня́ до́ма краси́вая и удо́бная ко́мната. В ко́мнате два окна́-одно́ большо́е и широ́кое, друго́е ма́ленькое и у́зкое. Из большо́го окна́ я люблю́ смотре́ть но́чью на ти́хий сад, а из ма́ленького-на шу́мную у́лицу.

В мое́й краси́вой ко́мнате стои́т ра́зная ме́бель: кра́сный дива́н, кни́жная по́лка и широ́кий пи́сьменный стол. На кни́жной по́лке лежа́т все мои́ кни́ги, но ру́сский уче́бник всегда́ на пи́сьменном столе́. У меня́ о́чень краси́вый стул. Когда́ я рабо́таю за пи́сьменным столо́м я всегда́ предпочита́ю сиде́ть на э́том сту́ле. На пи́сьменном столе́ стои́т ла́мпа с больши́м си́ним абажу́ром. Почти́ вся моя́ ме́бель си́него цве́та, потому́ что я о́чень люблю́ э́тот цвет. Неда́вно хоте́л купи́ть но́вый си́ний ковёр, но не мог найти́ хоро́шего в на́шем магази́не, и купи́л зелёный.

В углу́ стои́т кре́сло. Оно́ то́же си́него цве́та. В э́том си́нем кре́сле все лю́бят сиде́ть, да́же моя́ соба́ка. На́ша чёрная ко́шка ча́сто спит под э́тим си́ним кре́слом и́ли под пи́сьменным столо́м. Но когда́ соба́ка в ко́мнате, ко́шка никогда́ не подхо́дит ни к пи́сьменному столу́, ни к си́нему кре́слу.

Я о́чень люблю́ свою́ ко́мнату, свою́ си́нюю ме́бель, удо́бное кре́сло, чёрную ко́шку и соба́ку. Я люблю́ свой дом.

◆ Слова́рь

четы́рнадцатый 제 14의	абажу́р (램프) 갓
си́ний,-яя,-ее 청색의	цвет 색채, 빛깔
сво́й, своё, своя́ 자기자신	си́него цве́та 푸른색...

собáка 개(犬)
удóбный 편리한
ширóкий 넓은
другóй 다른, 별개의
ýзкий 좁은
ти́хий 조용한, 고요한
шýмный 소란한, 시끄러운
рáзный 여러 가지, 각종의
мéбель(女) 가구
дивáн 소파(sofa)
кни́жный 책의
пóлка 선반, кни́жная~ 책꽂이
пи́сьменный (글을)쓰기 위한, 필기의
э́том (э́тот, э́то의 전치격)
недáвно 얼마전에, 최근에
ковёр 양탄자, 모전
найти́ (I) (과거 нашёл, нашлá, нашлó) 찾아내다, 발견하다
ýгол 구석, 모퉁이
в углý 한 구석에
крéсло 안락의자
дáже ...조차도, 까지도
чёрный 흑색의
кóшка 고양이
э́тим (э́тот, э́то의 조격)
подходи́ть(II) (под-хожý, хóдишь; хóдят) 다가오다(가다), 접근하다

◆ Граммáтика

§ 77. 형용사 변화표(단수)

1. 경변화: 남성·단수어미가 –ый또는 –ой인 것(어간이 г, к, х 및 ж, ш로 끝나는 것은 제외). –ой형 형용사는 ударéние가 항상 어미에 있는 것이 특징이다(молодóй, молодóго...). 변화방식은 -ый형과 동일하다.

격 \ 성	남 성	여 성	중 성
주 격	нó**вый**	нó**вая**	нó**вое**
생 격	нó**вого**	нó**вой**	нó**вого**
여 격	нó**вому**	нó**вой**	нó**вому**
대 격	주 또는 생	нó**вую**	нó**вое**
조 격	нó**вым**	нó**вой (-ою)**	нó**вым**
전치격	нó**вом**	нó**вой**	нó**вом**

[주] 1) 남성 대격은 관계하는 명사가 비활동체일 때는 주격과 같고 활동체일 경우는 생격과 같다.
2) 중성은 주격과 대격을 제외하고는 남성과 동일하다.
3) 여성조격 –ою형은 시문(詩文) 같은 데 간혹 사용된다.

2. 연변화: 남성·단수어미가 –(н) –ий인 것(연변화 형용사는 어미에 ударе́ние를 가지는 일이 없다. 연변화에 속하는 형용사는 그리 많지 않다).

성 / 격	남 성	여 성	중 성
주 격	си́**ний**	си́**няя**	си́**нее**
생 격	си́**него**	си́**ней**	си́**него**
여 격	си́**нему**	си́**ней**	си́**нему**
대 격	주 또는 생	си́**нюю**	си́**нее**
조 격	си́**ним**	си́**ней(-ею)**	си́**ним**
전치격	си́**нем**	си́**ней**	си́**нем**

[주] 경변화 어미의 경모음이 대응하는 연모음으로 바뀌었다.
(-ый → -ий, -ого → -его, -ому → -ему, -ым → -им...)

3. 혼합변화(I): ж, ш뒤에 –ой가 붙은 것(большо́й 따위), г, к, х뒤에 –ой나 –ий가 붙는 것(дорого́й, ру́ссκий 따위)으로, 원래 경변화에 속하는 것이지만, 정자법 규칙에 따라 -ы대신 -и를 쓰는 것이 다를 뿐이다.

성 / 격	남 성	여 성	중 성
주 격	ру́сс**кий**	ру́сск**ая**	ру́сск**ое**
생 격	ру́сск**ого**	ру́сск**ой**	ру́сск**ого**
여 격	ру́сск**ому**	ру́сск**ой**	ру́сск**ому**
대 격	주 또는 생	ру́сск**ую**	ру́сск**ое**
조 격	ру́сск**им**	ру́сск**ой(-ою)**	ру́сск**им**
전치격	ру́сск**ом**	ру́сск**ой**	ру́сск**ом**

[주] 1. 어미가 ой인 것은 ударе́ние가 항상 어미에 있는 것만이 다를 뿐 변화 방식은 위의 표와 동일하다.

2. 형용사에 대한 물음에 쓰이는 의문대명사 какóй도 위의 변화방식을 따른다.

4. 혼합변화(II): ж, ч, ш, щ뒤에 -ий가 붙는 것으로, 원래 연변화에 속하는 것이지만, 정자법 법칙에 따라 -я대신 -а를, -ю대신 -у를 쓴다.

격 \ 성	남 성	여 성	중 성
주 격	**хорóший**	**хорóшая**	**хорóшее**
생 격	**хорóшего**	**хорóшей**	**хорóшего**
여 격	**хорóшему**	**хорóшей**	**хорóшему**
대 격	주 또는 생	**хорóшую**	**хорóшее**
조 격	**хорóшим**	**хорóшей (-ею)**	**хорóшим**
전치격	**хорóшем**	**хорóшей**	**хорóшем**

§ 78. 물주대명사 변화표(단수형)

물주대명사 제 1인칭(мой, наш), 제 2인칭(твой, ваш)은 형용사와 마찬가지로, 그가 관계하는 명사와 성·수·격이 일치한다. (제 3인칭 물주대명사 его, её, их는 변화하지 않는다 урóк 8, §44 참조)

물주가 단수일 때 물의 성에 따라

격 \ 성	남 성	여 성	중 성
주 격	**мой**	**моя**	**моё**
생 격	**моегó**	**моéй**	**моегó**
여 격	**моемý**	**моéй**	**моемý**
대 격	주 또는 생	**моió**	**моё**
조 격	**мои́м**	**моéй (-ею)**	**мои́м**
전치격	**моём**	**моéй**	**моём**

[주] твой는 мой와 동일하게 변화한다.

물주가 복수일 때 물의 성에 따라

격 \ 성	남 성	여 성	중 성
주 격	наш	на́ша	на́ше
생 격	на́шего	на́шей	на́шего
여 격	на́шему	на́шей	на́шему
대 격	주 또는 생	на́шу	на́ше
조 격	на́шим	на́шей	на́шим
전치격	на́шем	на́шей	на́шем

[주] ваш는 наш와 동일하게 변화한다.

§ 79. 재귀물주대명사 свой

물주대명사가 관계하는 명사(물)의 소유주가 문장의 주어인 경우, 그 물주대명사 대신에 재귀물주대명사 **свой**(자기·자신의)를 사용한다.

свой는 **мой**와 동일한 방식으로 변화한다.

Я люблю́ своего́ бра́та. (моего́ бра́та) 나는 자기의(나의) 형(동생)을 사랑한다.

Ты нашёл своё письмо́. (твоё письмо́) 너는 자기의(너의) 편지를 찾았다.

Она́ нашла́ свою́ соба́ку. (её соба́ку) 그녀는 자기의(그녀의) 개를 찾았다.

❖ Упражне́ния.

1. Переведи́те по-ру́сски:

1) 나는 나의 친애하는 형(제)에게 편지를 쓰고 있다.
2) 그녀는 자기 친구로부터 선물을 받았다.
3) 나는 우리들의 조그만 도서실에서 아주 재미있는 러시아 책을 발견했다.
4) 당신은, 나의 학교와 나의 새 선생에 대해 모든 것을 알고 있다.
5) 그는 당신의 흰 말을 타고 다니기를 좋아한다.
6) 나는 그러한(그처럼) 게으른 소년과 함께 공부하기를 원하지 않는다.

7) 나는 당신의 새 책상과 푸른 갓이 달린 당신의 램프를 한 번도 본적이 없다.
8) 그녀는 자기 펜을 나의 누이한테 주었다.
9) 나는 우리의 큰 정원에서 푸른(초록빛) 나무 밑에 앉아 있기를 좋아한다.
10) 우리 고양이는 푸른 소파와 넓은 책꽂이에 절대로 가까이 가지 않는다.
11) 당신의 큰 개는 언제나 푸른 안락의자 밑에서 잠을 잔다.
12) 나의 아버지의 친구는 우리들의 조그만 누이와 산책하기를 좋아했었다.
13) 얼마 전에 나의 아버지는 아름다운 정원이 달린 새 집을 샀다.
14) 우리들은 항상 크고 소란한 도시에서 살았는데 지금은 작고 조용한 마을에서 살고 있다.
15) 아버지는 새 가구도 샀다. 그러나 그것은 모두 푸른 빛깔이다.
16) 나는 푸른빛을 좋아하지 않지만, 나의 누이는 좋아한다.
17) 나의 방안에는 모든 가구가 초록색이다.
18) 왜냐하면 나는 이 빛깔을 무척 좋아하기 때문이다.
19) 어머니는, 내가 우리들의 고양이를 좋아하지 않는 것은 고양이가 녹색이 아니기 때문이라고 말씀하신다.
20) 어머니는, 내가 흰 말을 좋아한다는 것을 모르신다.

2. 형용사와 대명사의 어미를 채워 넣어라:

1) В мо_____ краси́в______ ко́мнате удо́б_______ дива́н.
2) Соба́ка лежи́т о́коло си́н ________ пи́сьменн _____ стола́.
3) Тетра́дь лежи́т на кни́жн ______ по́лке под ру́сск __________ уче́бником.
4) Я люблю́ е́здить верхо́м на хоро́ш ________ ло́шади.
5) Он ве́сь день смо́трит из у́зк _____ окна́ на шу́мн ________ у́лицу.
6) Без хоро́ш _______ словаря́ тру́дно занима́ться.
7) Я сего́дня иду́ к мо _____ ста́р ______ дру́гу.
8) Когда́ ва́ш ________ соба́ка в на́ш _______ ко́мнате, ко́шка никогда́ не подхо́дит к си́н ______ кре́слу.

9) В на́ш _______ ти́х _____ саду́ я люблю́ чита́ть хоро́ш ________ кни́гу и́ли говори́ть с мо ________ молод ____ дру́гом.
10) Я не по́нял после́дн ______ сло́ва.
11) Ты всегда́ пи́шешь чёрн _________ карандашо́м.
12) Ты не лю́бишь писа́ть ни си́н ______ ни кра́сн _______ карандашо́м?
13) Хорошо́ жи́ть на так ______ ти́х _______ у́лице.
14) Он всегда́ по́льзуется хоро́ш ________ словарём.
15) Он не лю́бит сво ______ го́рода, сво ______ до́ма, сво______ шко́лы.

3. Отве́тьте по-ру́сски по те́ксту:

1) Кака́я у вас ко́мната?
2) У вас в ко́мнате широ́кое и́ли у́зкое окно́?
3) Кака́я ме́бель стои́т в ва́шей ко́мнате?
4) На како́м столе́ стои́т си́няя ла́мпа?
5) Како́й абажу́р на ва́шей ла́мпе?
6) Како́е кре́сло вы лю́бите?
7) Кака́я у вас соба́ка?

15

Пятна́дцатый уро́к

Сон

Мы с сестро́й уже́ два ме́сяца на да́че. Пого́да была́ всё вре́мя о́чень хоро́шая. Ни ра́зу не шёл дождь. Не́бо бы́ло я́сное всё вре́мя. Сего́дня мы в дере́вне после́дний день. За́втра мы е́дем обра́тно в го́род.

Я лежу́ на траве́. Мой друг, моя́ сестра́ и её подру́га то́же здесь. Они́ сидя́т недалеко́ и чита́ют журна́л. Круго́м ти́хо. Я засыпа́ю и ви́жу сон—мы лети́м на самолёте. Тут и ру́сские и америка́нцы и испа́нцы и францу́зы. Мы все лети́м высоко́, высоко́. Под на́ми земля́; под на́ми зелёные леса́, больши́е города́, ма́ленькие дере́вни. Над на́ми не́бо. Мы все лю́бим друг дру́га, мы все понима́ем друг дру́га, хотя́ ру́сские говоря́т по-ру́сски, америка́нцы по-англи́йски, францу́зы по-францу́зски, а испа́нцы по-испа́нски. Мы лети́м высоко́ и поём краси́вые пе́сни и ру́сские, и америка́нские, и францу́зские, и испа́нские.

Но, что э́то? Почему́ тако́й шум? Где стуча́т? Кто стучи́т? Я слы́шу го́лос сестры́. Она́ говори́т: "Встава́й! Встава́й! Идёт дождь." Я встаю́. Мне хо́лодно. Я смотрю́ на сестру́ и говорю́: "Э́то наш после́дний день в дере́вне. Здесь бы́ло так хорошо́." Бы́ли таки́е хоро́шие дни. За́втра мы е́дем обра́тно в го́род. Там больши́е дома́, дли́нные у́лицы, автомоби́ли, трамва́и, шум—все спеша́т, все должны́ рабо́тать. И мы за́втра начина́ем рабо́тать. Мы бы́ли в дере́вне. У нас бы́ли кани́кулы. Каки́е бы́ли хоро́шие дни.

Слова́рь

пятна́дцатый 제 15의
ни ра́зу не 한번도 ~하지 않는다
не́бо 하늘
я́сный 맑은, 명백한
обра́тно 제자리로, 도로(되)
трава́ 풀(草)
круго́м 주위에, 사면에
засыпа́ть (I) [불완] 잠들다
сон 잠, 꿈
самолёт 비행기
испа́нец 스페인 사람(남자)
францу́з 프랑스 사람(남자)
высоко́ 높이; 높다
на́ми (мы의 조격)
земля́ 땅
над (+조격) ~의 상부에, 위에(공간을 사이에 두고)
хотя́ 비록 ...하더라도
францу́зский 프랑스의 (-з-는 발음할 때 빠진다)
испа́нский 스페인의
шум 소음, 소란한 소리
стуча́ть (II)[불완] (стуч-у́,-и́шь;-а́т) 두드리다
слы́шать (II)[불완] (слы́ш-у,-ишь;-ат) 들리다(소리가)
го́лос 목소리, 음성
встава́ть (I)[불완] (вста-ю́,-ёшь;-ю́т) 일어나다, 일어서다
мне хо́лодно 나는 춥다.
дли́нный 긴, 길다란
спеши́ть (II)[불완] (спеш-у́,-и́шь;-а́т) 급히 ...하다, 서두르다
начина́ть (I)[불완] 시작·개시하다
должны́ (+미정형) ~하지 않으면 안 된다 (до́лжен, должна́, должно́의 복수형)
ви́деть сон 꿈을 꾸다
лете́ть (II)[정태] (лечу́,-ти́шь,-тя́т) 날다

Грамма́тика

§ 80. 형용사 복수형

형용사 단수는 남성·여성·중성의 세 가지 형을 가지지만, 복수는 성의 구별이 없다. 즉 남성복수이건 여성복수이건 중성복수이건 모두 동일한 어미를 가진다.

성 변화	남 성	여 성	중 성	복 수
경변화	но́**вый**	но́**вая**	но́**вое**	но́**вые**
연변화	си́**ний**	си́**няя**	си́**нее**	си́**ние**
혼합변화I	ру́сс**кий**	ру́сс**кая**	ру́сс**кое**	ру́сс**кие**
혼합변화II	хоро́**ший**	хоро́**шая**	хоро́**шее**	хоро́**шие**

[주] **형용사의 복수·대격**은 주격과 동일하다. 그러나 관계하는 명사가 활동체인 경우에는 생격과 동일하다.

§ 81. 형용사의 어미를 가지는 명사

명사중에는 형용사어미를 가지는 것이 있다. 이러한 명사는 형용사 변화방식에 따라 변화한다.

ру́сский 남성명사 }
ру́сская 여성명사 } ру́сск**ие**(복수) 러시아 인

столо́вая 여성명사 → столо́в**ые**(복수) 식당

часово́й 남성명사 → часов**ы́е**(복수) 보초병

§ 82. 명사의 복수·대격

비활동체 명사의 복수·대격은 복수·주격과 동일하다.

단수·주격	стол	учéбник	слова́рь	трамва́й
복수·주격	стол**ы́**	учéбник**и**	словар**и́**	трамва́**и**
복수·대격	стол**ы́**	учéбник**и**	словар**и́**	трамва́**и**

단수·주격	ко́мнат**а**	кни́г**а**	сло́в**о**	по́л**е**
복수·주격	ко́мнат**ы**	кни́г**и**	слов**а́**	пол**я́**
복수·대격	ко́мнат**ы**	кни́г**и**	слов**а́**	пол**я́**

§ 83. 술어적으로 사용되는 부사

형용사에서 파생한 부사(대부분이 –o로 끝난다)는 술어적으로 사용되어 "육체적·정신적 상태, 의무, 가능, 불가능" 등을 표현한다.

이러한 경우, 상태를 경험하는 **주체는 여격**이 된다.

Ему́ хо́лодно.	그는 추워한다(추위를 느낀다).
Сестре́ ну́жно рабо́тать.	누이는 일할 필요가 있다.
(Мне) мо́жно спроси́ть?	내가 물어도 좋습니까?

과거를 나타낼 때는 бы́ло를 붙인다.

Нам хо́лодно бы́ло.	우리들은 추웠다.
Студе́нту ну́жно бы́ло отвеча́ть.	대학생은 대답할 필요가 있었다.

Упражне́ния

1. Переведи́те по-ру́сски:

1) 뻬에쨔와 바아샤는 아주 훌륭하고 근면한 소년들이다.
2) 그들은 많이 공부하여 언제나 자기들의 학과들을 잘 알고 있다.
3) 러시아에서 대학생들은 아름다운 노래를 부른다.
4) 오늘 우리는 러시아 비행기로 모스크바에 되돌아 (날아)간다.
5) 나는 우리(집) 정원에서 (책을)읽을 때는, 언제나 잠이 들곤 한다.
6) 어제 당신의 편안한 소파에 누워 있을 때, 나는 꿈을 꾸었었다.
7) 나는 밤에 우리 별장에 있으면 춥다. 그러나 나의 이버지는 추워하지 않는다.
8) 나는 비행기를 타고 날아갈 때, 푸른 들판들과 숲들을, 도시들과 촌락들, 그리고 푸른 하늘을 바라보기를 좋아한다.
9) 그들은 언제나 늦게 일어난다. 그리고는 몹시 서두른다.
10) 강가에, 푸른 풀 위에 누워있다는 것은 얼마나 유쾌한가!
11) 나의 누이가 피아노를 치기 시작하면(시작할 때는), 나의 어린 동생은 (무엇을) 두드리기 시작한다. 그래서 아무도 음악을 들을 수가 없다.

12) 봄에 시골에는 한번도 비가 오지 않았다.
13) 나는 평소에는(보통) 잠을 잘 잔다. 그러나 간밤에는 잠을 잘 못잤다. 그리고 꿈을 꾸었다.
14) 나는 넓은 들판에서 풀 위에 혼자 누워 있었다.
15) 주위는 아주 조용했다.
16) 나는 잠을 자려 했다. 그러나 잘 수 없었다. 왜냐하면 몹시 추웠기 때문이다.
17) 나는 내가 어디 있었는지 알지 못했다. 그리고 내가 누구라는 것도 기억하지 못했다.
18) 문득(갑자기) 나는 낮은 음성을 들었다. 그것은 나의 아버지의 목소리였다.
19) 아버지는 말씀하셨다. "일어나거라, 뻬에쨔야! 비가 온다!"
20) 우리는 방학 중(방학일 때) 시골에 갔었다(있었다).

2. 명사·형용사의 어미를 채워 넣어라 (Допиши́те оконча́ния):

1) Самолёт _____ летя́т бы́стро.
2) В Вашингто́не все дом _____ о́чень краси́в______.
3) Мы поём по ру́сск _______ и америка́нск _______ пе́сн _______.
4) Когда́ у нас был о́тпуск, бы́ли о́чень хоро́ш _______ дни.
5) В фи́рме больш _____ стол _____ и кре́сл ______.
6) Автомоби́л _________ е́дут бы́стро.
7) Все мои́ кни́г _____ лёгк ________.
8) В Москве́ о́чень хоро́ш ________ библиоте́к ___________.
9) Каки́ _______ краси́в_________ зелён _________ лес ________!
10) Ле́том в на́шей дере́вне я ви́жу то́лько си́н ______ го́р_____ и зелён ______ пол _____.

3. Отве́тьте по-ру́сски:

1) Вы до́лго жи́ли на да́че?
2) Кака́я была́ пого́да, когда́ вы бы́ли там?
3) Когда́ вы е́дете обра́тно в го́род?
4) Како́й вы ви́дели сон?
5) Кто был на самолёте?
6) Что вы все де́лали?
7) Каки́е пе́сни вы пе́ли?
8) Почему́ все спеша́т в го́роде?
9) Каки́е дома́ в го́роде?
10) Кто е́дет обра́тно в го́род?

16

Шестна́дцатый уро́к

Мой выходно́й день

Ка́ждый день я встаю́ в семь часо́в утра́. Я бы́стро умыва́юсь, причёсываюсь и одева́юсь. Мой друг, кото́рый живёт со мной в ко́мнате, то́же ра́но встаёт. Он не лю́бит спеши́ть, но мы всегда́ за́втракаем вме́сте, и он до́лжен умыва́ться и одева́ться так же бы́стро, как я. Мы еди́м фру́кты, пьём чай с молоко́м и́ли ко́фе, и еди́м хлеб с ма́слом и с сы́ром. По́сле за́втрака мы вме́сте ухо́дим, я-в магази́н, где рабо́таю, а он в шко́лу.

Шесть раз в неде́лю я до́лжен быть в магази́не в во́семь часо́в утра́. Но за́втра пра́здник. У нас выходно́й день и я могу́ до́лго спать. Жаль, что тепе́рь зима́ и ну́жно сиде́ть до́ма в выходно́й. Я бу́ду всё у́тро чита́ть газе́ты. Днём я бу́ду писа́ть пи́сьма, а за́втра ве́чером у нас бу́дут два дру́га и мы бу́дем игра́ть в ка́рты. Мой друг то́же бу́дет игра́ть с на́ми, хотя́ у него́ ско́ро бу́дут экза́мены. Я не зна́ю, в кото́ром часу́ он тогда́ бу́дет встава́ть и ско́лько часо́в в день он до́лжен бу́дет занима́ться, но я зна́ю, что он бу́дет рабо́тать почти́ без о́тдыха.

Когда́ я не рабо́таю, я ча́сто ду́маю о ле́те. Ле́том, когда́ бу́дет тепло́, мы не бу́дем сиде́ть до́ма в выходно́й, а бу́дем ходи́ть в Парк Культу́ры и Отдыха, и́ли е́здить за́ город. Наде́юсь, что Ле́на то́же бу́дет тогда́ е́здить с на́ми. Она́ мне о́чень нра́вится и, ка́жется, я ей то́же нра́влюсь. Но мне не нра́вится её тётя.

◈ Слова́рь

шестна́дцатый 제 16의
семь 일곱, 7
часы́ 시계(복수형으로 시계라는 뜻)
в семь часо́в утра́ 오전 7시에
умыва́ться (I)[불완] 세수하다
причёсываться (I)[불완] 머리를 빗다
одева́ться (I)[불완] 옷을 입다
со мно́й 나와 함께
вме́сте 함께, 더불어
так же...как... 처럼 그렇게, ~와 똑같이
фрукт 과일
хлеб 빵, 곡물
ма́сло 버터, 기름
сыр 치즈
уходи́ть (II)[불완] (ухожу́, ухо́дишь;-ят) 떠나가다, 나서다
шесть 여섯, 6
во́семь 여덟, 8
выходно́й день 휴일
до́лго 오래
ка́жется ~한 것 같다,~같이 보인다.
У нас бу́дут два дру́га 우리 집에 친구 두 사람이 올 것이다.
ка́рта 트럼프, 지도, 카드
игра́ть в ка́рты 카드 놀이를 하다.
У него́ ско́ро бу́дут экза́мены. 그에게는 곧 시험이 있을 것이다.
в кото́ром часу́ 몇 시에
ско́лько 얼마, 얼마나, 몇
без(+생격) 없이
о́тдых 휴식
тепло́ 따뜻하게; 따뜻하다
культу́ра 문화
за́ город 시외로, 교외로(го́род의 ударе́ние가 за로 옮겨진다
наде́яться (I)[불완] (неде́-юсь, наде́-ешься; -ются) 기대하다, 바라다
Ле́на (Еле́на의 애칭)
нра́виться (II) [불완](нра́влюсь, нра́вишься;-ятся) 마음에 들다
она́ мне нра́вится 그녀는 나의 마음에 든다.(나는 그녀가 좋다.)

оди́н, одна́, одно́	1	шесть	6
два, две	2	семь	7
три	3	во́семь	8
четы́ре	4	де́вять	9
пять	5	де́сять	10

◆ Грамма́тика

§ 84. 동사의 미래형

1. быть의 미래형

동사 быть(있다, ~이다)의 미래형은 제 1식 변화 동사의 현재형처럼 변화한다.

인칭 \ 수	단 수	복 수
1	я бу́ду	мы бу́дем
2	ты бу́дешь	вы бу́дете
3	он бу́дет	они́ бу́дут

За́втра я бу́ду в теа́тре. 내일 나는 극장에 있을(갈) 것이다.
Послеза́втра бу́дет выходно́й день. 모레는 휴일이다.
У нас бу́дет экза́мен. 우리에게는 시험이 있을 것이다.
У меня́ бу́дут экза́мены. 나에게는 시험(들)이 있을 것이다.

2. 동사의 합성미래형

불완료체 동사의 미래형은 быть의 미래형을 조동사로 사용하여 거기다 미정형을 첨가함으로써 이루어진다. 이것을 가리켜 합성미래라 한다.

чита́ть의 미래형

인칭 \ 수	단 수			복 수		
1	я	бу́ду	чита́ть	вы	бу́дете	чита́ть
2	ты	бу́дешь	чита́ть	мы	бу́дем	чита́ть
3	он	бу́дет	чита́ть	они́	бу́дут	чита́ть

Я бу́ду говори́ть то́лько по-ру́сски. 나는 러시아어로만 말할 것이다.
Ле́том мы бу́дем ходи́ть в парк. 여름에 우리는 공원에 다닐 것이다.
За́втра они́ не бу́дут сиде́ть до́ма. 내일 그들은 집에 (들어)앉아 있지 않을 것이다.

§ 85. 수량생격

два이상의 개수사와 함께 사용되는 명사가 생격이 된다는 것은 이미 언급한 바 있다(уро́к 9, §49 참조). 이것은 시간을 나타낼 때에도 통용된다.

1. 1 (оди́н, одна́, одно́)와 함께 사용되는 명사는 **단수·주격**

2. 2 (два, две) 3 (три) 4 (четы́ре)와 함께 사용되는 명사는 **단수·생격**

3. 5 (пять)이상의 수사와 함께 사용되는 명사는 **복수·생격**

4. мно́го, ма́ло, ско́лько(얼마) 등 수량을 나타내는 말과 함께 사용되는 물질명사(вода́ 물, мя́со 고기, молоко́ 우유 등)는 **단수·생격**, 구상명사(낱개를 셀 수 있는 것)는 **복수·생격**이 된다.

[주] час(시, 시간)의 복수생격은 часо́в,
раз(회, 번)의 복수생격은 раз,
мину́та(분)의 복수생격은 мину́т,
сло́во(낱말, 단어)의 복수생격은 слов이다.

1. оди́н час	одна́ мину́та	одно́ сло́во
2. два часа́	две мину́ты	два сло́ва
3. три часа́	три мину́ты	три сло́ва
4. четы́ре часа́	четы́ре мину́ты	четы́ре сло́ва
5. пять часо́в	пять мину́т	пять слов
6. шесть часо́в	шесть мину́т	шесть слов
7. семь часо́в	семь мину́т	семь слов
8. во́семь часо́в	во́семь мину́т	во́семь слов
9. де́вять часо́в	де́вять мину́т	де́вять слов
10. де́сять часо́в	де́сять мину́т	де́сять слов

мно́го мя́са; мно́го слов; ско́лько мину́т

§86. 동사 нра́виться

нра́виться(마음에 들다)는 마음에 드는 "대상"이 주어(주격)가 된다. 마음에 들어하는 주체는 여격이 된다.

Э́тот го́род **мне** нра́вится. 이 도시는 내 마음에 든다.

Профе́ссору не нра́вятся таки́е студе́нты.
교수(에게)는 그러한 대학생들이 마음에 들지 않는다.

◆ Упражне́ния

1. Переведи́те по-русски:

1) 당신은 하루에 몇 번 먹습니까? 우리는 하루에 세 번 먹습니다. 그러나 내일은 다섯 번 먹을 것입니다.
2) 오늘 당신은 몇 시에 사무실에 가십니까? 보통 때는 9시에 갑니다만 오늘은 10시에 갑니다.
3) 하루에 당신은 몇 시간 독서를 합니까? 언제나 하루에 두 시간 읽습니다.
4) 여기가(여기서) 당신은 따뜻합니까? 아니, 나는 매우 춥습니다.
5) 한달 후에 나는 새 자동차를 갖게 될 겁니다.
6) 오늘 저녁에 두 명의 처녀가 우리를 보러(만나러) 올 것입니다. 그리고 우리들은 카드놀이를 할 것입니다.
7) 레에나는 무척 내 마음에 들지만, 그녀의 (여)동생은 마음에 들지 않습니다.
8) 누가 오늘 나와 함께 공부하기를 원합니까?
9) 나는 일주일 내내 러시아어 서적을 읽을 것입니다.
10) 그녀는 거기서 아무것도 하지 않을 것이다. 그녀는 다만 먹고 자기만 할 것이다.
11) 시골에서 살 때, 우리는 모두 아주 일찍 일어나곤 했다.
12) 아버지는 아침 5시에 일어나시고, 어머니는 6시에, 나는 7시에 일어난다.
13) 나의 어린 동생만이 아주 늦게 - 9시에 일어난다.
14) 그는 매우 게으르다, 그래서 세수하고 머리를 빗고 옷을 입고 하는 것을 싫어한다(좋아하지 않는다).
15) 매일 아침 나는 그의 옷을 입혀주고, 세수를 시켜주고, 머리를 빗겨준다.
16) 우리들과 함께 살고 있는 나의 숙모는 언제나 아침을 차린다(준비한다).
17) 우리들은 과일, 치즈, 빵과 버터를 먹으며, 밀크나 커피를 마신다.
18) 나의 아버지와 나의 숙모는 또한 고기를 먹는다. 그러나 나는 겨울

철에만 고기를 좋아한다.

19) 나의 누이 레에나는 속기사이다. 그녀의 사무소에는 일이 많다. 그래서 그녀는 시내에서 살지 않으면 안 된다. 그러나 그녀는 자주 별장에 오곤 한다.

20) 매일 나와 나의 친구 뻬에쨔는 함께 학교에 다닌다. 그러나 휴일에는 함께 도서관에 가곤 한다.

2. Допиши́те оконча́ния:

1) Я занима́ _______ два часа́ в день.
2) Ты одева́ __________ ме́дленно.
3) Он умыва́ ____________ у́тром.
4) Мы занима́ ________ в шко́ле пять раз в неде́лю.
5) Вы хорошо́ одева́ ___________.
6) Они́ умыва́ ____________ ка́ждое у́тро.
7) Кто занима́ ___________ мно́го?
8) Мне нра́в _________ э́та де́вушка.
9) Ей нра́в ___________ э́ти си́ние карандаши́.
10) Ка́жется, я ему́ то́же нра́в ___________.

17 Семна́дцатый уро́к

◆ Грамма́тика

§ 87. 동사의 불완료체와 완료체

러시아어의 동사는 동작이나 상태를 가리킬 뿐 아니라, 그 동작이나 상태가 완료했느냐 혹은 계속되고 있느냐에 따라 완료체와 불완료체로 구분 된다.(уро́к 11, §65 참조)

1) 불완료체

지금까지 나온 동사는 거의 전부가 불완료체 동사이다. 불완료체 동사는 진행되는 동작(상태), 계속적인 동작(상태), 반복되는 동작(상태), 습관적인 동작(상태)을 나타낸다.

а) Вчера́ я **писа́л** письмо́.

б) Мы **ка́ждый день** чита́ли газе́ту.

а)의 경우 «편지를 쓰고 있었다»는 동작의 진행과정만을 나타낼 뿐이며 그 편지를 쓰다 말았는지, 또는 끝까지 다 썼는지에 대해서는 문제삼고 있지 않다. б)의 경우는 **ка́ждый день**(매일)이란 부사구가 벌써 반복되는 동작을 나타내고 있다. 이와 같이 계속적인 동작, 반복되는 동작, 습관적인 동작은 **до́лго**(오랫동안), **ча́сто**(자주), **всегда́**(언제나), **обы́чно**(통상), **ка́ждый раз**(매번) 등의 부사나 부사구에 의해서 더욱 뚜렷이 나타내어질 때가 많다.

불완료체 동사는 시제에 있어 과거, 현재, 미래형을 가진다.

현 재	과 거	미 래
Я пишу́. 나는 쓴다 (쓰고있다).	Я писа́л. 나는 썼다 (쓰고 있었다).	Я бу́ду писать. 나는 쓸 것이다 (쓰고 있을 것이다).

※ 불완료체의 미래형은 быть의 미래형을 조동사적으로 사용하는 합성미래라는 점을 유의하라.

2) 완료체

완료체 동사는 동작·운동 또는 상태가 완료되었음을 나타낸다. 따라서 계속적인 동작, 습관적인 동작, 반복되는 동작을 나타내는 부사나 부사구(**до́лго, ча́сто, всегда́, ка́ждый раз**)와 함께 사용될 수 없다. 그리고 또 동작의 시작·계속·종말을 나타내는 동사 **начина́ть**(시작하다), **продолжа́ть**(계속하다), **конча́ть**(끝내다)와 함께 사용될 수도 없다.

완료체 동사는 완결된, 또는 앞으로 완결될 동작(상태)을 나타내기 때문에, 시제에 있어 과거형과 미래형만을 가진다.

과 거	미 래
Я написа́л письмо́. 나는 편지를 다 썼다 (써버렸다).	Я напишу́ письмо́. 나는 편지를 쓸 것이다 (써버릴 것이다).

3) 불완료체동사와 완료체동사의 대응

거의 대부분의 불완료체동사는 대응하는 완료체동사를 가진다. 불완료체동사와 완료체동사는 다음과 같이 구분된다.

а) 접두사에 의해서 구분되는 것

불완료체	**완료체**	
за́втракать	**по**за́втракать	아침을 먹다
писа́ть	**на**писа́ть	쓰다
чита́ть	**про**чита́ть	읽다
де́лать	**с**де́лать	하다, 만들다
ви́деть	**у**ви́деть	보다

б) 접미사에 의해서 구분되는 것

불완료체	**완료체**	
получ**а́**ть	получ**и́**ть	받다
объясн**я́**ть	объясн**и́**ть	설명하다
зака́з**ыва**ть	заказ**а́**ть	주문하다

спрáш**ива**ть	спрос**и́**ть	묻다
дав**á**ть	д**а**ть	주다

в) 전혀 어간이 다른 것

불완료체	**완료체**	
брать	взять	잡다, 쥐다
говори́ть	сказáть	말하다

4) 완료체동사의 변화

а) 완료체동사의 과거형

완료체동사의 과거형은 불완료체동사와 마찬가지로 부정법의 어간에서 만들어진다.

прочитá (ть) + л = прочитáл (-а, -о, -и)

спроси́ (ть) + л = спроси́л (-а, -о, -и)

б) 완료체동사의 미래형

완료체동사의 미래형은 불완료체동사 현재형처럼 인칭변화를 한다. 이것을 단일미래라고도 한다.

수	인칭	прочитáть(I) (읽다)	объясни́ть (II) (설명하다)
단수	1	я прочитáю	я объясню́
	2	ты прочитáешь	ты объясни́шь
	3	он / онá / онó } прочитáет	он / онá / онó } объясни́т
복수	1	мы прочитáем	мы объясни́м
	2	вы прочитáете	вы объясни́те
	3	они́ прочитáют	они́ объясня́т

※ 완료체동사의 단일미래와 불완료체동사의 현재형을 혼동해서는 안 된다.

Он **чита́ет** газе́ту. 그는 신문을 읽는다(읽고 있다).

Он **прочита́ет** газе́ту. 그는 신문을 읽을 것이다(다 읽을 것이다).

합성미래(불완료체)와 단일미래(완료체)의 비교:

Я **бу́ду писа́ть** письмо́ бра́ту.

Я **напишу́** письмо́ бра́ту.

위의 문장을 우리 말로 옮길 경우 둘 다 "나는 형에게 편지를 쓸 것이다"라는 같은 번역이 될 수도 있지만, 완료체의 경우는 미래의 동작의 완결을 나타내고 있는데 반해 불완료체는 동작의 완결을 나타내고 있지 않다는데 차이가 있다.

5) "잠시, 조금"의 뜻을 부여하는 접두사 по-

접두사 по-는 불완료체 앞에 붙어 완료체를 이루는 동시에 그 동사가 나타내는 동작·운동 또는 상태에 "조금·잠시"의 뜻을 부여하는 경우가 있다.

불완료체	완료체	
гуля́ть	**погуля́ть**	잠시 산책하다
стоя́ть	**постоя́ть**	잠시 서 있다
лежа́ть	**полежа́ть**	잠시 누워 있다
спать	**поспа́ть**	잠시 잠자다
ду́мать	**поду́мать**	조금 생각하다

§ 88. 동사의 명령형

동사의 명령형에 대해서는 앞에서 간단히 언급한 바 있지만(уро́к 4, §22), 다시 상세히 설명하기로 한다.

1) 2인칭 명령형

a) 현재형(완료체동사는 미래형) 2인칭 단수(ты) 어간이 모음으로 끝나면 **-й, -йте**를 붙이고, 자음으로 끝나면 **-и́, -и́те**를 붙인다.

미 정 형	2인칭 단수	명령형(단수)	명령형(복수)
чита́ть	чита́-ешь	чита́й	чита́йте
говори́ть	говор-и́шь	говори́	говори́те
прочита́ть(완)	прочита́-ешь	прочита́й	прочита́йте
написа́ть(완)	напи́ш-ешь	напиши́	напиши́те
сади́ться	сад-и́шься	сади́сь	сади́тесь

б) 현재형(미래형) 2인칭 단수 어간이 자음으로 끝나는 것 중 역점이 어간에 그대로 남아 있는 것은 **-ь, -ьте**(-и́, -и́те 대신에)를 붙인다.

미 정 형	2인칭 단수	명령형(단수)	명령형(복수)
пла́кать	пла́ч-ешь	плачь	пла́чьте
запла́кать	запла́ч-ешь	запла́чь	запла́чьте
быть	бу́д-ешь	будь	бу́дьте
сесть	ся́д-ешь	сядь	ся́дьте

в) 2인칭 명령형 중에는 규칙을 따르지 않는 것이 더러 있다.

미 정 형	2인칭 단수	명령형(단수)	명령형(복수
есть	ешь	ешь	е́шьте
дава́ть	даёшь	дава́й	дава́йте
помо́чь	помо́жешь	помоги́	помоги́те

2) 1인칭 명령형

1인칭 명령형은 **дава́й(те)+불완료체 부정법**, 또는 **дава́й(те)+완료체 미래형 1인칭 복수**로 이루어진다. 그러나 "완료체 미래형 1인칭 복수"를 그대로 명령형으로 사용할 경우도 있다.(보다 공손하게 말할 때는 дава́йте를 쓴다.)

불완료체 { Дава́й чита́ть гро́мко. 크게 읽자.
Дава́йте чита́ть гро́мко. 크게 읽읍시다.

완료체 { Прочита́ем кни́гу. / Дава́й прочита́ем кни́гу. } 책을 읽자(끝까지)
Дава́йте прочита́ем кни́гу. 책을 읽읍시다(끝까지)

"완료체 미래형 1인칭 복수"에 다시 -те를 붙일 수도 있다.

Пойдём купа́ться! 미역감으러 가자!
Пойдёмте купа́ться! 미역감으러 갑시다!

3) 3인칭 명령형

3인칭 명령형은 [пусть(пуска́й)+불완료체 현재형 3인칭] 또는 [완료체 미래형 3인칭]으로 이루어진다.

불완료체 { Пусть он чита́ет. 그로 하여금 읽게 하라.
Пусть они́ чита́ют. 그들로 하여금 읽게 하라.

완료체 { Пусть он прочита́ет. 그로 하여금 읽게 하라.(끝까지)
Пусть они́ прочита́ют. 그들로 하여금 읽게 하라.(끝까지)

[주] 1. 강한 명령을 나타낼 때는 부정법을 사용할 수도 있다.
встать! 일어섯!
Прочита́ть гро́мко! 큰 소리로 읽어라!

2. 부정(否定)을 나타내는 명령에는 주로 불완료체 명령형을 사용한다.
Прочита́йте э́ту кни́гу. 이 책을 읽으시오.
Не чита́йте э́той кни́ги. 이 책을 읽지 마시오.

◆ Слова́рь

за́втракать, поза́втракать 아침을 먹다
чита́ть, прочита́ть (I)[완] 읽다
обе́дать, пообе́дать[완] 점심을 먹다, 식사하다
писа́ть (I), написа́ть[완] 쓰다
де́лать, сде́лать (I)[완] ~하다, 만들다
посте́ль[여] 잠자리, 침대
не́сколько 약간의, 몇몇
мину́та 분
не́сколько мину́т 몇 분
пара́д 열병식, 시위행진
солда́т 병사, 병정
гро́мко 크게, 큰 소리로
дикта́нт 받아쓰기

есть, поéсть[완] 먹다
кýшать, покýшать [완]먹다, (식사를 들다)
мыть, помы́ть[완] 씻다
поли́тика 정치, 정책
полови́на 반, 1/2
мáма 어머니, 엄마
рабóта 일, 작업, 공부
обыкновéнно 보통 때는, 통상, 일반적으로
стáрый 늙은, 낡은, 옛날의
люби́мый 사랑하는, 좋아하는, 사랑 받는
э́того э́то, э́тот의 생격
для[전](+생격) ~을 위해서, 위한; ~에게는
мой, мóйте мыть의 명령형
Вáня (Ивáн의 애칭) 바아나(인명)
головá 머리
вó-время 제 때에, 적시에
уходи́ть[불완] 떠나가다
вид 경치, 모습, 형태
глагóл 동사
вид глагóла 동사의 체
семнáдцатый 제 17의

понедéльник	월요일	в понедéльник	월요일에
втóрник	화요일	во втóрник	화요일에
средá	수요일	в срéду	수요일에
четвéрг	목요일	в четвéрг	목요일에
пя́тница	금요일	в пя́тницу	금요일에
суббóта	토요일	в суббóту	토요일에
воскресéнье	일요일	в воскресéнье	일요일에

Вид глагола (1)

1. Когдá мы жи́ли в гóроде, мы зáвтракали в вóсемь часóв и обéдали в час дня. 2. Сегóдня мы позáвтракали в дéвять часóв, потóм все читáли газéты по-рýсски. В воскресéнье мы всегдá читáем рýсские газéты. 3. Мы прочитáли газéты, пообéдали, и потóм дóлго говори́ли о поли́тике. 4.Что вы дéлали в понедéльник вéчером? Я писáл два часá и написáл тóлько три письмá. 5. А я дéлала урóки, но сдéлала тóлько полови́ну в понедéльник. Во втóрник я сдéлала другýю

полови́ну. 6. Я о́чень хочу́ е́сть (ку́шать). Я весь день ничего́ не е́ла (ку́шала). 7. А я уже́ пое́л (поку́шал). В сре́ду мы е́дим ра́но. 8.Когда́ ма́ма была́ на да́че, а мы в го́роде, я всегда́ мы́ла посу́ду. 9. Обы́чно мы у́жинаем до́ма в четве́рг, но сего́дня мы поу́жинали в рестора́не.

1. В пя́тницу мы за́втракаем в де́вять часо́в, де́лаем уро́ки, чита́ем газе́ты, и обе́даем в час. 2. В суббо́ту мы поза́втракаем в де́сять часо́в, сде́лаем уро́ки, прочита́ем газе́ты и пообе́даем в два часа́. По́сле обе́да мы помо́ем посу́ду. 3. Ве́чером мы обы́чно у́жинаем в хоро́шем рестора́не. Сего́дня ве́чером мы там поу́жинаем с на́шим ста́ршим дру́гом. 4. За́втра ве́чером мы поу́жинаем в на́шем люби́мом рестора́не. Мы там поу́жинаем с на́шим ста́ршим дру́гом. 5. Я мно́го рабо́таю, до́лго гуля́ю и хорошо́ сплю́ но́чью. В воскресе́нье я обы́чно ле́жу всё у́тро в посте́ли. 6. За́втра я немно́го порабо́таю, пото́м погуля́ю, и по́сле обе́да полежу́, почита́ю и посплю́. 7. Я стою́ и смотрю́ на пара́д. Мне о́чень нра́вится молодо́й солда́т, кото́рый так хорошо́ е́здит на бе́лой ло́шади. 8. Я ещё постою́ немно́го и посмотрю́ на пара́д. Хочу́ ещё раз посмотре́ть на молодо́го солда́та на бе́лой ло́шади.

1. Прочита́йте пожа́йлуста гро́мко. 2. Я не хочу́ гро́мко чита́ть; пусть чита́ет Ивано́в. 3. Дава́йте чита́ть гро́мко. 4. Прочита́йте э́ту кни́гу; э́то о́чень интере́сная кни́га. 5. Пусть Ивано́в прочита́ет, я уже прочита́л её. 6. Дава́йте прочита́ем всё ещё раз. 7. Иди́те к доске́ и пиши́те диктант. 8. Пусть Ивано́в пи́шет, я не зна́ю уро́ка. 9. Дава́йте все писа́ть дикта́нт. 10 Напиши́те ей письмо́ из Москвы́. 11. Пусть Ивано́в напи́шет, я не люблю́ писа́ть. 12. Дава́йте напи́шем ей письмо́. 13. Де́лай всё хорошо́. Не де́лайте э́того. 14. Пусть он де́лает, что хо́чет. 15. Дава́йте тепе́рь де́лать уро́ки. 16.Сде́лайте э́то для меня́. 17.Пу́сть Ивано́в сде́лает; я сде́лал всё, что мог. 18. Всегда́ мо́йте ру́ки пе́ред едо́й. 19. Помо́йте ру́ки и иди́те за́втракать. 20. Пусть Ва́ня помо́ет, я уже помы́л. 21. Ду́май, когда́ говори́шь. 22. Поду́май и

пото́м отвеча́й. 23. Ма́ма, поигра́й со мно́й немно́го. Я ещё не хочу́ спа́ть. 24. Держи́те го́лову высоко́. 25. Подержи́те мой стака́н, пожа́луйста. 26. За́втракайте всегда́ в во́семь часо́в утра́, обе́дайте в час дня и у́жинайте в шесть часо́в ве́чера. Ну́жно всё де́лать во́-время. 27. Поза́втракайте и уходи́те, уже по́здно. 28. Пообе́дайте со мной; я не люблю́ обе́дать одна́. 29. Поу́жинай до́ма, а пото́м иди́, куда́ хо́чешь. 30. Дава́йте поза́втракаем в рестора́не; до́ма ничего́ нет, а уже́ по́здно.

◈ Упражне́ния

1. Переведи́те по-ру́сски:

1) 그들은 보통 아침 7시에 아침을 먹곤 했으나, 오늘 아침엔 8시에 아침을 먹었다.
2) 그녀는 저녁을 먹은 후 언제나 러시아어 잡지를 읽곤 한다. 그러나 어제 저녁엔 잡지를 읽지 않고 오빠와 함께 오랫동안 음악에 관한 이야기를 했다.
3) 당신은 일요일 아침에 무엇을 했습니까? 나는 신문을 다 읽고 두시간 동안 편지를 썼습니다. 그러나 겨우 두 통의 편지를 썼을 뿐입니다.
4) 나는 몹시 배가 고픕니다(몹시 먹고 싶습니다). 온 종일 아무것도 먹지 않았으니까요.
5) 나는 벌써 식사를 마쳤습니다. 월요일엔 우리는 언제나 일찍 먹곤 하지요.
6) 어머니가 시골에 있을 때 나의 누이가 언제나 그릇을 씻었다. 그러나 오늘은 그녀에게 일이 많으므로 나와 동생이 그릇을 닦았다.
7) 금요일에 우리는 보통 집에서 저녁을 먹는다. 그러나 어제는 식당에서 저녁을 먹었다.
8) 그녀는 어제 우리 집에서(у нас) 점심을 먹고, 그 다음 소파에 잠시 앉아서, 동생한테서 온 편지를 읽었다(다 읽었다).

2. Переведи́те по-ру́сски:

1) 내일 우리는 10시에 아침을 먹고, 그 다음 신문을 읽고 두 시에 점심을 먹을 것이다.
2) 점심 후에 그들은 그릇을 닦고 잠시 공원에서 산책을 할 것이다.
3) 저녁에는 언제나 그들은 그들이 좋아하는 식당에서 저녁식사를 한다. 내일 저녁에는 아저씨 댁에서(у дя́ди) 저녁 식사를 할 것이다.
4) 내일 나는 약간 일을 하고 점심 후에는 잠시 소파에 눕겠다.
5) 우리는 여기서 좀 서 있을 테니 너는 너의 옛 친구와 함께 잠시 애기하려무나.
6) 나는 나무 밑 풀 위에 잠시 누워서 책을 좀 읽겠다.
7) 나와 나의 형은 아직 아버지한테 편지를 쓰지 못했다. 그러나 형이 오늘 저녁에 회답을 쓸 것이다.
8) 너는 어제 내가 읽던 책을 보았느냐? 그것은 참 재미있는 책이다. 내일이면 나는 그 책을 다 읽을 것이다.

3. Переведи́те по-ру́сски:

1) 큰 소리로 책을 읽어라. 천천히 분명하게 읽어 주십시오.
2) 나는 잘 읽지 못한다. 이바노오프로 하여금 읽게 하라.
3) 자, 우리 다 같이 저녁을 듭시다.
4) 낮에 많이 일하고 밤엔 잘 자라.
5) 바아냐, 나와 함께 놀자. 나는 아직 자고 싶지 않다.
6) 자, 앉으십시오. 애기나 좀 하십시오.
7) 저기 강 가에 좀 서 계십시오.
8) 너는 오늘 여동생과 함께 저녁 식사를 하도록 해라. 그 애는 언제나 혼자 식사를 하니까.
9) 이 책을 읽지 마시오. 이것은 좋지 않은 책입니다.
10) 밤 늦게 식사를 하지 말라. 그것은 너에게(для тебя́) 좋지 않다.

18

Восемна́дцатый уро́к

Вид глаго́ла (2)

1. Ле́том, мы всегда́ встава́ли ра́но, но оди́н раз мы вста́ли по́здно, потому́ что бы́ло о́чень хо́лодно. 2. Мой брат всегда́ дава́л мне то́лько ста́рые кни́ги, но вчера́ он дал мне в пода́рок но́вую кни́гу. 3. Зимо́й мы закрыва́ли все о́кна, а ле́том открыва́ли их. 4. Она́ закры́ла дверь и откры́ла окно́. 5. Де́вочка одева́ла но́вые ку́клы о́чень до́лго, но свою́ ста́рую ку́клу она́ оде́ла оче́нь бы́стро. 6. Он начина́л чита́ть э́тот дли́нный рома́н ка́ждое ле́то. В э́то ле́то он опя́ть на́чал чита́ть его́ 7. Когда́ профе́ссор говори́л ме́дленно и я́сно, я всё понима́ла. Но сего́дня он говори́л так бы́стро, что я ничего́ не поняла́. А ты всё по́нял? 8. Осенью я получа́л пи́сьма от Ва́ни, но не отвеча́л ему́. 9. Вче́ра я получи́л от него́ ещё одно́ письмо́ и опя́ть на него́ не отве́тил. 10. Наш учи́тель всегда́ хорошо́ объясня́л грамма́тику. Сего́дня он о́чень хорошо́ объясни́л но́вое пра́вило. 11. Де́вочка обы́чно де́лала уро́ки ве́чером; сего́дня же она́ их пригото́вила днём. 12. Когда́ я учи́л ру́сские слова́ без те́кста я всегда́ их забыва́л. 13. Сего́дня я то́же занима́лся без те́кста и уже забы́л все слова́.

1. Когда́ мы хо́дим в шко́лу, мы встаём ра́но; но за́втра воскресе́нье и мы вста́нем по́здно. Зимо́й мы всегда́ бу́дем встава́ть ра́но. 2. Я даю́ моему́ бра́ту то́лько ста́рые кни́ги, но в сре́ду я ему́ дам в пода́рок но́вую кни́гу. 3. Ле́том мы открыва́ем библиоте́ку по́здно и закрыва́ем ра́но. Сего́дня мы откро́ем её ра́но, но закро́ем по́здно. 4. Я не бу́ду одева́ть мою́ ку́клу, она́ сли́шком ста́рая. Сего́дня я оде́ну свою́ но́вую ку́клу. 5. Обы́чно они́ начина́ют рабо́ту в во́семь часо́в утра́, но за́втра начну́т в де́вять. 6. Они́ понима́ют по-францу́зски, и я наде́юсь, что они́ меня́ пойму́т, хотя́ у меня́ плохо́е произноше́ние. 7. Когда́ вы

бу́дете в России, вы бу́дете получа́ть пи́сьма по-англи́йски, но всегда́ бу́дете отвеча́ть по-ру́сски. 8. Если он полу́чит письмо́ из фи́рмы по-англи́йски, он отве́тит на него́ то́же по-англи́йски. 9. Учи́тельница всегда́ объясня́ет ка́ждое пра́вило ме́дленно и я́сно. За́втра она́ объясни́т нам о́чень тру́дное пра́вило. 10. Ива́н обы́чно де́лает уро́ки у́тром. Сего́дня же он пригото́вит их ве́чером по́сле у́жина. 11. Ты всегда́ забыва́ешь, что тебе́ говоря́т. Наде́юсь, что ты не забу́дешь но́вого пра́вила. 12. Дава́йте прочита́ем упражне́ние ещё раз. Откро́йте кни́ги и начнём уро́к.

1. Встава́йте ра́но-у́тром так хорошо́. 2. Вста́ньте! Мне ну́жен э́тот стул. 3. Дава́йте ей молоко́ ка́ждый день. 4. Дай мне кни́гу, пожа́луйста. Не дава́й её мое́й ма́ленькой сестре́. 5. Закрыва́йте две́ри, когда́ хо́лодно, и открыва́йте их когда́ тепло́. 6. Закро́йте дверь, я вам хочу́ прочита́ть о́чень ва́жное письмо́. Но откро́йте пожа́луйста окно́, здесь ма́ло во́здуха. 7. Зимо́й одева́йтесь тепло́. Оде́ньте пальто́, е́сли вам хо́лодно. 8. Начина́йте де́лать всё ме́дленно. Начни́те ещё раз снача́ла. 9. Вы никогда́ не прихо́дите во́-время. Пожа́луйста пойми́те, что э́то не хорошо́ ни для вас ни для кла́сса. 10. Пришла́ по́чта-получа́йте ва́ши пи́сьма. 11. Вот ва́ше письмо́, пожа́луйста получи́те его́. 12. Всегда́ отвеча́йте пра́вильно. 13. Отве́тьте мне то́лько на оди́н вопро́с, и иди́те домо́й. 14. Объясня́йте всё ученику́ ме́дленно и я́сно. 15. Объясни́ мне пожа́луйста, э́то но́вое пра́вило. 16. Де́лайте уро́ки ка́ждый день и хорошо́ пригото́вьте э́то упражне́ние на за́втра.

◆ Слова́рь

встававь (I)[불완], встать (I)[완], (미래 вста́н-у, -ешь; -ут: 명령 встань, вста́ньте) 일어나다, 일어서다

дава́ть (I)[불완], дать(불)[완] (미래 дам, дашь, даст; дади́м, дади́те, даду́т: 과거 дал, -а́, -о́; -и: 명령 дай, да́йте) 주다, 내주다

закрыва́ть (I)[불완], закры́ть (I)[완] (미래 закро́ю, -ешь; -ют) 닫다, 덮다

открыва́ть (I)[불완] откры́ть (I)[완] (미래 откро́ю, -ешь; -ют) 열다

одева́ть (I)[불완], оде́ть (I)[완] (미래 оде́ну, -ешь; -нут: 명령 оде́нь, оде́ньте) 옷을 입히다

начина́ть(I)[불완], нача́ть (I)[완] (미래 начну́-, -ёшь; -ну́т: 과거 на́чал, -а́, -о; -и) 시작하다

понима́ть (I)[불완], поня́ть (I)[완] (미래 пойму́, -ёшь; -у́т: 과거 по́нял,-а́, -о; -и) 이해하다

получа́ть (I)[불완], получи́ть (II)[완] (미래 получу́, полу́чишь; полу́чат) 받다

отвеча́ть (I)[불완], отве́тить(II)[완] (미래 отве́чу, отве́тишь; отве́тят; 명령 отве́ть, отве́тьте) 대답하다

объясня́ть (I)[불완], объясни́ть (II)[완] (미래 объясню́, -и́шь; -я́т) 설명하다

приготовля́ть (I)[불완], пригото́вить (II)[완] (미래 пригото́влю, пригото́вишь; -ят: 명령 пригото́вь, -те) 준비하다, 예습하다

забыва́ть (I)[불완], забы́ть (I)[완] (미래 забу́ду, -ешь; -ут: 명령 забу́дь, -те) 잊다

де́вочка 소녀

в пода́рок 선물로

их (они́의 생격·대격) 그들의, 그들을

рома́н 장편소설

я́сно 분명하게, 명백하게

о́сенью[부] 가을에

пра́вило 규칙

е́сли 만약, 가령

сли́шком[부] 너무나, 지나치게

дверь[여] 방문(door)

ва́жный 중요한, 중대한

во́здух 공기, 공중, 허공

пальто́ [중·불변] 외투

снача́ла[부] 처음에, 우선

учи́ть (II) (учу́, у́чишь; у́чат) 가르치다, 암기하다

пра́вильно 정확하게, 올바르게

на за́втра 내일에 할, 내일에 대비하여 те́кст 본문
ку́кла 인형 восемна́дцатый 제 18의

◆ Упражне́ния

1. Переведи́те по-ру́сски:

1) 겨울에 그는 보통 늦게 일어나곤 했다. 그러나 어제는 일찍 일어났다. 왜냐 하면 아버지와 함께 시골에 가야 했기 때문이다.
2) 나는 언제나 밤에 창문을 열어 놓곤 한다. 그러나 오늘밤은 추워서 창문을 닫아버렸다.
3) 어제 나의 아저씨는 나에게 새 영어책 한 권을 선물로 주었다.
4) 그녀는 여름마다(매 여름) 똘스또이의 장편소설을 읽기 시작한다. 이번 여름에도 그녀도 그 소설을 읽기 시작했다.
5) 나는 형한테서 자주 편지를 받았다. 그러나 나는 형에게 회답을 하지 않고 있었다. 내일은 형에게 꼭 회답을 쓰련다.
6) 내일 나는 일찍 일어나서 창문을 연 다음, 학과를 준비할 것이다.
7) 나는, 당신이 나를 사랑하고 있다는 것을, 결코 잊지 않을 것이다.
8) 비록 내가 서툴게 쓰더라도, 나의 선생님은 나의 연습문제를 죄다 이해할 것이다.
9) 내일은 명절이어서, 도시의 상점들은 모두 문을 닫을 것이다. 그러나 극장들만은 문을 열어놓을 것이다.
10) 내일 선생님께서는 우리가 모르는 모든 것을 천천히 잘 설명해 주실 것이다.
11) 소녀에게(소녀를) 빨리 옷을 입히시오.
12) 매일 아침 그에게 우유를 주십시오. 그러나 커피는 주지 마십시오.
13) 저녁 여덟 시에 음악회가 시작된다는 것을 잊지 말아라.
14) 그 사람이 어떻게 살고 있는지 나에게 설명해 주십시오.
15) 어서 이 편지를 받으시오. 그리고 빨리 회답을 하시오.

2. 괄호 안에 있는 불완료체를 완료체로 바꾸어 그 과거형과 미래형을 써넣어라:

1) Я (чита́ть) журна́л бра́та.
2) Мы (покупа́ть) но́вую ла́мпу, стол и два кре́сла.
3) Он (писа́ть) письмо́ отцу́.
4) Ты (мы́ть) стака́ны по́сле за́втрака.
5) Она́ (обе́дать) в час и (спать) немно́го.
6) Ты (встава́ть) в семь часо́в утра́.
7) В пя́тницу (вы де́лать) уро́ки и ра́но (у́жинать).
8) Они́ (дава́ть) ему́ но́вые газе́ты.
9) Ты (держа́ть) немно́го мяч, а пото́м (дава́ть) его́ мне.
10) Я (игра́ть) в те́ннис с ма́мой.
11) Он (лежа́ть) де́сять мину́т и (слу́шать) му́зыку.
12) Ивано́в (стоя́ть) немно́го и (смотре́ть) на пара́д.
13) Он не (забыва́ть) на́шего а́дреса.

3. 괄호 안에 있는 동사 중 적당한 체를 선택하여 적당한 형(과거, 현재, 미래)으로 변화시켜라:

1) Учени́к (встава́ть, вста́ть) и говори́т.
2) Сего́дня о́чень хо́лодно. Я (закрыва́ть, закры́ть) окно́ и бу́ду (чита́ть, почита́ть).
3) Ва́ня (сиде́ть, посиде́ть), (слу́шать, послу́шать) и пото́м на́чал писа́ть.
4) Я вчера́ (у́жинать, поу́жинать) по́здно, но сего́дня мы идём в теа́тр и я (есть, съесть) ра́но.
5) За́втра учи́тель (получа́ть, получи́ть) письмо́, кото́рое я ему́ вчера́ (писа́ть, написа́ть).
6) (Дава́ть, дать) мне ва́ше перо́; моё не пи́шет.

7) Ну́жно хоро́шо (ду́мать, поду́мать), а пото́м (отвеча́ть, отве́тить).
8) Ивано́в (открыва́ть, откры́ть) кни́гу, (чита́ть, прочита́ть) её, (де́лать, сде́лать) уро́ки и (начина́ть, нача́ть) у́жинать.
9) Мой друг (стоя́ть, постоя́ть) немно́го, (смотре́ть, посмотре́ть) на пара́д и ушёл.
10) По́сле у́жина его́ мать (мыть, помы́ть) посу́ду, а он чита́л газе́ту.

19

Девятна́дцатый уро́к

Вид глагола (3)

1. **Бори́с**- Я вчера́ купи́л но́вое ве́чное перо́. Оно́ бы́ло у меня́ на столе́, а тепе́рь е́го нет. Кто взял моё перо́?
2. **Алекса́ндр-** Я взял. Извини́те, что не сказа́л вам. Оно́ у меня́ в о́фисе. Возьми́те моё.
3. **Б.**-Я возьму́ ва́ше, но пожа́луйста никогда́ не бери́те моего́ пера́.
4. **А.**- Я никогда́ ничего́ у вас не брал. Сего́дня я в пе́рвый раз взял, потому́ что не нашёл своего́ пера́.
5. **Б.**- Я не зна́ю кто берёт мои́ ве́щи и почему́ они́ не покупа́ют всё, что им ну́жно.
6. **А.**- Наве́рно Ивано́в. Он никогда́ ничего́ не покупа́ет и всегда́ всё берёт у вас, и вы ему́ всё даёте.
7. **Б.**- Он говори́т, что ничего́ не мо́жет покупа́ть, потому́ что давно́ не рабо́тает.
8. **А.**-Он мне сказа́л, что в воскресе́нье возьмёт ваш автомоби́ль. Не дава́йте ему́ автомоби́ля.
9. **Б.**-Пусть берёт- он хорошо́ пра́вит автомоби́лем. Не говори́те ему́ ничего́. Это неприя́тно.
10. **А.**- Но я ду́мал, что в воскресе́нье мы е́дем за́ город в ва́шем автомоби́ле, что мы возьмём сэ́ндвичи, и что у нас бу́дет пикни́к. Но е́сли вы ему́ дади́те ваш автомоби́ль, то э́то зна́чит, что пикника́ не бу́дет.
11. **Б.**- Ах да! Коне́чно!-я забы́л. Я скажу́ ему́, что не могу́ дать автомоби́ля и в воскре́сенье у нас бу́дет пикни́к.
12. **А.** Кто ку́пит проду́кты, вы и́ли я?
13. **Б.**-Купи́те вы. И пожа́луйста купи́те молоко́, а та́кже возьми́те

буты́лку холо́дной воды́. Когда́ жа́рко, то вода́ и молоко́-прекра́сные напи́тки.

14. **А.**-Хорошо́, я куплю́ всё. А вы спроси́те у Ивано́ва, где он был в про́шлое воскресе́нье, и как туда́ е́хать. Я пло́хо знаю́ доро́гу.

15. **Б.**-Если хоти́те я спрошу́-но ду́маю, что не ну́жно спра́шивать, потому́ что моя́ жена́ зна́ет куда́ е́хать.

16. **А.**- Тогда́ не спра́шивайте, но возьми́те ка́рту.

17. **Б.**- Хорошо́, возьму́ е́сли не забу́ду. Я всегда́ всё забыва́ю. Кста́ти, давно́ хоте́л вас спроси́ть, где вы покупа́ете шокола́д. Моя́ жена́ о́чень лю́бит тако́й шокола́д.

18. **А.**-Я спрошу́ жену́ и скажу́ вам. Я никогда́ не покупа́ю шокола́да; я покупа́ю вино́ и́ли пи́во.

◆ Слова́рь

покупа́ть (I)[불완], купи́ть (II)[완] (미래 куп-лю́, ку́пишь; -ят) 사다

брать (I)[불완] (현재 бер-у́, -ёшь; -у́т: 과거 брал, а́, -о; -и: 명령 бери́, бери́те) взять(I)[완] (미래 возьм-у́, -ёшь; -у́т: 과거 взя́л, -а, -о; -и: 명령 возьми́, возьми́те) 가지다, 집어 들다, 잡다

говори́ть (II)[불완], сказа́ть (I)[완] (미래 скаж-у́, -ешь; -ут; 명령 скажи́, -ите) 말하다

спра́шивать (I)[불완], спроси́ть (II)[완] (미래 спрошу́, спро́сишь; -ят) 묻다, 질문하다

Бори́с 보리이스(남자 이름)

ве́чный 영원한, 영구적인

ве́чное перо́ 만년필

Алекса́ндр 알렉사안드르(남자 이름)

извини́, извини́те (извини́ть의 명령형) 용서하시오

в пе́рвый раз 처음으로

вещь[여] 물건, 사물

пра́вить (II)(+조격) (현재 пра́влю, -ишь; -ят: 명령 правь, правьте) 운전하다, 지배·통치하다

пра́вить автомоби́лем 자동차를 운전

пе́рвый 첫 번째의, 첫

неприя́тно[부] 불쾌하게, 불쾌하다

сэ́ндвич 샌드위치

пикни́к 소풍(피크닉)

зна́чить (II) (зна́чу, -ишь;-ат) 의미하다, 뜻하다 (주로 무인칭으로 쓰인다)

э́то зна́чит 이것은 ~을 뜻한다.

ах! 아아! 오오!

проду́кты[복수] 식료품

буты́лка 병

вода́ 물

жа́рко[부] 덥다, 무덥다

прекра́сный 훌륭한, 썩 좋은 하다

напи́ток 음료수

спроси́те у Ивано́ва 이바노오프에게 물으시오.

про́шлый 지나간, 과거의

в про́шлое воскресе́нье 지난 일요일에

туда́[부] 그리로, 그곳·저곳으로

как туда́ е́хать 그리로 어떻게 가는지

доро́га 길, 도로

кста́ти[부] 때마침, ~하는 김에, 얘기가 나왔으니 말이지

шокола́д 쵸콜릿

пи́во 맥주

девятна́дцатый 제 19의

◆ Упражне́ния

1. Переведи́те по-ру́сски:

1) 제발 좀 말씀해 주십시오, 당신은 어디서 러시아어 신문들을 사시는지?
2) 나는 언제나 여기서 그것들을 삽니다. 나는 오늘 두(가지) 신문을 샀습니다.
3) 나는 여기서 러시아어 신문들을 살 수 있다는 것(мо́жно купи́ть)을 모르고 있었습니다. 나도 러시아어 신문 한 장을 사겠습니다.
4) 모두들 새로운 러시아 영화에 관해서 이야기하고 있습니다. 당신은 그것을 보았습니까?
5) 아니요, 나는 아직 보지 못했습니다. 그러나 나의 아내는 그것을 보았습니다. 그녀도 영화가 참 좋다고 하더군요.
6) 나한테 묻지 마십시오. 나는 아무것도 모릅니다.
7) 나는 언제나 도서관에서(из) 책들을 가져오곤 합니다. 나는 오늘 아

주 재미있는 책을 (한 권) 가져왔습니다.

8) 그녀한테 물으시오. 그녀가 말해 줄 겁니다.

9) 나는 너한테 말하겠다. 그러나 내 형한테는 말하지 말아라.

10) 그녀는 언제나 말이 많다. 그리고 자기가 한 말을 곧잘 잊어버리곤 한다.

11) 나는 내가 하고 싶었던 말을 다 했다.

12) 그녀는 두 시간(동안)이나 말했지만, 나는 그녀가 말한 것을 하나도 기억하고 있지 않다.

13) 술 한 병을 사시오, 그러나 우유는 사지 마시오. 나는 우유를 좋아하지 않습니다.

14) 수요일에 우리는 처음으로 소풍을 갈 것이다. 그리고 보리이스가 지난 금요일에 산 새 자동차를 운전할 것이다.

15) 만약 그가 자동차를 가져간다면, 그것은 우리에게 소풍이 없다는 것을 의미한다.

2. 괄호 안의 불완료체를 완료체로 바꾸어 그 과거형과 미래형을 기입하라:

1) Вы (говори́ть) ему́, что я его́ не ви́дел.
2) Они́ (брать) сэ́ндвичи.
3) Она́ (спра́шивать), где он живёт.
4) Когда́ я (за́втракать), я (объясня́ть) но́вое пра́вило.
5) Он (ду́мать) и (говори́ть).
6) Но́чью мы (открыва́ть) о́кна и (закрыва́ть) две́ри.
7) Мы (начина́ть) изуча́ть ру́сский язы́к.
8) Де́вочка (получа́ть) в пода́рок но́вую ку́клу.
9) Инстру́ктор (объясня́ть), и мы всё (понима́ть).
10) И тётя и ма́ма (одева́ть) де́вочку.
11) Мы (приготовля́ть) прекра́сный у́жин.
12) Мой друг (покупа́ть) но́вый дом.

3. 괄호 안의 동사를 적당한 형(과거, 현재 또는 미래)으로 변화시켜라:

1) Мы (говори́ть) о поли́тике.
2) Он (сказа́ть) мне секре́т.
3) Она́ всегда́ (спра́шивать) о Ле́не.
4) Ты (спроси́ть) где библиоте́ка.
5) Он (бра́ть) мою́ буты́лку.
6) Вы (взять) ве́чное перо́ Бори́са.
7) Она́ (купи́ть) проду́кты и напи́тки.
8) Я вам (сказа́ть), что э́то зна́чит.
9) Почему́ вы мне не (сказа́ть), что идёт до́ждь?
10) Мы ча́сто (спра́шивать) о Росси́и.
11) Я его́ (спроси́ть), но он мне не (отве́тить).
12) Они́ за́втра вас (спроси́ть) и вы им (сказа́ть).
13) Ты за́втра (купи́ть) буты́лку пи́ва.
14) Она́ ка́ждый день (покупа́ть) прекра́сные напи́тки в э́том магази́не.
15) Где вы (ку́пить) тако́й хлеб?

4. 괄호 안에 있는 동사 중 적당한 체를 선택하여 그 명령형을 기입하라:

1) Не (покупа́ть, купи́ть) в э́том магази́не.
2) (Спра́шивать, спроси́ть) его́ как туда́ е́хать.
3) Не (говори́ть, сказа́ть) с ней о пого́де.
4) (Говори́ть, сказа́ть) пожа́луйста, что зна́чит э́то сло́во.
5) (Брать, взять) мой автомоби́ль в понеде́льник.

5. Отве́тьте по-ру́сски:

1) Что Бори́с купи́л вчера́?
2) Кто взял ве́чное перо́ Бори́са?
3) Почему́ он взял у него́ ве́чное перо́?
4) Где бы́ло перо́ Алекса́ндра?
5) Кто всегда́ берёт ве́щи Бори́са?
6) Почему́ Ивано́в никогда́ ничего́ не покупа́ет?
7) Что Ивано́в хо́чет взять у Бори́са в воскресе́нье?
8) Как пра́вит Ивано́в автомоби́лем, хорошо́ или пло́хо?
9) Почему́ Бори́с не даст автомоби́ль Ивано́ву?
10) Куда́ Бори́с и Алекса́ндр хотя́т е́хать в воскресе́нье?
11) Что они́ возьму́т на пикни́к?
12) Что ку́пит Алекса́ндр?
13) Кто хорошо́ зна́ет доро́гу?
14) Кто лю́бит шокола́д?
15) О чём Алекса́ндр до́лжен спроси́ть свою́ же́ну?
16) Почему́ Алекса́ндр не зна́ет где покупа́ют шокола́д?
17) Что всегда́ покупа́ет Алекса́ндр.?
18) Почему́ вы не пьёте вина́?
19) Кто спра́шивает и кто отвеча́ет?
20) Что вы де́лаете когда́ получа́ете письмо́ по-ру́сски?

20

Двадца́тый уро́к

Муж и жена́

1. **Ж**.- Сего́дня мне никуда́ не хо́чется идти́.
2. **М**.- Дава́й пое́дем в дере́вню к Ма́ше.
3. **Ж**.- Дава́й, но уже́ три часа́. Если мы вы́едем в четы́ре, то прие́дем туда́ в семь часо́в ве́чера.
4. **М**.- Ну, так что же? Мы прие́дем сего́дня ве́чером и проведём там за́втра весь день.
5. **Ж**.- Я о́чень хорошо́ по́мню, как в про́шлом году́ мы ходи́ли там по гора́м. Оди́н раз я шла два часа́ и не дошла́ до верши́ны.
6. **М**.- Мы вы́едем ра́но у́тром в воскресе́нье и, на э́тот раз, дойдём до верши́ны.
7. **Ж**.- Я наде́юсь, что Ма́ша то́же пойдёт с на́ми.
8. **М**.- Мы мо́жем прое́хать пе́рвую полови́ну доро́ги верхо́м, а пото́м пойдём пешко́м.
9. **Ж**.- Я не люблю́ е́здить на ло́шади; я предпочита́ю ходи́ть.
10. **М**. Я зна́ю. Вчера́ я ви́дел тебя́ когда́ ты шла в магази́н. Кто э́то шёл с тобо́й?
11. **Ж**.-Со мно́й? Никто́; я всегда́ хожу́ в магази́н одна́.
12. **М**.- Ну, мо́жет быть всегда́ ты хо́дишь одна́, но вчера́ ты шла с молоды́м челове́ком. Ты вошла́ в магази́н, но он не ушёл, а ждал на у́лице пока́ ты не вы́шла, и пото́м вы вме́сте дошли́ до угла́ и уе́хали на такси́.
13. **Ж**. –Да, тепе́рь я по́мню: э́то был мой брат. Он прие́хал вчера́ на не́сколько часо́в и зашёл ко мне в офис. Я уговори́ла его́ пойти́ со мной в магази́н, а пото́м я пое́хала с ним на вокза́л. Он сейча́с же уе́хал.
14. **М**.- Как жаль, что он не зашёл к нам; я хоте́л показа́ть ему́ на́шу но́вую ме́бель.
15. **Ж**.- Я его́ проси́ла зайти, но его́ дочь была́ больна́ и он до́лжен был пойти́ с ней к до́ктору.

Материа́л для чте́ния

1. Я иду́ к до́ктору. 2. Он пошёл обе́дать. 3. Ты идёшь в кино́. 4. Почему́ ты не пошёл туда́? 5. Они́ иду́т на конце́рт. 6. Они́ пошли́ домо́й. 7. Я ушёл ра́но. 8. Ты пришёл по́здно. 9. Они́ вошли́ в магази́н. 10. Он вы́шел из офиса в пять часо́в, а она́ вы́шла в шесть. 11. Уйди́те, я до́лжен рабо́тать. 12. Приди́те к нам в во́семь часо́в. 13. Войди́те в ко́мнату сестры́. 14. Дойди́те до па́рка и там жди́те меня́. 15. Зайди́те к нам за́втра ве́чером. 16. Я хочу́ пое́хать в Росси́ю. 17. Я не знал, что она́ уе́хала в Росси́ю. 18. Он был о́чень рад, когда́ прие́хал его́ брат. 19. Мы въе́хали в краси́вый сад. 20. Мы давно́ вы́ехали из Москвы́. 21. Они́ дое́хали до угла́ и не зна́ли, куда́ им на́до бы́ло е́хать. 22. Он зае́хал к нам и мы пое́хали вме́сте в теа́тр. 23. Я люблю́ мно́го ходи́ть. 24. Он всегда́ ухо́дит без меня́. 25. Почему́ вы прихо́дите так ре́дко? 26. Она́ всегда́ вхо́дит бы́стро и начина́ет говори́ть. 27. Наш профе́ссор никогда́ не выхо́дит без шля́пы. 28. Я никогда́ не дохожу́ до угла́. 29. До́ктор ча́сто захо́дит к нам. 30. Он мно́го е́здил и мно́го ви́дел. 31 Когда́ вы уезжа́ете? 32. Приезжа́йте к нам в Москву́. 33. Ска́жите мне когда́ вы вы́едете. 34. Доезжа́йте до большо́го до́ма. 35. Они́ ча́сто заезжа́ли к нам зимо́й. 36. Не входи́те в ко́мнату в пальто́. 37. Не выходи́те из до́ма сего́дня. 38. Не уходи́те; я хочу́ с ва́ми поговори́ть. 39. Вы ви́дели наш но́вый автомоби́ль, когда́ вы шли вчера́ в о́фис? 40. Я не ходи́л вчера́ в о́фис, потому́ что моя́ жена́ была́ больна́. 41. Вы вчера́ шли пешко́м, когда́ шёл дождь? Нет, я вчера́ не шла, а е́хала в трамва́е. 42.Я вчера́ не ходи́ла в шко́лу, потому́ что шёл дождь.

◆ Слова́рь

войти́ (I)[완] (미래 войду́, -ёшь; -у́т: 과거 вошёл, вошла́; -и́: 명령 войди́, -и́те) 들어가다, 들어오다

вы́йти (I)[완] (미래 вы́йду, -ешь; -ут: 과거 вы́шел, вы́шла; -и: 명령 вы́йди, вы́йдите) 나가다

дойти́ (I)[완] (войти́처럼 변화) (~까지) 가다, 다다르다

зайти́ (I)[완] (войти́처럼 변화) 들르다

пойти́ (I)[완] (войти́처럼 변화) 가다, 시작하다

уйти́ (I)[완] (미래 уйду́, -ёшь; -у́т: 과거 ушёл, ушла́; -и́: 명령 уйди́, -и́те) 떠나가다

вы́ехать (I)[완] (미래 вы́еду, -ешь; -ут: 과거 вы́ехал, -а; -и: 명령 выезжа́й, -а́йте) (타고)떠나다, 출발하다

поéхать (I)[완] (미래 поéду, -ешь; -ут: 과거 поéхал, -а; -и: 명령 поезжа́й, -а́йте) (타고)가다, 떠나다, 시작하다

приéхать (I)[완] (поéхать처럼 변화) (타고) 도착하다, 오다

проéхать (I)[완] (поéхать처럼 변화) (타고) 통과하다, 지나가다

уéхать (I)[완] (поéхать처럼 변화) (타고) 떠나다, 가버리다

муж 남편

мне хо́чется 나는 ~하고 싶다

никуда́[부] 아무데로도

Ма́ша (Мари́я의) 애칭

ну 자, 그럼, 그래서

ну, так что же? 그래서 어떻다는 거요? (그게 무슨 상관이오?)

провести́ (I)[완] (미래 проведу́, -ёшь; -у́т: 과거 провёл, -а́, -о́; -и́: 명령 проведи́ -ите) (시간을) 보내다, 이끌다

год 해, 년

в про́шлом году́ 작년에

до[전](+생) 까지

верши́на 절정, 정상, 꼭대기

до верши́ны 정상까지

кто э́то шёл с тобо́й? 너와 같이 가던 사람은 누구냐?

мо́жет быть 아마도, 어쩌면 ~일는지도 모른다

челове́к 사람, 인간, 사나이

ждать (I) (현재 жду, ждёшь; -ут: 과거 ждал, -а; -и) 기다리다

ждать по́езда(생) 기차를 기다리다 비활동체)

ходи́ть по гора́м 산에 오르내리다.
пока́ 하는 동안, 당분간
пока́...не ~할 때까지
такси́ 택시
уговори́ть (II) [완]설복·설득시키다 타이르다
больна́ [형·단·여] 아프다, 앓고 있다
с ним 그와 함께
вокза́л 역(철도)
ждать сестру́ (대) 누이를 기다리다
показа́ть (I)[완] (미래 покажу́, пока́жешь; -ут)보여주다, 제시하다.
проси́ть (II)[완] (прошу́, про́сишь; -ят)간청하다, 부탁하다
дочь[여] 딸
с ней 그 여자와 함께
до́ктор 의사, 박사
сейча́с же 당장에, 지금 곧

◈ Грамма́тика

§ 89. 운동을 나타내는 동사의 불완료체와 완료체

운동을 나타내는 동사는 정태·부정태로 나뉘어지지만(урок 8, § 45참조), 모두가 불완료체동사들이다.

정 태: идти́, е́хать, лете́ть, бежа́ть
부정태: ходи́ть, е́здить, лета́ть, бе́гать

이와같은 운동을 나타내는 동사 앞에 장소를 가리키는 접두사 (в-, вы-, до-, за-, от-, под-, при-, -про, у-)를 붙임으로써, 그 동사가 가지는 뜻이 보충되고, 그 뜻에 구체성을 띠게 한다. 그러나 이 때 접두사가 붙음으로써 불완료체였던 정태동사는 완료체가 되고, 부정태동사는 완료체에 대응하는 불완료체동사가 된다. 다음에 идти́ 와 ходи́ть의 예를 들어보기로 한다.

접두사	뜻	완료체	불완료체	동사의 뜻
в (во)-	입(入)	войти́	входи́ть	들어가다
вы-	출(出)	вы́йти	выходи́ть	나가다
до-	도달(到達)	дойти́	доходи́ть	(까지)가다
за-	기(奇)·시작(始作)	зайти́	заходи́ть	들르다
от (ото)-	이탈(離脫)	отойти́	отходи́ть	물러나다
под (подо)-	접근(接近)	подойти́	подходи́ть	다가가다
при-	래(來)	прийти́	приходи́ть	도착하다·오다
про-	통과(通過)	пройти́	проходи́ть	지나가다
у-	거(去)	уйти́	уходи́ть	떠나가다

다른 정태·부정태동사에서도 이러한 관계는 마찬가지이다.

정 태	부정태	완료체	불완료체
лете́ть	лета́ть	улете́ть	улета́ть
бежа́ть	бе́гать	вбежа́ть	вбега́ть

[주] 1. 그러나 прие́хать[완], вы́ехать[완]... 등에 대응하는 불완료체는 прие́здить, выездить가 아니라, приезжа́ть, выезжа́ть 이다.

2. 접두사 по-도 정태·부정태동사에 붙어서 각각 대응하는 완료체를 만들지만, 부정태에서 만들어진 완료체는 "잠시, 조금"이란 뜻이 부가되고, 정태에서 만들어진 완료체는 동작의 시작을 나타낸다.

Они́ **полета́ли** к восто́ку. 그들은 잠시 동쪽으로 날았다.
Она́ **полете́ла** к восто́ку. 그녀는 동쪽으로 날았다(날기 시작했다).

◆ Упражне́ния

1. Переведи́те по-ру́сски:

1) 당신은 어디로 가시는 길입니까?
2) 나는 아주머니한테 가는 길입니다.
3) 학교가 끝난 후 우리는 점심을 먹으러 갔다.
4) 어째서 그녀는 식당에 가지 않았지요?
5) 그녀는 언제나 식당에 가지 않습니다.
6) 그들은 학교에 다닌다.
7) 교수는 집으로 갔다.
8) 너는 언제나 늦게 오곤했다.
9) 오늘도 너는 늦게 왔다.
10) 그는 3시에 방에서 나갔다. 그리고 그녀는 4시에 나갔다.
11) 아저씨한테 6시에 오너라.
12) 학교에 일찍 오곤 하십시오.
13) 들어가도 좋습니까? 어서 들어오십시오.
14) 자주 우리한테 들르십시오.
15) 내일 오전 9시에 우리들한테 들르십시오.
16) 나는 그녀가 미국으로 떠나간 것을 모르고 있었습니다.
17) 나의 동생은 10시에 (차로) 도착할 겁니다.
18) 나는 화요일에 모스크바에서 (로부터) 출발하렵니다.
19) 나는 저녁에 집을(집으로부터) 떠났다.
20) 어떤(한) 소년이 나의 방안으로 뛰어 들어왔다.
21) 만일 내일 따뜻하면 나는 시골에 가겠다.
22) 지난 일요일에 그들은 미역을 감으러 (타고) 갔었다.
23) 그녀는 책상에 (책상쪽으로) 다가갔다.
24) 전차는 이미 지나가 버렸다. 나는 버스를 기다리고 있다.
25) 그때 우리는 두 시간을 걸어갔다. 그리하여 강까지 도달했다.
26) 물러나시오, 가까이 오지 마시오.
27) 저녁밥을 먹으러 갑시다.
28) 저 여자(그 여자)와 함께 가시오. 나는 저녁을 먹고 싶지 않소.

2. Отве́тьте по-ру́сски:

1) Куда́ муж и жена́ хотя́т пое́хать?
2) Кто живёт в дере́вне?
3) К кому́ они́ пое́дут?
4) Когда́ они́ вы́едут из го́рода?
5) Когда́ они́ прие́дут в дере́вню?
6) Что они́ де́лали там в про́шлом году́?
7) Дошли́ они́ до верши́ны?
8) Что они́ хотя́т сде́лать на э́тот раз?
9) Вы ду́маете, что Ма́ша то́же пойдёт с ни́ми?
10) Что жена́ предпочита́ет де́лать?
11) Кто с ней вчера́ ходи́л в магази́н?
12) Куда́ она́ пое́хала в бра́том когда́ вы́шла из магази́на?
13) Почему́ он не зашёл к ним?
14) Она́ проси́ла бра́та зайти́ к ним и́ли нет?
15) Что муж хоте́л показа́ть бра́ту свое́й жены́?
16) Кто был бо́лен?
17) К кому́ брат до́лжен был пойти́?

21 Два́дцать пе́рвый уро́к

Родно́й го́род

Вчера́ я прие́хал в свой родно́й го́род. Меня́ не было до́ма оди́ннадцать лет. Шёл дождь, но я вы́шел на у́лицу и на́чал ходи́ть по го́роду. Мне каза́лось, что я никогда́ не уезжа́л отсю́да, и что никогда́ отсю́да никуда́ не уе́ду.

Вот идёт мой ста́рый друг. Он смо́трит на меня́, но не узнаёт. Мы с ним вме́сте ходи́ли в шко́лу. Он уе́хал отсю́да, когда́ око́нчил шко́лу, и я его́ не ви́дел почти́ пятна́дцать лет. Мы друг дру́гу давно́ не писа́ли. Его́ мать писа́ла моей ма́тери, что он был в а́рмии на фро́нте. Один раз я написа́л его́ сестре́ и спроси́л её о нём, но она́ мне почему́-то не отве́тила. И вот я ви́жу его́ опя́ть! Я позва́л его́- “Ва́ня!” Он останови́лся и коне́чно узна́л меня́.

Мы на́чали вспомина́ть на́ши молоды́е го́ды–шко́лу, те́ннис, и футбо́л. Ва́ня был прекра́сным футболи́стом, и о нём один раз да́же написа́ли в газе́те, "Но́вое вре́мя". По́мню, как он ходи́л по коридо́ру шко́лы и всем пока́зывал своё и́мя в “Но́вом вре́мени”. Я тогда́ то́же был футболи́стом и ча́сто игра́л с Ва́ней, но обо мне никто́ ничего́ не писа́л и моего́ и́мени никогда́ в газе́те не было. То́лько до́ма и в шко́ле зна́ли, что меня́ зову́т Са́шей.

Дождь шёл, но мы стоя́ли под дождём и говори́ли. У Вани́ уже есть жена́ и дочь. Они́ живу́т тепе́рь с ма́терью жены́, но ско́ро переезжа́ют в свою́ кварти́ру. Я обеща́л прийти́ как то́лько у меня́ бу́дет вре́мя. Прия́тно бу́дет посиде́ть у них и поговори́ть с ни́ми. Его́ жену́ я то́же знал, когда́ ей бы́ло то́лько трина́дцать лет. О ней уже́ тогда́ говори́ли, что она́ о́чень краси́вая. Как бы́стро лети́т вре́мя!

Когда́ я пришёл домо́й было двена́дцать часо́в. Все в до́ме уже́ спа́ли, а мне каза́лось, что ещё ра́но. Я не хоте́л спать и опя́ть вы́шел на у́лицу и на́чал ходи́ть по го́роду. Вот парк, где мы игра́ли в те́ннис, когда́ мне бы́ло четы́рнадцать лет. Вот у́лица, где мы жи́ли, когда́ мне бы́ло девятна́дцать и́ли два́дцать лет. Вот дом мое́й люби́мой учи́тельницы-не зна́ю, кто тепе́рь в нём живёт. Вот но́вый кинотеа́тр. Како́й он большо́й! И каки́е больши́е но́вые магази́ны на у́лице Н.!

Так я ходи́л почти́ всю ночь.

Разгово́р

1. Что ва́ша дочь де́лает в шко́ле?- Она́ там у́чится. 2. Чему́ она́ там у́чится?- Она́ там у́чится ру́сскому языку́. 3. А му́зыке она́ не у́чится?-Му́зыке она́ у́чится до́ма. 4. Она́ приле́жная учени́ца?-Да. Она́ всё вре́мя сиди́т в мое́й ко́мнате и у́чит уро́ки. 5. А кто её у́чит му́зыке?-Ивано́в. О нём говоря́т, что он замеча́тельный учи́тель му́зыки.

6. Ско́лько лет ва́шей до́чери?-Ей тепе́рь восемна́дцать лет. 7. Кого́ вы ви́дели вчера́? -Я ви́дела мать моего́ дру́га. 8. А до́чери свое́й вы не ви́дели? -Ещё не ви́дел. Но сего́дня ве́чером она́ зайдёт к нам, и пото́м пойдёт со мной и с ма́мой в кино́. 9. Муж ва́шей до́чери то́же пойдёт с ва́ми в кино́? –Нет, его́ с на́ми не бу́дет. Он уе́хал на всю неде́лю. 10. О ком и с кем вы вчера́ так гро́мко говори́ли?-Мы говори́ли о нём и о ней. 11. Что зна́чит "о нём и о ней"? Это не я́сно. - А вам ну́жно всё знать? Мы говори́ли о му́же мое́й до́чери и о его́ ма́тери. 12. А обо мне́ вы не говори́ли? Я знаю, что вы всегда́ со все́ми говори́те обо мне́.- Мы о всём и о всех говори́ли- то́лько не о вас. А о чём вы сего́дня у́тром так ти́хо говори́ли со свое́й жено́й? 13. Мы с ней говори́ли о её родно́м го́роде. Она́ хо́чет уе́хать отсю́да че́рез ме́сяц. Ну, до свида́ния. Жена́ меня́ ждёт. - До свида́ния. Тепе́рь вы всё о всех зна́ете. Приходи́те к нам. Бу́ду рад вас ви́деть, да́же е́сли вы опя́ть начнёте меня́ спра́шивать о всех и о всём.

Материа́л для чте́ния.

1. Кого́ сего́дня нет в кла́ссе? - Ма́ши нет. Она́ сего́дня переезжа́ет в свою́ но́вую кварти́ру. 2. Чем вы пи́шете?- Я пишу́ ве́чным перо́м, кото́рое взял у Ва́ни. 3. Мне ну́жно спроси́ть тебя́ о твоём отце́, о твое́й ма́ме и тёте и поговори́ть о них. 4. Я до́лжен тебе́ сказа́ть, что я уже́ шестна́дцать лет не живу́ с ни́ми. 5. Я им скажу́, что вы их ждёте. 6. Прошу́ вас ничего́ никому́ не говори́ть. 7. Обеща́йте мне, что ниче́го ему́ не ска́жете о нас. 8. По́мню, когда́ мы ещё бы́ли в а́рмии, тебе́ каза́лось, что мы семна́дцать часо́в ходи́ли по гора́м, но шли мы то́лько трина́дцать часо́в и два́дцать мину́т. 9. Мы проведём у вас всё ле́то, всю о́сень и мо́жет быть, да́же весь год. 10. Я прочита́л все кни́ги, кото́рые бы́ли у нас на кни́жной по́лке. 11. Она́ не прочита́ла всей кни́ги; у неё не́ было вре́мени. 12. Я вам у́же сказа́ла её и́мя- и не оди́н раз-но вы, почему́-то, его́ забыва́ете.

◈ Слова́рь

родно́й, -а́я, -о́е 고향의, 혈연있는

оди́ннадцать 11

оди́ннадцать лет 열 한 살

по[전](+여격) (표면을)따라

по у́лице 거리를 따라

мне каза́лось 내게는 ~처럼 생각되었다.

отсю́да[부] 여기서(부터)

{ узнава́ть (I)[불완] (узна́ю́, -ёшь; ю́т)
  узна́ть (I)[완] (узна́ю, -ешь; -ю́т) 알아보다, 알아채다, 인식하다

{ конча́ть (I)[불완]
  ко́нчить (II)[완] (ко́нчу, -ишь; -ат: 명령 ко́нчи, -ите) 끝내다, 졸업하다

пятна́дцать 15

друг дру́га 서로 서로를

а́рмия 군대, 육군

фронт 일선, 전방

почему́-то 어쩐 일인지, 어째서 인지

{ звать (I)[불완] (зову́, -ёшь; -ут: 과거 звал, -á, -о; -и: 명령 зови́, -и́те)
позва́ть (I)[완] 부르다, 칭하다

{ остана́вливаться (I)[불완]
останови́ться (II)[완] (остановлю́сь, -остано́вишься; -ятся) 멈추다, 멈춰서다, 중지하다

{ вспомина́ть (I)[불완]
вспо́мнить (II)[완] 회상하다, 상기하다

футбо́л 축구

футболи́ст 축구선수

коридо́р 복도

и́мя [중]이름

{ пока́зывать (I)[불완]
показа́ть (I)[완] (покажу́, пока́жешь; -ут) 보여주다, 제시하다

Са́ша (Алекса́ндр의 애칭) 샤아샤

{ переезжа́ть[불완]
перее́хать (I)[완](перее́ду, -ешь; -ут: 명령 переезжа́тй, те) 옮겨가다, 이사하다

обеща́ть (I) 약속하다

как то́лько 하자 마자(곧)

ей бы́ло трина́дцать лет 그 여자는 13세였다.

двена́дцать 12　　четы́рнадцать 14

девятна́дцать 19　　два́дцать 20

учи́ть (II)(+대·여격) (учу́, у́чишь; -ат) 가르치다, 암기하다

учи́ться (II)(+여격) 배우다

шестна́дцать 16　　семна́дцать 17

◆ Граммáтика

§ 90. 연령과 연수(年數)의 표현

사람의 연령과 연수는 год로 표현된다. 이 때 два, три, четы́ре뒤에서는 го́да를 쓰고, пять이상의 수사나 мно́го, ско́лько, не́сколько 등 수량을 나타내는 말 뒤에서는 лет (ле́то의 복수생격)을 쓴다. 연령을 표시할 때 그 대상이 되는 사람은 여격이 된다.

Ему́ четы́ре **го́да**.	그는 4살이다.
Ей пять **лет**.	그 여자는 5살이다.
Мне семна́дцать **лет**.	나는 17살이다.
Ско́лько вам **лет**?	당신은 몇 살 입니까?
Не́сколько **лет**.	몇 해, 몇 년(동안)
Мно́го **лет**.	여러 해(동안)

§ 91. 합성술어로서의 조격

1) 일시적인 조건·상황의 변화 또는 가정 상태를 나타낼 때 조격은 동사 **быть**의 과거나 미래와 함께 술어적으로 사용된다. 그러나 항구적인 조건이나 성질, 상태를 나타낼 때에는 **быть+주격**을 쓴다.

Мой оте́ц **был** солда́т**ом**, пото́м офице́р**ом** в а́рмии.

나의 아버지는 군대에서 사병으로 있다가 그 다음에 장교로 되었다.

Когда́ ей бу́дет восемна́дцать лет, она́ **бу́дет** арти́стк**ой**.

18세가 될 때에 그녀는 여배우가 될 것이다.

다음의 경우를 비교하라.

Мой оте́ц-до́ктор.	나의 아버지는 의사이다. (현재의 상태)
Мой оте́ц был до́ктор.	나의 아버지는 의사였다. (한평생 의사가 직업이었을 경우)
Мой оте́ц был до́ктором.	나의 아버지는 한때 의사였다. (일시적으로 의사였을 경우)

2) **сде́латься**(되다), **звать**(부르다), **каза́ться**(처럼 보이다) 등의 동사와 함께 쓰일 때에도 조격은 술어적으로 사용된다.

Он **сде́лался** профе́ссор**ом**.	그는 교수가 되었다.
Его́ **зову́т** Ва́н**ей**.	그를 바아냐라고 부른다(그러나 주격도 사용될 수 있다: (Его́ зову́т Ва́ня)
Учи́тель **каза́лся** ста́р**ым**.	선생은 늙어 보였다.

§ 92. –мя로 끝나는 중성명사의 변화(단수)

-мя로 끝나는 중성명사는 모두 합해 10개 밖에 없다. 이 명사들은 다음과 같이 변화한다.

주	**вре́мя**	**и́мя**
생	**вре́мени**	**и́мени**
여	**вре́мени**	**и́мени**
대	**вре́мя**	**и́мя**
조	**вре́менем**	**и́менем**
전	**вре́мени**	**и́мени**

※ -мя로 끝나는 중성명사 중에는 зна́мя(깃발), пле́мя(종족), се́мя(씨앗), пла́мя(불길) 등이 있다.

§ 93. мать, дочь의 변화

주	ма**ть**	до**чь**
생	ма́т**ери**	до́ч**ери**
여	ма́т**ери**	до́ч**ери**
대	ма**ть**	до**чь**
조	ма́т**ерью**	до́ч**ерью**
전	ма́т**ери**	до́ч**ери**

※ 여성명사 мать(어머니), дочь(딸)는 변화할 때 어간이 ма́тер-, до́чер-로 된다.

§ 94. 11~20까지의 개수사

11에서 19까지의 개수사는 оди́н에서 де́вять까지의 개수사에다 두 개의 접미사 -на-(더하기)와 -дцать(де́вять의 축소)를 덧붙여서 형성된다.

1. оди́н(남) + на + дцать = оди́ннадцать = 11
2. две(여) + на + дцать = двена́дцать = 12
3. три + на + дцать = трина́дцать = 13
4. четы́р(е) + на + дцать = четы́рнадцать = 14
5. пят(ь) + на + дцать = пятна́дцать = 15
6. ше́ст(ь) + на = дцать = шестна́дцать = 16
7. сем(ь) + на + дцать = семна́дцать = 17
8. во́сем(ь) + на + дцать = восемна́дцать = 18
9. де́вят(ь) + на + дцать = девятна́дцать = 19

два + дцать = два́дцать = 20

1) 5에서 20까지의 모든 개수사의 어미는 –ь이다.
2) оди́ннадцать와 четы́рнадцать를 제외하고는 모두 -на- 위에 역점이 떨어진다.
3) четы́рнадцать에서는 е가 탈락되고 5에서 19까지에서는 ь가 탈락된다.

§ 95. 의문대명사 кто, что의 변화표

주	кто	что
생	кого́	чего́
여	кому́	чему́
대	кого́	что
조	кем	чем
전	ком	чём

§ 96. 인칭대명사 변화표

수/격	단 수				복 수		
주	я	ты	он оно́	она́	мы	вы	они́
생	меня́	тебя́	его́	её	нас	вас	их
여	мне	тебе́	ему́	ей	нам	вам	им
대	меня́	тебя́	его́	её	нас	вас	их
조	мно́й (о́ю)	тобо́й (о́ю)	им	ей (е́ю)	на́ми	ва́ми	и́ми
전	мне	тебе́	нём	ней	нас	вас	них

§ 97. 정대명사 весь, вся, всё, все의 변화표

성/격	남 성	여 성	중 성	복 수
주	**весь**	**вся**	**всё**	**все**
생	**всего́**	**всей**	**всего́**	**всех**
여	**всему́**	**всей**	**всему́**	**всем**
대	주 또는 생	**всю**	**всё**	주 또는 생
조	**всем**	**всей (е́ю)**	**всем**	**все́ми**
전	**всём**	**всей**	**всём**	**всех**

§ 98. 동사 учи́ть와 учи́ться

1) учи́ть(가르치다)는 대격과 여격의 두 가지 보어를 동시에 취할 수 있다. 이 때 가르침을 받는 사람은 대격이 되고 가르치는 대상물은 여격이 된다.

Кого́ и чему́ учи́тель у́чит? 선생은 누구에게 무엇을 가르칩니까?

Он у́чит учени́цу му́зыке. 그는 여학생에게 음악을 가르칩니다.

2) учи́ть는 "가르치다"라는 뜻 이외에 "암기하다, 외우다"의 뜻을 나타낼 때도 있다. "암기하다, 외우다"의 뜻으로 사용될 때 учи́ть는 대격을

보어로 취한다.

Учени́к у́чит грамма́тику.	중학생은 문법을 외우고 있다.

3) 재귀동사 учи́ться(배우다)는 여격을 보어로 취한다.

Чему́ вы у́читесь?	당신들은 무엇을 배우고 있습니까?
Мы у́чимся ру́сскому языку́.	우리는 러시아어를 배우고 있습니다.
У кого́ вы у́читесь?	누구에게 당신들은 배우고 있습니까?
У хоро́шего учи́теля.	훌륭한 선생에게서(배우고 있습니다.)
Где вы у́читесь?	당신들은 어디서 배웁니까?
В шко́ле.	학교에서(배웁니다.)

◆ Упражне́ния

1. Переведи́те по-ру́сски:

1) 당신의 누이는 몇 살 입니까? 그녀는 18세 입니다.
2) 그럼 당신은 몇 살 입니까? 나는 20세 입니다.
3) 그전에 그의 아버지는 교수였었다. 그러나 지금은 의사다.
4) 나는 20세가 되면(될 때) 병사가 될 것이다.
5) 나의 친구의 누이는 (여)배우가 되었다.
6) 그의 여선생은 젊게 보였다.
7) 당신은 누구한테 선물을 주었습니까?
8) 나는 나의(자기의) 어머니에게 선물을 주었습니다.
9) 당신의 딸의 남편을 나는 알고 있습니다.
10) 누가 만년필을 가지고 있습니까? 저(그) 사람이 가지고 있습니다.
11) 누구에 대하여 당신들은 말하고 있었습니까?
12) 우리들은 당신의 어머니와 딸에 대하여 말하고 있었습니다.
13) 당신은 누구와 함께 극장에 갔었습니까? (있었습니까?)
14) 나는 당신의 딸과 함께 극장에 갔었습니다(있었습니다).
15) 어제 나는 밤새껏(온밤을) 문법을 암기했습니다.

16) 그녀는 온종일 딸에게 음악을 가르쳤다.
17) 당신은 무엇을 배우고(공부하고) 있습니까? 나는 영어를 배우고 있습니다.
18) 당신은 누구한테 영어를 배웁니까? 김 교수한테서 배우고 있습니다.
19) 나와 어머니는 온 여름을 바닷가에서 보내게 될 것이다.
20) 그에게는 시간이 없었다. 그래서 아저씨가 선물로 준 소설을 다 읽지 못했다.

2. Переведи́те по-ру́сски:

바아냐는 12년 동안 집에 없었다. 어제 그는 자기의 고향 도시로 돌아왔다(도착했다). 그는 거리를 거닐기 시작했다. 그러자 그는(그에게는) 한번도 여기서 떠난 적이 없었던 것 같은 생각이 들었다. 바로 여기에, 그가 어린 소년이었을 때, 형과 함께 산책을 했던 공원이 있다. 그리고 또 여기에, 그가 좋아하던 여선생의 집이 있고, 그가 많은 시간을 보낸 영화관이 있다. 바아냐는 15년 동안 만나지 못한(не ви́дел) 그의 친구 이바안의 집에 들렀다. 이바안은 자기의 옛 친구를 보자 무척 기뻐했다. 그들은 학교에 다닐 때 함께 테니스를 쳤던 것이다. 그들은 오랫동안 학교에 관해서, 테니스에 관해서, 그리고 그들이 했던 모든 것에 관해서 말했다. 이바안에게는 아내와 어린 딸이 있었다. 그의 딸은 3살이었다. 나는 이바안의 아내가 여덟 살 때에 벌써 그녀를 잘 알고 있었다. 그녀에 대해서는 그때부터 무척 아름답다는 소문이 나돌고 있었다. 그들의 집에 잠시 앉아서 그들과 함께 (잠시) 이야기를 주고 받는다는 것은 참으로 유쾌한 일이었다. 바아냐가 10시에 집에 돌아와 보니(도착했을 때), 한 통의 편지가 책상 위에 놓여 있었다. 그는 개봉을 하고(откры́ть) 빨리 편지를 읽었다. 편지에는 그의 아저씨가 다른 도시에 새로운 상점을 방금 열었으며 그에게는 바아냐가 필요하다고 써 있었다. 바아냐는 여기서 떠날 것인가? 그러나 그는 또 다시 자기가 사랑하는 고향에서 떠나고 싶지 않았다.

3. Отве́тьте по-ру́сски:

1) Куда́ Са́ша прие́хал?
2) Ско́лько лет его́ не было до́ма?
3) Что ему́ каза́лось?
4) Кто не узна́л его́?
5) Ско́лько лет он не ви́дел Ва́ни?
6) Кому́ писа́ла ма́ма Ва́ни?
7) Где был Ва́ня?
8) Что они́ на́чали вспомина́ть?
9) Кем был Ва́ня, когда́ был молоды́м?
10) В како́й газе́те бы́ло и́мя футболи́ста?
11) Кака́я была́ пого́да когда́ они́ стоя́ли на у́лице?
12) Есть у Ва́ни жена́ и дочь.
13) С кем они́ тепе́рь живу́т?
14) Куда́ они́ ско́ро переезжа́ют?
15) Ско́лько лет бы́ло жене́ Ва́ни, когда́ Са́ша её знал?
16) В кото́ром часу́ он пришёл домо́й?
17) Почему́ он опя́ть вы́шел на у́лицу?
18) Куда́ он пошёл?
19) Кто живёт в до́ме его́ люби́мой учи́тельницы?
20) Како́й кинотеа́тр и каки́е магази́ны на у́лице Н.?

22

Два́дцать вто́рой уро́к

В колхо́зе

Я с гру́ппой студе́нтов на́шего институ́та выезжа́ю ка́ждое ле́то на пра́ктику в колхо́з "М." В э́том году́ мы прие́хали сюда́ ра́но и уже́ провели́ здесь два ме́сяца. Жить в колхо́зе нам о́чень нра́вится: всё так ти́хо круго́м, а пого́да замеча́тельная. Днём не сли́шком жа́рко , а но́чью прохла́дно.

В колхо́зе "М." мно́го изб. Все и́збы больши́е и краси́вые. У ка́ждой избы́–ма́ленький огоро́д и́ли сад. В це́нтре колхо́за–Дом Культу́ры. В нём хоро́шая библиоте́ка и большо́й зал. В за́ле колхо́зники слу́шают конце́рты и ле́кции, танцу́ют и смо́трят карти́ны. Из Санкт – Петербу́рга ча́сто сюда́ приезжа́ют арти́сты и арти́стки. В колхо́зе хоро́шая шко́ла, лаборато́рия, го́спиталь и два магази́на. Недалеко́ от колхо́за–маши́но-тра́кторная ста́нция. Колхо́зники по́льзуются тра́кторами и комба́йнами э́той ста́нции. На́ши учителя́, кото́рые прие́хали с на́ми из институ́та, у́чат нас как по́льзоваться маши́нами, ходи́ть за ското́м и за пти́цей и де́лать всё, что ну́жно в колхо́зе.

По́чта прихо́дит сюда́ пять раз в неде́лю, но мы почему́-то давно́ не получа́ли ни книг, ни газе́т, ни журна́лов, ни да́же пи́сем. Сего́дня вдруг пришёл большо́й паке́т с журна́лами, газе́тами и кни́гами для друзей, а для меня–три письма́ и откры́тка от роди́телей. Мои́ роди́тели тепе́рь прово́дят о́тпуск на Кавка́зе. Они́ туда́ то́лько что прие́хали и написа́ли то́лько не́сколько слов: что здоро́вы и что всё идёт прекра́сно.

Два письма́ пришли́ из Кры́ма от подру́г, кото́рые у́чатся со мной в институ́те. Они́ пи́шут, что прекра́сно прово́дят вре́мя, хорошо́ отдыха́ют и ча́сто купа́ются в Чёрном мо́ре. Жаль, что наш колхо́з не у мо́ря, потому́ что я о́чень люблю́ купа́ться в мо́ре. Но вокру́г на́шего колхо́за мно́го лесо́в и поле́й: мо́жно гуля́ть ско́лько уго́дно.

После́днее письмо́ от мое́й сестры́ из Ки́ева. Она́ уже́ не́сколько дней там рабо́тает в больни́це. Го́род ей о́чень нра́вится, но о́на не лю́бит е́здить на трамва́ях, потому́ что они́ так ме́дленно хо́дят и так ча́сто остана́вливаются. Она́ наде́ется, что в Ки́еве ско́ро не бу́дет трамва́ев, а бу́дет то́лько метро́.

Сейча́с бу́ду писа́ть пи́сьма. Ну́жно отве́тить роди́телям, сестре́ и подру́гам. Когда́ напишу́ все пи́сьма пойду́ в Дом Культу́ры. Ка́ждый ве́чер оди́н из друзе́й и́ли учителе́й расска́зывает о города́х, шко́лах, теа́трах и музе́ях Росси́и, и́ли о жи́зни в Евро́пе и́ли Аме́рике. Сего́дня учи́тель англи́йского языка́ бу́дет говори́ть о на́шем люби́мом америка́нском писа́теле, Ма́рке Тве́не.

Люблю́ чита́ть в колхо́зе. Когда́ ко́нчу институ́т, перее́ду из го́рода в колхо́з.

Слова́рь

колхо́з 꼴호즈, 집단농장
гру́ппа 그룹, 집단
институ́т 단과대학, 연구소
пра́ктика 실습, 실험, 실무
жизнь[여] 생활, 삶, 인생, 일생
прохла́дно 선선하게, 선선하다
изба́ 농가
лаборато́рия 실험실
маши́но-тра́кторная ста́нция 기계·트랙터 스테이션(농기계를 빌려주는 곳)
тра́ктор 트랙터
комба́йн 콤바인, 조립식 기계 자동수확기
э́той (э́таа의 단수·생격)
огоро́д 채소밭
центр 중심, 중앙, 센터
зал 홀, 강당
колхо́зник 꼴호즈원, 집단농장원
танцева́ть (танцу́ют, -ешь; -ют) 춤추다, 댄스하다
арти́ст 배우
то́лько что 방금, 바로 조금 전에
прекра́сно 훌륭하게, 멋지다; 썩 좋다
Крым 크리미아 지방
отдыха́ть (I) 쉬다, 휴식하다
мо́ре 바다
Чёрное мо́ре 흑해

машúна 기계, 자동차, 타자기
ходúть за(+조격) 돌보다, 기르다(짐승)
скот 가축
птúца 새, 조류, 가금(家禽)
вдруг[부] 갑자기, 별안간, 느닷없이
пакéт 꾸러미
откры́тка 엽서
родúтели[남·복] 부모, 양친
проводúть (II) (провожý, -одишь; -одят) 보내다(시간을), 이끌다
Марк Твен: Mark Twain(인명)
вокрýг[부·전(+생격)] 주위에
скóлько угóдно 마음껏, 실컷
Кúев 끼예프(우크라이나의 수도)
метрó[중·불변] 지하철
сейчáс[부] 지금, 지금 곧
расскáзывать (I)[불완] рассказáть (I)[완] (расскажý, расскáжешь; -ут) 이야기하다
музéй[남] 박물관
писáтель[남] 작가

◈ Граммáтика

명사의 복수 변화: 명사의 복수 주격과 복수 대격은 이미 설명한 바 있지만(урок 13, §72, §73), 여기서는 명사의 복수 변화를 종합적으로 살펴보기로 한다.

§ 99. 여성명사의 복수 변화

변화 격	경 변 화	연 변 화	
	-а (단·주)	**-я** (단·주)	**-ия** (단·주)
주	кóмнат**ы**	недéл**и**	фамúли**и**
생	кóмнат	недéл**ь**	фамúл**ий**
여	кóмнат**ам**	недéл**ям**	фамúли**ям**
대	кóмнат**ы**	недéл**и**	фамúли**и**
조	кóмнат**ами**	недéл**ями**	фамúли**ями**
전	кóмнат**ах**	недéл**ях**	фамúли**ях**

1) 복수 대격 어미는 비활동체일 때는 주격과 같고 활동체일 때에는 생

격과 같다.

Я ви́жу ко́мнаты.	나는 방들을 본다.
Я ви́жу птиц.	나는 새들을 본다.

2) 여성명사의 복수 변화에서 가장 유의해야 할 점은 복수 생격이다. –а 어미의 여성명사는 어미가 생략되고 (ко́мнат), -я어미의 명사는 어간에 -ь(неде́ль), -ия어미의 명사에는 -ий를 덧붙인다(фами́лий).
그러나 дя́дя와 тётя의 경우는 예외로 -ей(-ь가 아니라) 어미를 갖는다.

3) 복수 생격 어미에서 만약 자음이 겹쳐 있으면 그 사이에 모음 о 또는 е를 삽입한다.

단수 주격	복수 생격	
машини́стка	машини́сток	타이피스트
по́лка	по́лок	선반
де́вушка	де́вушек	처녀, 아가씨
дере́вня	дереве́нь	마을
де́вочка	де́вочек	소녀

4) 자음+ня 또는 й+ня의 어미를 가진 여성명사는 복수 생격에서 –ь어미를 취하지 않는다.

단수 주격	복수 생격	
пе́сня	пе́сен	노래
ба́сня	ба́сен	우화
ба́шня	ба́шен	탑
бо́йня	бо́ен	도살장

§ 100. 남성명사의 복수 변화

1) 남성명사의 대격은 단수, 복수 모두 비활동체일 때는 주격과 같고 활동체일 때에는 생격과 같다. (여성명사에서는 이 법칙이 복수에만 적용된다.)

2) 경자음으로 끝나는 남성명사의 복수 생격 어미는 -ов(столо́в), -ь로 끝나는 명사는 -ей (словаре́й), -й로 끝나는 명사는 -ев(трамва́ев) 혹은 -ёв (역점이 떨어질 때: чаёв)가 된다.

3) 단수주격이 -ж, -ш, -ч, -щ로 끝나는 남성명사의 복수 생격은 -ов대신에 -ей가 된다.

단·주	복·생	
эта́ж	этаж**е́й**	층(건물의)
каранда́ш	карандаш**е́й**	연필
това́рищ	това́рищ**ей**	동지

변화 어미 / 격	경변화	연 변 화	
	경자음 (단·주)	**-ь** (단·주)	**-й** (단·주)
주	стол**ы́**	словар**и́**	трамва́**и**
생	стол**о́в**	словар**е́й**	трамва́**ев**
여	стол**а́м**	словар**я́м**	трамва́ям
대	стол**ы́**	словар**и́**	трамва́**и**
조	стол**а́ми**	словар**я́ми**	трамва́**ями**
전	стол**а́х**	словар**я́х**	трамва́**ях**

4) 자음으로 끝나는 남성명사 중에는 단수 주격과 복수 생격이 같은 것이 가끔 있다.

단·주	복·생	
раз	раз	(한)번, 회
глаз	глаз	눈(眼)
солда́т	солда́т	병사
челове́к	челове́к	사람, 인간

5) 단수 주격이 –ц로 끝나는 남성명사의 복수 생격은 어미에 역점이 떨어질 때는 –о́в이고, 어간에 역점이 있을 때는-ев이다.

- оте́ц → отц**о́в** 아버지
- коне́ц → конц**о́в** 끝, 종말

ме́сяц	→	ме́сяц**ев**	달(月)
па́лец	→	па́льц**ев**	손가락

§ 101. 중성명사의 복수 변화

1) -о로 끝나는 중성명사의 복수 생격은 어간과 동일하고(слов), -е로 끝나는 명사는 -ей(поле́й), -ие로 끝나는 명사는 -ий(упражне́н**ий**) 어미를 갖는다.

변화 어미 / 격	경 변 화	연 변 화	
	-о (단·주)	**-е** (단·주)	**-ие** (단·주)
주	слов**а́**	пол**я́**	упражне́н**ия**
생	сло́в	пол**е́й**	упражне́н**ий**
여	слов**а́м**	пол**я́м**	упражне́н**иям**
대	слов**а́**	пол**я́**	упражне́н**ия**
조	слов**а́ми**	пол**я́ми**	упражне́н**иями**
전	слов**а́х**	пол**я́х**	упражне́н**иях**

2) 복수 생격 어미에서 자음이 두 개 겹쳐 있으면, 그 사이에 모음 о또는 е를 삽입한다.

окно́ → окн → о́к**о**н

кре́сло → кресл → кре́с**е**л

3) -же, -че, -ше, -ще, -це로 끝나는 중성명사들은 -о어미의 명사처럼 복수 변화를 한다.

단·주	복·주	복·생
учи́ли**ще**(학교)	учи́ли**ща**	учи́л**ищ**
полоте́н**це**(수건)	полоте́н**ца**	полоте́н**ец**

§ 102. -ь로 끝나는 여성명사의 복수 변화

어미 / 격	-ь (단·주)	-ь (단·주)
주	тетра́**ди**	ве́**щи**
생	тетра́**дей**	вещ**е́й**
여	тетра́**дям**	вещ**а́м**
대	тетра́**ди**	ве́**щи**
조	тетра́**дями**	вещ**а́ми**
전	тетра́**дях**	вещ**а́х**

※ -ам, -ами, -ах가 된 것은 정자법 규칙에 따라 -ж, -ш, -ч, -щ다음에 **я**를 쓸 수 없기 때문이다. 따라서 -жь, -шь, -чь, -щь어미를 가진 여성명사는 모두 вещь처럼 변화한다.

◆ Упражне́ния

1. Переведи́те по-ру́сски:

1) (단과)대학 선생들은 대학생들을 데리고(대학생들과 함께) 집단농장으로 출발했다.
2) 여름에 대학생들은 집단농장에서 일하고, 집단농장의 농가(들)에서 산다.
3) 그들은 도시에서 9개월(동안) 공부하고(배우고), 집단농장에서 3개월(동안) 산다.
4) 대학생들은 일을 할 때 많은 노래(들)를 부른다.
5) 그들은 많은 신문들과 책들과 편지들을 받았다.
6) 처녀는 (그녀의) 양친과 (그녀의) 친구들에게 편지를 쓰곤 한다.
7) 병원에 있었을 때, 나는 여러(많은) 밤 잠을 자지 못했다.
8) 남녀 대학생들(남자대학생들과 여자대학생들)은 그들의 선생들과 함께 들판(들)과 숲(들)에서 산책을 한다.
9) 그들은 자주 산에 오르기도 하고, 바다에서 미역을 감기도 한다.
10) 그녀는 다섯 장의 엽서를 써야 하고,(그 다음) 문화회관으로 가야 한다.

11) 나의 누이는 전차를 타고 다니기를 좋아하지 않는다.
12) 겨울에 바아냐의 아저씨는 마아샤(Ма́ша)의 양친과 함께 집단농장에 산다.
13) 대학에는 많은 남녀 학생들이 있다.
14) 미국인들은 러시아의 작가들에 대하여 자주 말한다.
15) 우리들은 집단농장에서 가축을 치는(사육하는) 것(방법)을 배우고 있다.
16) 저녁에 집단 농장원들은 문화회관 홀에서 춤을 추고 러시아 노래를 부른다.

2. Переведи́те по-ру́сски:

1) 대학생들의 그룹은 수개월(동안) 집단농장에 살면서 (살고 있다. 그리고) 일하고 있다.
2) 그들은 대학 선생들과 함께 이곳에 왔다. 그리고 뜨라악또르와 꼼바아인의 사용법을(어떻게 사용하는가를) 배우고 있다.
3) 낮에 젊은 학생들은 꼴호오즈의 밭(들)과 숲(들)에서 일한다.
4) 그리고 저녁에는 꼴호오즈의 채소밭들에서 일한다.
5) 휴일에 그들은 꼴호오즈 소년 소녀들과 함께 공을 차며 놀기도 하고(игра́ть в мяч), 정구를 하기도 한다.
6) 꼴호오즈는 흑해에서 멀지 않은 곳에 있다(멀지 않다), 그래서 그들은 모두 실컷(하고 싶으면 얼마든지)목욕을 할 수 있다.
7) 꼴호오즈에는 아주 훌륭한 기계·트랙터 스테이션이 있다.
8) 그들은 많은 시간을 거기서 보낸다.
9) 그들은 또한 많은 시간을 문화회관에서 보낸다.
10) 도시로부터 남녀 배우들이 이곳으로 와서, 꼴호오즈에서 연기를 한다(игра́ть)

3. 괄호 안의 명사를 적당한 복수형으로 변화시켜라:

1) (Кни́га) (друг) лежа́т на (по́лка).
2) Они́ пять (ме́сяц) рабо́тали в (колхо́з).
3) (Америка́нец) ча́сто расска́зывали о (писа́тель), (теа́тр), и (музе́й) в Аме́рике.
4) Они́ написа́ли мно́го (письмо́) и (откры́тка) роди́телям, (дя́дя) и (тётя).
5) В кино́ бы́ло два́дцать (челове́к): де́вять (солда́т), шесть (де́вушка) и пять (де́вочка).
6) (Учени́ца) не лю́бят писа́ть (упражне́ние).
7) (Вещь) лежа́ли на всех (кре́сло) и во всех (ко́мната).
8) В Москве́ мно́го (институ́т), (шко́ла) и (музе́й).
9) В (го́спиталь) бы́ло мно́го (посте́ль).
10) Сего́дня пришёл большо́й паке́т с (тетра́дь), (каранда́ш) и (слова́рь).
11) По (у́лица) (дере́вня) мо́жно гуля́ть ско́лько уго́дно.
12) После́дние (письмо́) из Ки́ева о́чень интере́сные.

4. 다음 명사를 단수와 복수형으로 격변화시켜라:

1) газе́та
2) де́вочка
3) по́лка
4) дере́вня
5) дя́дя
6) пе́сня
7) уро́к
8) каранда́ш
9) оте́ц
10) солда́т
11) па́лец (па́льца)
12) дождь
13) день
14) учи́тель
15) чай (복주; чаи́)
16) кре́сло
17) мо́ре
18) произноше́ние
19) тетра́дь
20) ночь

5. Отве́тьте по-ру́сски:

1) Кто пое́хал в колхо́з на пра́ктику?
2) Ско́лько ме́сяцев они́ уже́ там?
3) Ско́лько раз в неде́лю прихо́дит по́чта?
4) Чего́ они́ давно́ не получа́ли?
5) Для кого́ и с чем пришёл большо́й паке́т?
6) Ско́лько пи́сем получи́ла студе́нтка и ско́лько откры́ток?
7) От кого́ она́ получи́ла откры́тку и пи́сьма?
8) Где её роди́тели и что они́ ей пи́шут?
9) Отку́да пришли́ два письма́ от подру́г?
10) Где они́ купа́ются?
11) Почему́ студе́нтка не мо́жет купа́ться в мо́ре?
12) Где студе́нты обы́чно гуля́ют?
13) Чему́ студе́нты у́чатся в колхо́зе?
14) Что колхо́зники мо́гут де́лать ве́чером в До́ме Культу́ры?
15) Почему́ студе́нтка должна́ идти́ в Дом Культу́ры?
16) С кем она́ хо́чет говори́ть?
17) О ком бу́дет говори́ть учи́тель англи́йского языка́?
18) Каки́е рома́ны Толсто́го вы зна́ете?

Два́дцать тре́тий уро́к

23 Америка́нские тури́сты в Москве́

Вот мы в Москве́–столи́ца Росси́и. Мы уже́ бы́ли в столи́цах други́х европе́йских стран и в други́х больши́х города́х Росси́и. Тепе́рь пе́ред на́ми Москва́.

Мы прие́хали на вокза́л в двена́дцать часо́в дня и сейча́с же вы́шли на пло́щадь. Там мы се́ли в поезд метро́, о кото́ром нам так мно́го расска́зывали. В удо́бных и чи́стых ваго́нах о́чень прия́тно е́здить.

В Москве́ мно́го хоро́ших гости́ниц и тру́дно бы́ло реши́ть в како́й из них останови́ться. Наконе́ц мы реши́ли останови́ться в гости́нице "Москва́". Мы там сня́ли пять удо́бных номеро́в на девя́том этаже́. Из о́коп па́ших номеро́в мы до́лго смотре́ли на высо́кие зда́ния, краси́вые дома́ и широ́кие у́лицы. Вот пе́ред на́ми у́лица Го́рького, одна́ из гла́вных у́лиц Москвы́. На пра́вой стороне́ у́лицы не́сколько больши́х магази́нов. Лю́ди всё вре́мя остана́вливаются и смо́трят на больши́е витри́ны. Вот огро́мное зда́ние в кото́ром рабо́тает мно́го люде́й–э́то зда́ние Центра́льного Телегра́фа.

Мы умы́лись, пое́ли и пошли́ посмотре́ть го́род. По широ́ким у́лицам е́хали трамва́и, авто́бусы и автомоби́ли. По дли́нным тротуа́рам ходи́ли ру́сские лю́ди и тури́сты. Все каза́лись здоро́выми и весёлыми. Ми́мо нас прошли́ ру́сские шко́льники. Они́ пе́ли пе́сни. Никогда́ мы не слы́шали таки́х весёлых пе́сен.

Мы пришли́ на Кра́сную пло́щадь, вошли́ в Мавзоле́й Ле́нина, посмотре́ли на Кремль, пото́м се́ли в трамва́й и пое́хали в Политехни́ческий музе́й. Отту́да мы пошли́ в музе́й Л.Н. Толсто́го и Литерату́рный музе́й. В нём мы ви́дели ру́кописи люби́мых ру́сских писа́телей: Турге́нева, Достое́вского, Го́рького, Че́хова и други́х.

Сего́дня ве́чером вся на́ша гру́ппа америка́нцев пойдёт в Большо́й теа́тр, а за́втра пое́дем в Третьяко́вскую галере́ю и в библиоте́ку и́мени Ле́нина. Как мно́го здесь институ́тов, школ, музе́ев и библиоте́к! Тепе́рь мы понима́ем, почему́ все в Росси́и так лю́бят Москву́ и так ча́сто приезжа́ют сюда́.

◆ Слова́рь

тури́ст 관광객
европе́йский 유럽의
стра́на 나라
пло́щадь[여] 광장
{ сади́ться (II)[불완] (сажу́сь, сади́шься; -я́тся)
сесть (I)[완] (ся́ду, -ешь; -ут:과거 сел, се́ла, -о; -и;명령 сядь, ся́дьте) 앉다, (차에) 타다
сесть в по́езд 기차에 타다
чи́стый 깨끗한, 청결한
ваго́н (기차의) 차량
гости́ница 호텔, 여관
тру́дно 어렵게; 어렵다, 곤란하다.
{ реша́ть (I)[불완] 결정하다, 해결하다
реши́ть (II)[완] (решу́, -и́шь; -а́т)
останови́ться в гости́нице 호텔에 투숙하다.
{ снима́ть (I) 벗기다, 세를 내고 빌리다
снять (I)[완] (сниму́, сни́мешь; -ут: 명령 сними́, -те)
но́мер; (복·주; номера́) 번호; (호텔이나 사무소의) 방
снять но́мер (кварти́ру) 방(아파트)을 얻다.
девя́тый 제 9의
эта́ж (집의) 층, 계층
высо́кий 높은
зда́ние 건물
здоро́вый 건강한, 건전한
весёлый 명랑한, 유쾌한, 즐거운
ми́мо[전](+생격) 옆을(지나다)
пионе́р 공산소년단원

у́лица Го́рького 고오리끼 거리(街)
гла́вный 주요한, 으뜸가는
пра́вый 오른 편의, 좌측의: 옳은
сторона́ 측, 쪽, 방향, 방면
лю́ди (челове́к의 복수주격; 생격은 люде́й) 사람들
витри́на 진열장, 쇼윈도우
огро́мный 거대한, 광대한
Центра́льный Телегра́ф 중앙전신국
умы́ться (I)[완](умо́юсь, -ешься; -ятся) 세수하다
авто́бус 버스
тротуа́р 보도, 인도
гра́ждане (граждани́н의 복·주) 시민들, 공민들
каза́лись ~처럼 보였다
Кра́сная пло́щадь 붉은 광장
мавзоле́й 묘(廟), 능(陵)
Мавзоле́й Ле́нина 레에닌 묘
Кремль[남] 크레믈린 궁전
Политехни́ческий музе́й 공학·기술 박물관
отту́да[부] 거기서(부터), 그곳으로부터
Толсто́й 똘스또오이
Литерату́рный музе́й 문학 박물관
ру́копись[여] 원고, 초고
Турге́нев 뚜르게네에프
Достое́вский 도스또예에프스키
Го́рький 고오리끼
Че́хов 체에호프
Большо́й теа́тр 발쇼오이 (대)극장

◈ Грамма́тика

§ 103. 형용사의 복수 변화

1. 경변화

어미 / 격	-ый, -ая, -ое	-ой, -ая, -ое
주	но́вые	молоды́е
생	но́вых	молоды́х
여	но́вым	молоды́м
대	주 또는 생	주 또는 생
조	но́выми	молоды́ми
전	но́вых	молоды́х

2. 연변화

격 \ 어미	-ий, -яя, -ее
주	си́**ние**
생	си́**них**
여	си́**ним**
대	주 또는 생
조	си́**ними**
전	си́**них**

3. 혼합변화

격 \ 어미	-ий, -ая, -ое	-ий, -ая, -ее
주	ру́сск**ие**	хоро́ш**ие**
생	ру́сск**их**	хоро́ш**их**
여	ру́сск**им**	хоро́ш**им**
대	주 또는 생	주 또는 생
조	ру́сск**ими**	хоро́ш**ими**
전	ру́сск**их**	хоро́ш**их**

※ г, к, х, ж, ш, ч, щ + -о́й, -а́я, -о́е의 경우(большо́й, дорого́й)도 위의 변화방식에 따라 변화한다. 이때 역점은 항상 어미에 있다.

§ 104. 물주대명사의 복수변화

격 \ 물주대	мой, моя́, моё	наш, на́ша, на́ше
주	мо**и́**	на́ш**и**
생	мо**и́х**	на́ш**их**
여	мо**и́м**	на́ш**им**
대	주 또는 생	주 또는 생
조	мо**и́ми**	на́ш**ими**
전	мо**и́х**	на́ш**их**

※ твой, твоя́, твоё 그리고 свой, своя́, своё 의 복수는 мои́와 동일하게 변화하고 ваш, ва́ша, ва́ше 의 복수는 на́ши와 동일하게 변화한다.

§ 105. 주어가 수량생격일 경우의 동사: 주어가 수량생격(уро́к 9, §40; уро́к16, §76)이 되었을 경우, 술어인 동사는 3인칭 단수(과거는 중성)가 되거나 혹은 복수 3인칭(과거는 복수)이 된다.

По у́лице **шло (шли)** пять студе́нтов.

다섯 명의 대학생이 거리를 걸어가고 있었다.

Мно́го люде́й **рабо́тает (рабо́тают)** в о́фисе.

많은 사람들이 사무실에서 일하고 있다.

На столе́ **стоя́ли (стоя́ло)** не́сколько буты́лок вина́.

식탁 위에 몇 개의 술병이 놓여 있었다.

§ 106. 러시아인의 이름, 부칭, 성: 러시아인의 성명은 이름, 부칭, 성으로 구성된다.

성	이 름	부 칭	성
남 성	Ива́**н**	Петро́**вич**	Па́вло**в**
여 성	А́н**на**	Петро́в**на**	Па́влов**а**

1) 부칭(о́тчество)이라는 것은 아버지의 이름 뒤에 남자라면–**ович(-евич)**, 여자라면 **-овна (-евна)**를 덧붙여서 누구의 아들, 딸임을 나타내는 말이다. 따라서 Ива́н Петро́вич Па́влов는 "Пётр의 아들 Ива́н Па́влов"라는 뜻이고, А́нна Петро́вна Па́влова의 경우는 " Пётр의 딸 А́нна Па́влова"를 뜻한다.

2) 이름과 부칭은 명사처럼 변화한다.

격 \ 성	남 성		여 성	
주	Ива́н	Петро́вич	А́нна	Петро́вна
생	Ива́н**а**	Петро́вич**а**	А́нн**ы**	Петро́вн**ы**
여	Ива́н**у**	Петро́вич**у**	А́нн**е**	Петро́вн**е**
대	Ива́н**а**	Петро́вич**а**	А́нн**у**	Петро́вн**у**
조	Ива́н**ом**	Петро́вич**ем**	А́нн**ой**	Петро́вн**ой**
전	Ива́н**е**	Петро́вич**е**	А́нн**е**	Петро́вн**е**

※ 이름과 부칭은 상대방에 대한 존칭으로도 사용된다.

3) Че́хов, Турге́нев, Пу́шкин등에서 보는 바와 같이 러시아인의 성에는 -ов, -ев, -ин (여자라면 -ова, -ева, -ина)로 끝나는 것이 많다. 다음에 그 변화를 예거한다.

성 / 격	남 성	여 성	복 수
주	Ивано́в	Ивано́ва	Ивано́в**ы**
생	Ивано́в**а**	Ивано́в**ой**	Ивано́в**ых**
여	Ивано́в**у**	Ивано́в**ой**	Ивано́в**ым**
대	Ивано́в**а**	Ивано́в**у**	Ивано́в**ых**
조	Ивано́в**ым**	Ивано́в**ой**	Ивано́в**ыми**
전	Ивано́в**е**	Ивано́в**ой**	Ивано́в**ых**

а) 남자의 성은 주로 명사처럼 변하고, 여자의 성과 복수는 형용사(경변화)처럼 변화한다.

복수는 "XXX 집안" 혹은 "XXX 家"라는 뜻으로 사용된다.

Сёстры Ивано́вы 이바노오프가의 자매들

Бра́тья Карама́зовы 까라마아조프가의 형제들

б) 그 밖의 러시아인의 성에는 Толсто́й, Го́рький, Чайко́вский처럼 형용사의 어미를 취하는 것이 있다. 이와 같은 성은 모두 형용사 변화를 따른다.

{ Толсто́й: -о́го, -о́му, -о́го, -ы́м, -о́м
{ Толста́я: -о́й, -о́й, -у́ю, -о́й, -о́й

{ Го́рький: -ого, -ому, -ого, -им, -ом
{ Го́рькая: -ой, -ой, -ую, -ой, -ой

◆ Упражне́ния

1. Переведи́те по-ру́сски:

1) 많은 러시아 처녀들이 러시아의 대학(들)에서 공부하고(배우고)있다.
2) 몇몇의 젊은 병사들이 모스크바의 넓은 보도를 (따라) 걸어가고 있다.

3) 미국의 관광객들은 아직 러시아의 마을들을 보지 못했다.
4) 깨끗하고 편안한 (기차의) 차량 안에는 많은 사람들이 있었다.
5) 우리들은 호텔의 9층에 조그만 방들을 얻었다.
6) 젊은 집단 농장원들은 그들이 좋아하는 남녀 배우들에게 긴 편지를 썼다.
7) 뻬쩨르부르그의 훌륭한 레스토랑들과 호텔들에서는 언제나 미국 관광객들을 볼 수 있다.
8) 미국 병사들은 젊고 건강하고 명랑하게 보였다.
9) 양친은 그들의 어린 사내아이들과 계집 아이들에게 썩 좋은 선물들을 사주었다(샀다).
10) 건강한 집단 농장원들이 우리들 옆을 지나갔다.

2. Переведи́те по-ру́сски:

1) 모스크바는 러시아의 수도이다.
2) 모스크바에는 아름답고 넓은 가로(거리)들, 높은 건물들, 썩 좋은 극장들과 박물관들 그리고 훌륭한 학교들이 있다.
3) 러시아의 시민(공민)들은 그들의 수도를 사랑한다. 그리고 자주 이곳으로 다니러 온다(오곤 한다).
4) 유럽의 모든 나라들로부터 그리고 미국으로부터의 관광객들도 역시 모스크바를 보러 (타고)오곤 한다.
5) 지하철에 영국의 젊은 관광객들의 그룹이 탔다.
6) 그들은 영국 신문들과 잡지들에서 그 처럼 많이 읽는 바 있는, 레에닌 묘를 구경하러(보러) 가는 길이다. (кото́рый를 써서)
7) 관광객들 중의 한 사람인, 음악을 매우 좋아하는(кото́рый를 써서) Smith씨는, 러시아의 노래들이 퍽 명랑하다고 말한다.
8) 그들은 "모스크바"호텔에 들었다(투숙했다). 그들은 세수를 하고 저녁밥을 먹었다. 그 다음 "발쇼오이" 극장으로 갔다.

3. 다음 형용사의 명사를 단수·복수형 모든 격으로 변화시켜라:

1) весёлая пе́сня
2) молода́я же́нщина
3) си́няя бума́га
4) хоро́шая ло́шадь
5) англи́йский арти́ст
6) широ́кая пло́щадь
7) после́дний ваго́н
8) пе́рвый эта́ж
9) ма́ленький трамва́й
10) после́днее письмо́
11) высо́кое зда́ние
12) тру́дное упражне́ние

4. Отве́тьте по-ру́сски:

1) Когда́ америка́нские тури́сты прие́хали в Москву́?
2) Куда́ они́ сейча́с же вы́шли?
3) Тури́сты пое́хали на такси́?
4) Почему́ им тру́дно бы́ло реши́ть где останови́ться?
5) Где они́ наконе́ц реши́ли останови́ться?
6) Ско́лько номеро́в они́ сня́ли?
7) Каки́е у них бы́ли номера́ и на како́м этаже́?
8) Что они́ ви́дели из о́кон свои́х номеро́в?
9) Что они́ сде́лали, когда́ умы́лись и пое́ли ?
10) Каки́ми им каза́лись русские лю́ди?
11) Кто прошёл ми́мо них на у́лице?
12) Каки́е пе́сни пе́ли шко́льники?
13) Что америка́нцы ви́дели на Кра́сной пло́щади?
14) Куда́ они́ пошли́ отту́да?
15) Что они́ ви́дели в Литерату́рном музе́е?
16) Куда́ америка́нские тури́сты пойду́т сего́дня ве́чером?
17) Кто ча́сто приезжа́ет в Москву́?
18) В каки́х города́х Росси́и есть метро́?

24

Два́дцать четвёртый уро́к

Разбо́рчивые де́ти

Пришла́ о́сень. Мы верну́лись из колхо́за в го́род. В институ́те опя́ть начали́сь заня́тия. В э́том году́ у меня́ о́чень мно́го ку́рсов, но они́ все так интере́сны, что рабо́та ка́жется лёгкой. Наде́юсь, что учителя́ бу́дут мно́ю дово́льны.

Все мои́ бра́тья и сёстры живу́т в го́роде, и я сча́стлива, что могу́ часто ви́деться с ни́ми. За ле́то ма́ленькие де́ти мои́х бра́тьев и сестёр так вы́росли, что я их не узна́ла. Все их ве́щи тепе́рь так коротки́ и у́зки, что на́до покупа́ть но́вые. Моя́ сестра́ Та́ня уже́ не́сколько дней нездоро́ва, и проси́ла меня́ пойти́ с детьми́ в магази́н. Вчера́ у́тром я была́ свобо́дна и пошла́ с ни́ми.

Ве́рочке шесть лет, а Воло́де четы́ре с полови́ной го́да, но они́ уже́ о́чень разбо́рчивы. Племя́ннице нужны́ бы́ли ю́бка, блу́зка, пальто́ и ту́фли. Но ей ничего́ не нра́вилось: одна́ ю́бка была́ сли́шком коротка́, друга́я сли́шком длинна́; одна́ блу́зка мала́, а друга́я велика́; одни́ ту́фли широки́, други́е у́зки. Племя́ннику нужны́ бы́ли костю́м, фура́жка, дождеви́к, а та́кже носки́, руба́шки и гало́ши. Мы вы́брали краси́вый си́ний костю́м, но он был сли́шком до́рог и я его́ не купи́ла. Дождеви́к был мал, а друго́го не́ было в магази́не. Гало́ши бы́ли сли́шком велики́, а носки́ и руба́шки пло́хи и некраси́вы. Так мы ничего́ и не купи́ли, кро́ме носовы́х платко́в. Когда́ де́ти верну́лись домо́й они́ бы́ли го́лодны, печа́льны и о́чень недово́льны свое́й тётей.

Ду́маю, что бо́льше никогда́ не пойду́ покупа́ть де́тям оде́жду.

◈ Слова́рь

разбо́рчивый (단어미형 разбо́рчив, -а, -о; -ы) 성미가 까다로운, (선택에) 눈이 높은

де́ти (дитя́의 복·주) 아이들

{ возвраща́ться (I)[불완] (возвраща́юсь, -ешься; -ются)
  верну́ться (I)[완] (верну́сь, -нёшься, -ну́тся) 돌아오다

заня́тия (заня́тие의 복·주) 학업, 업무, 일

начали́сь заня́тия 학업이 시작되었다

курс 과정, 코스

интере́сный (단어미형 интере́сен, -сна, -о; -ы) 재미있는, 흥미있는

дово́льный (단어미형 дово́лен, -льна, -о;-ы)(+조) 만족한, 흡족한

счастли́вый (단어미형 сча́стлив, -а, -о; -ы) 행복한, 행운의

ви́деться (II) 서로 만나다, 보이다

за ле́то (대격) 여름 동안

{ вырраста́ть (I)[불완]
  вырасти́ (I)[완] (вы́расту, -ешь; -ут: 과거 вы́рос, вы́росла, -о; -и) 자라다, 성장하다

коро́ткий (단어미형 ко́ро́ток, коротка́, -о́; -и́) 짧은

у́зкий (단어미형 у́зок, узка́, у́зко, у́зки) 좁은

на́до ~할 필요가 있다, ~해야 한다

Та́ня (Татья́на의 애칭) 따아냐

нездоро́вый (단어미형 нездоро́в, -а -о; -ы) 몸이 불편한, 건강하지 못한

свобо́дный (단어미형 свобо́ден, -а, -о; -ы) 자유로운, 한가한

Ве́рочка (Ве́ра의 애칭) 베에로치까

Воло́дя (Влади́мир의 애칭)발로오쟈

четы́ре с полови́ной 4개 반($4\frac{1}{2}$)

племя́нница 조카딸

ну́жный (단어미형 ну́жен, нужна́, -о; - ы́) 필요한

ю́бка 치마, 스커트(skirt)

блу́зка 블라우스(blouse)

ту́фли 단화, 슬리퍼(slipper)
ей ничего́ не нра́вилось 아무것도 그녀의 마음에 들지 않았다.
дли́нный (단어미형 дли́ннен, длинна́,-о;-ы) 긴, 기다란
ма́лый (단어미형 мал, -á, -ó; -ы́) 작은, 적은
вели́кий (단어미형 вели́к, -á, -ó; -и́) 큰, 커다란, 위대한
племя́нник 조카
широ́кий (단어미형 широ́к, -á, -о; -и́) 넓은
костю́м 양복
фура́жка (차양이 달린) 모자
дождеви́к 우비, 레인 코우트(raincoat)
носо́к (복·주 носки́) (짧은) 양말
руба́шка 샤쓰
гало́ши 덧신(galosh)
выбира́ть (I)[불완]
выбрать (I)[완] (вы́беру, -ешь; -ут) 선택하다, 선거하다, 선출하다
дорого́й (단어미형 до́рог, -á, -о; -и́) 값비싼, 귀중한, 친애하는
плохо́й (단어미형 плох, -á, -о; -и́) 나쁜, 좋지 않은
некраси́вый (단어미형 некраси́в, -а, -о; -ы) 아름답지 못한, 보기 싫은
кро́ме(+생격) 이외에, 밖에도
носово́й плато́к 손수건
голо́дный (단어미형 го́лоден, голодна́, -о; -ы́) 굶주린, 시장한, 배고픈
печа́льный (단어미형 печа́лен, печа́льна, -о; -ы) 슬픈, 서글픈
недово́льный (단어미형 недово́лен, недово́льна, -о; -ы) 불만스러운, 불만족한
бо́льше 더욱 크게, 더욱 많이, 더 이상
никогда́ бо́льше 앞으로는 절대로, 앞으로는 더 이상
оде́жда 의복, 의류

◈ Грамма́тика

§ 107. 형용사의 단어미형

1) 형용사에는 장어미형과 단어미형의 두 가지가 있다. 지금까지 배운 형용사는 거의 모두가 장어미형이었다.

장어미형은 정어와 술어 두 가지로 사용되지만, 단어미형은 술어로서만 사용된다.

장어미형 { **Краси́вый** го́род. 아름다운 도시(정어)
Го́род **краси́вый**. 도시는 아름답다(술어)

단어미형 { **Краси́в** го́род. 도시는 아름답다(술어)
Го́род **краси́в**. 도시는 아름답다(술어)

형용사의 단어미형은 격변화를 하지 않는다. 따라서 남성, 여성, 중성의 단수주격과 복수주격이 있을 뿐이다.

2) 형용사의 단어미는 남성에서 어미 -ый, -ой(또는 -ий), 여성에서 -я, 중성과 복수에서 -е를 떼어냄으로써 이루어진다.

성 / 어미	남 성	여 성	중 성	복 수
장어미	здоро́вый	здоро́вая	здоро́вое	здоро́вые
단어미	здоро́в	здоро́ва	здоро́во	здоро́вы

장어미	си́ний	си́няя	си́нее	си́ние
단어미	синь	синя́	си́не	си́ни

※ 형용사 연변화에서 형성되는 남성 단어미는 어간에 -ь를 첨가한다.

장어미	хоро́ший	хоро́шая	хоро́шее	хоро́шие
단어미	хоро́ш	хороша́	хорошо́※	хороши́

※ 혼합변화에서 파생하는 중성 단어미는 -e대신에 -ó를 택할 때가 많다.

어간 끝에 자음이 겹쳐 있을 때는 남성에서 그 자음 사이에 -e-(-ë-) 또는 -o-를 삽입한다.

장 어 미	단어미남성	단어미여성	단어미중성	단어미복수
холóдный ýмный корóткий	хóлоден умëн корóток ※	холоднá умнá короткá	хóлодно ýмно короткó	хóлодны умны́ коротки́

※ 어간 끝에 자음이 겹칠 때 마지막 자음이 -к로 끝나면 반드시 -o를 삽입한다.
лёгкий → лёгк → лёгок

3) 장어미 형용사가 술어로 사용되었을 때는 명사를 한정하는 성질이 항구성을 띄게 되고, 단어미는 일시적인 현상을 띄게 된다.

Он больнóй. 그는 병자다(오랫동안 앓고 있는 상태).
Он бóлен. 그는 앓고 있다(일시적인 상태).

Он весёлый. 그는 명랑한 사람이다(명랑한 기질의 소유자).
Он вéсел. 그는 명랑하다(지금 현재 명랑하다).

4) 어떤 형용사는 장어미만을 가진다.

а) 재료를 나타내는 형용사:

золотóй 황금(빛)의
желéзный 쇠(鐵)의

б) -ский 어미를 가진 국적을 나타내는 형용사:

рýсский
францýзский

в) большóй와 мáленький는 단어미를 가지지 않는다. 그러나 그대신 вели́кий와 мáлый의 단어미형을 사용한다.

장 어 미	남 성	여 성	중 성	복 수
большóй мáленький	вели́к мал	великá малá	великó малó	велики́ малы́

5) 형용사 중에는 단어미만 갖는 것도 있다.

рад	ра́да	ра́до	ра́ды	(기쁘다)
гора́зд	гора́зда	гора́здо	гора́зды	(능숙하다)

Я о́чень рад вас ви́деть. 나는 당신을 보는 것이 매우 기쁘다.

Она́ гора́зда в дела́х. 그녀는 사무에 능숙하다.

6) 단어미중성은 부사로서도 사용된다.

Зда́ние **высоко́**. (형용사) 건물은 높다.

Пти́ца лети́т **высоко́**. (부사) 새가 높이 날고 있다.

§ 108. 단어미의 역점

장어미 형용사는 변화할 때 역점의 이동이 없었지만, 단어미에서는 역점의 이동이 많다. 이에 관한 규칙은 대략 다음과 같다.

1) 4음절 이상의 형용사는 단어미에서도 대체로 역점을 이동하지 않는다.

интере́сный: интере́сен, - сна, -сно; -сны

2) 3음절 형용사도 대부분은 어간의 역점을 보존한다. 예를 들면 **краси́вый: краси́в, -ва, -во; -вы** 그러나 이런 종류의 형용사 중에도 다음과 같이 역점을 이동하는 것이 있다.

а) 여성, 중성, 복수 전부가 어미에 역점을 가지는 것:

хоро́ший; хоро́ш, -ша́, -шо́; -ши́

коро́ткий: коро́ток, -тка́, -тко́; -тки́,

б) 여성만이 어미에, 그 밖에는 모두 어간의 두 음절에 역점이 떨어지는 것

весёлый: ве́сел, весела́, ве́село; ве́селы

холо́дный: хо́лоден, холодна́, хо́лодно; хо́лодны

3) 2음절 형용사의 단어미 역점은 다양해서 사전의 도움을 필요로 하지만 이를 구별하면 다음과 같다.

а) 역점이 어간에 머무는 것:

ве́чный: ве́чен, -чна, -чно, -чны

б) 여성, 중성, 복수가 모두 어미에 역점을 가지는 것:

ма́лый: мал, мала́, мало́: малы́

в) 여성만이 어미에 역점을 가지는 것:

у́зкий: у́зок, узка́, у́зко; у́зки

4) –**ой**를 어미로 하 형용사는 여성만이 역점을 어미에 가지고, 그 밖의 것은 어간에 역점이 떨어지는 것이 보통이다.

молодо́й: мо́лод, молода́, мо́лодо; мо́лоды

плохо́й: плох, плоха́, пло́хо; пло́хи

§ 109. 복수주격이 -ья인 명사의 변화

약간의 남성명사와 중성명사는 복수 주격에서 –**ья**를 어미로 취한다. 이런 명사의 변화방식은 다음과 같다.

격 \ 남성	брат	друг
주	бра́**тья**	друз**ья́**
생	бра́**тьев**	друз**е́й**
여	бра́**тьям**	друз**ья́м**
대	бра́**тьев**	друз**е́й**
조	бра́**тьями**	друз**ья́ми**
전	бра́**тьях**	друз**ья́х**

※ 어미에 역점이 떨어지면 복수 생격에서 -ей(-ев대신에)가 된다.

복수 주격이 -ья가 되는 명사 중 중요한 것을 예거하면 다음과 같다.

단수주격	복수주격	복수생격
перо́	пе́р**ья**	пе́р**ьев**
стул	сту́л**ья**	сту́л**ьев**
лист	ли́ст**ья**	ли́ст**ьев**
де́рево	дере́в**ья**	дере́в**ьев**
сын	сынов**ья́**	сынов**е́й**
муж	муж**ья́**	муж**е́й**

§ 110. лю́ди, де́ти의 변화

челове́к(사람)의 복수인 лю́ди, дитя́(아이)의 복수 де́ти는 다음과 같이 변화한다.

명사 / 격	челове́к	дитя́
주	лю́**ди**	де́**ти**
생	люд**е́й**	дет**е́й**
여	лю́**дям**	де́**тям**
대	люд**е́й**	дет**е́й**
조	люд**ьми́**	дет**ьми́**
전	лю́**дях**	де́**тях**

1. 수사와 더불어 "몇 명"이라고 할 때에는 челове́к(복·생), челове́кам(복·여)~을 쓴다.

   Ше́сть челове́к бы́ло в кла́ссе. 여섯 명의 사람이 교실에 있었다.

   Мно́го люде́й обе́дают в рестора́не. 많은 사람들이 식당에서 식사를 한다.

2. дитя́는 중성명사지만 단수는 주격과 대격만을 사용하고 주로 복수로서 사용된다.

◆ Упражне́ния

1. Переведи́те по-ру́сски:

1) 나의 조카는 건강한 소년이다.
2) 우리 조카딸은 어제 몹시 불만스러웠으나, 오늘은 만족하고 있다.
3) 발로오쟈는 행복한 인간이다.
4) 당신의 양친은 행복하다. 왜냐하면 그들에겐 그(이)처럼 (이와 같은) 훌륭한 아이들이 있으니까.
5) (나는) 나의 누이들이 오늘 저녁 나한테 오리라고 기대하고 있다.
6) 금년에 내게는 (할)일이 많다(많은 일이 있다).

7) 그들은 도서관으로부터 집으로 돌아왔다.
8) 봄이 왔다. 집단 농장에서는 또 다시 일이 시작되었다.
9) 어제 저녁에 나는 한가로운 시간(자유시간)이 있었다. 그래서 형제들과 함께 공원으로 산책하러 갔다.
10) 당신은 누구와 함께 상점으로 가렵니까?
11) 나는 나의 아이들과 함께 가렵니다.
12) 상점에서 당신은 무엇을 사시렵니까?
13) 상점에서 나는 레인코트와 양말과 샤쓰를 사렵니다.
14) 나는 어제 단화와 양말을 사러 상점에 갔었습니다.
15) 나는 붉은 양말과 검은 단화를 골라잡았습니다.
16) 그런데 양말은 (질이)나빴고 단화는 너무 비쌌습니다.
17) 나는 아무 것도 사지 않고 집으로 돌아와 버렸지요.
18) 당신의 조카는 몇 살이지요? 그는 12살입니다.
19) 그러면 딩신의 조카딸은 몇 살입니까? 그녀는 9살입니다.

2. Переведи́те по-ру́сски:

1) 나의 조카딸은 밉다. 그러나 당신의 조카딸은 예쁘다.
2) 나는 어제 나의 형제들에게 선물(들)을 주었다.
3) 여름 동안 당신의 작은 딸은 (내가) 몰라보았으리 만큼 자랐더군요.
4) 나의 어머니는 건강하지 못하다. 그래서 나는 매일 그릇을 닦는다.
5) 나에게는 러시아어 교과서 이외에는(밖에는) 아무것도(가진 것이) 없었다.
6) 나는 다시는 아이들을 데리고(아이들과 함께) 시골에 가지 않겠다고 생각했다.
7) 아내는 남편에게 손수건을 사주었다(샀다).
8) 그곳에서는 많은 처녀들이 그와 함께 일하고 있었다.
9) 그러나 한 사람도(아무도) 그의 마음에 들지 않았다.
10) 어떤 처녀는 너무 키가 컸고(높았고), 어떤 처녀는 (얼굴이)미웠다.

3. 형용사의 장어미 또는 단어미를 써넣고 역점을 찍어라:

1) Кто э́та краси́в______ же́нщина?
2) Она́ та́кже краси́в_______ как её сестра́.
3) Я купи́ла дорог_____ краси́в_____ ю́бку.
4) Они́ для меня́ сли́шком дорог_______, но я люблю́ хоро́шие ту́фли.
5) Вы счастли́в_______ лю́ди.
6) Она́ счастли́в________, что ча́сто мо́жет ви́деться со свои́ми друзья́ми.
7) Э́то о́чень интере́сн________ карти́на и я пойду́ смотре́ть её ещё раз.
8) Э́та кни́га не интере́сн_______ и мне не нра́вится.
9) Я получи́л интере́с______ письмо́.
10) Э́ти пи́сьма интере́сн________?
11) Носки́ бы́ли сли́шком узк________.
12) Мы бы́ли город________ и печа́льны.
13) Гало́ши бы́ли краси́в_________, но широ́к________.
14) Вы свобо́дн__________ и мо́жете идти́.

4. Отве́тьте по-ру́сски:

1) Когда́ студе́нты верну́лись в го́род?
2) Где начали́сь заня́тия?
3) Ско́лько ку́рсов у студе́нтки?
4) Почему́ рабо́та ей ка́жется лёгкой?
5) Где живут её бра́тья и сёстры́?
6) Она́ их ча́сто ви́дит?
7) Почему́ она́ не узна́ла дете́й свои́х бра́тьев и сестёр.
8) Ско́лько лет племя́ннику и племя́ннице?

9) Почему́ на́до покупа́ть но́вую оде́жду ма́льчику и де́вочке?
10) Почему́ она́ ничего́ не могла́ купи́ть де́тям?
11) Что ну́жно бы́ло купи́ть для племя́нника?
12) Что ну́жно бы́ло купи́ть племя́ннице?
13) Како́й она́ вы́брала костю́м племя́ннику?
14) Почему́ она́ не купи́ла костю́ма?
15) Почему́ они́ не купи́ли дождевика́?
16) Де́ти бы́ли сча́стливы когда́ они́ верну́лись домо́й?
17) Почему́ де́ти бы́ли печа́льны?
18) Кем они́ бы́ли недово́льны?
19) Когда́ студе́нтка опя́ть пойдёт с детьми́ в магази́н?
20) Почему́ её сестра́ Та́ня не пошла́ со свои́ми детьми́ в магази́н?

25

Два́дцать пя́тый уро́к

Если бы...

Инжене́р Ива́н Петро́в зашёл к своему́ дру́гу Ми́ше Ники́тину. Они́ ста́рые друзья́ и о́чень ча́сто встреча́ются. Вот их разгово́р:

1. **Ива́н Петро́в**: Здра́вствуйте Ми́ша. Как вы пожива́ете, и что у вас но́вого? Я вас вчера́ ждал весь ве́чер. Почему́-то ду́мал, что вы придёте.
2. **Ми́ша Ники́тин**: Вы зна́ете, Ва́ня, у меня́ за после́днее вре́мя о́чень мно́го рабо́ты, вот почему́ я у вас так давно́ не́ был.
3. **И.П.:** Если бы вы пришли́ вче́ра́, я бы дал вам два биле́та на нову́ю пье́су, кото́рую даю́т за́втра.
4. **М.Н.**: Если бы я об э́том знал, то обяза́тельно бы пришёл. Говоря́т, что у́же нет биле́тов, а я о́чень хоте́л бы посмотре́ть э́ту пье́су.
5. **И.П**.: Пра́вда, что уже́ нет дешёвых биле́тов, но нам на заво́д присла́ли не́сколько дороги́х. Мы с жено́й получи́ли два биле́та.
6. **М.Н**: Почему́ же вы не идёте?
7. **И.П**.: Я бы о́чень хоте́л пойти́, но жена́ больна́. У неё жар и я не хочу́ оста́вить её одну́.
8. **М.Н**.: Понима́ю. Я то́же не оста́вил бы жену́. А как она́ себя́ чу́вствует тепе́рь?
9. **И.П**.: Спаси́бо, ей сего́дня немно́го лу́чше, но биле́ты мы уже́ о́тдали на́шим друзья́м.
10. **М.Н**.: Очень жаль. Я с удово́льствием пошёл бы. Вы должны́ бы́ли бы позвони́ть мне по телефо́ну. У нас тепе́рь есть телефо́н.
11. **И.П**.: Если бы я знал ваш но́мер, то позвони́л бы, но к сожале́нию у меня́ его́ не́ было.
12. **М.Н**.: Ну ничего́. Переда́йте приве́т жене́. Наде́юсь, что она́ ско́ро бу́дет здоро́ва.
13. **И.П.:** Спаси́бо. Заходи́те сего́дня ве́чером к нам; бу́дем игра́ть в

карты.

14. **М.Н.**: Охо́тно пришёл бы, но я до́лжен быть до́ма сего́дня ве́чером. Я не зна́ю, когда́ моя́ жена́ вернётся, сего́дня и́ли за́втра, но я хочу́ быть до́ма, когда́ она́ прие́дет.
15. **И.П.**: А где ва́ша жена́? Ра́зве у неё о́тпуск?
16. **М.Н.**: Нет, она́ уе́хала на коро́ткое вре́мя и е́сли она́ вернётся сего́дня, то я бу́ду у вас за́втра в де́вять часо́в. Хорошо́?
17. **И.П.**: Прекра́сно. Наде́юсь, что ва́ша жена́ вернётся сего́дня, и что за́втра моя́ жена́ бу́дет чу́вствовать себя́ хорошо́. До ско́рого свида́ния.

◆ Слова́рь

инжене́р 기사(技師)
Ива́н (Ва́ня) Петро́вич 이바안 뻬뜨로오비치(이름과 성)
Ми́ша Ники́тин 미이샤 니끼이찐(이름과 성)
встреча́ться (I)[불완]
встре́титься (II)[완] (встре́чусь, -е́тишься; -ятся:명령 встре́ться, -тьтесь) 만나다(서로), 상봉하다
разгово́р 회화, 대화
пожива́ть (I) 지내다, 살다
как вы пожива́ете? 당신은 어떻게 지내시오?
что но́вого? 뭐 새로운 것은 없소?
за после́днее вре́мя 요새, 최근에
давно́ [부] 오랫 동안, 오래 전에, 오래 전부터
биле́т 입장권, 표
пье́са 희곡, 각본
дава́ть пье́су 희곡을 상연하다
обяза́тельно [부] 꼭, 반드시
пра́вда 진리, 진실; 옳은 말이오

присыла́ть (I)[불완]
прислáть (I)[완] (пришлю́, -ёшь; -ю́т) 보내오다, 송부하다
дешёвый (단어미형 дёшев, дешева́, дёшево; дешевы́) 값이 싼
жар 열, 신열, 더위
у неё жар 그 여자는 열이 있다.
оставля́ть (I)[불완]
оста́вить (II)[완] (оста́влю, оста́вишь; -ят: 명령 оста́вь, -те) 남겨두다, 두고 떠나다
себя́ 자기·자신을
чу́вствовать (I)[불완] (чу́вствую, -ешь; -ют)
почу́вствовать (I)[완] 느끼다, 감각하다
как она́ себя́ чу́вствует? 그 여자는 기분이 어떠합니까?
лу́чше 더 좋게; 더 좋다
ей немно́го лу́чше 그 여자는 좀더 좋아졌다.
отдава́ть(I)[불완] (отдаю, -ёшь; -ют)
отда́ть(불)[완] (отда́м, отда́шь, отда́ст; отдади́м, отдади́те, отдаду́т: 과거 о́тдал, -á,-о; -и) 내주다, 양도하다
удово́льствие 만족, 쾌락
звони́ть (II)[불완] (звоню́, и́шь; -я́т)
позвони́ть (II)[완] 종·벨을 울리다
телефо́н 전화
звони́ть (позвони́ть) по телефо́ну 전화를 걸다
вы должны́ бы́ли позвони́ть мне по телефо́ну. 당신은 나한테 전화를 걸었어야 했는데
сожале́ние 유감, 애석함
к сожале́нию 유감스럽게도
ничего́ 괜찮다; 아무것도

передава́ть (I)[불완] (дава́ть의 변화와 같음)
переда́ть (I)[완] (дать의 변화와 같음) 전하다, 전달하다

передáйте привéт женé 아내에게 인사를 전해 주시오
охóтно[부] 기꺼이, 기쁘게
рáзве[부] 과연, 정말
свидáние 상봉, 면회
до скóрого свидáния 곧 다시 만날 때까지

◈ Граммáтика

§ 111. 접속법(가정법)

접속법은 현실적으로는 행하여지지 않지만, 어떤 조건(현실적으로 가능한 조건이건 또는 불가능한 조건이건) 밑에서는 행하여질 수 있는 가정적인 동작, 바람직한 동작, 현실에 배치되는 동작을 나타내는데 사용된다. 때문에 가정법 또는 조건법 이라고도 한다.

다음 두 개의 문장을 비교하라.

Он дал вам билéт. 그는 당신에게 표를 주었다.
Он дал **бы** вам билéт. 그는 당신에게 표를 주었을텐데.

1) 접속법은 "**동사 과거형+бы**"로 이루어진다. 이 때 동사는 과거로서의 의미를 상실한다. 따라서 접속법에서는 시제의 구별이 없이 과거·현재·미래를 동일한 형으로 표현한다.

   Он пошёл бы в теáтр сегóдня. 그는 오늘 극장 갈 텐데. [현재]
   Он пошёл бы в теáтр вчерá. 그는 어제 극장에 갔을 텐데. [과거]
   Он пошёл бы в теáтр зáвтра. 그는 내일 극장에 갈 텐데. [미래]

2) бы는 동사 앞에 올 수도 있고, 뒤에 올 수도 있으며, 그 사이에 다른 말이 삽입되어도 무방하다. бы의 위치가 어디건 접속법으로서의 기능에는 변함이 없다.

Он хоте́л **бы** посмотре́ть кино́.
Он **бы** хоте́л посмотре́ть кино́. } 그는 영화를 보고 싶은데.

бы앞에 오는 말이 모음으로 끝났을 때, бы는 б로 되기도 한다.

Всё бы́ло **бы** хорошо́.
Всё бы́ло **б** хорошо́ } 모든 것이 잘 될(되었을) 텐데

3) 실현될 가망성이 있는 조건은 **е́сли**(만일에, 만약)로 나타내지만, 실현될 가망성이 없는 비현실적인 조건은 **е́сли бы**로 나타낸다. 이 때 **е́сли**와 **е́сли бы**는 주문에 접속사 **то**를 수반할 때가 많다.

е́сли만을 사용할 때에는 접속법이 아니므로 뒤에 오는 동사는 실제의 시제에 따라 어느 것으로도 될 수 있다. 그러나 **е́сли бы**를 쓸 경우에는 접속법이므로 주문과 부문에도 접속법을 써야 한다.

а) Если он за́втра **бу́дет** до́ма, то он **бу́дет** рабо́тать. 만약 그가 내일 집에 있다면, 그는 일을 할 것이다.

б) **Если бы** у меня́ бы́ли кры́лья, то я **лета́л бы** как пти́ца. 만약 내게 날개가 있다면, 나도 새처럼 날 수 있었으련만.

а)의 문장은 그가 내일이라도 돌아올 가망성이 있는 경우이고, б)의 문장은 전혀 가망성이 없는 비현실적인 경우이다.

4) 접속법은 조건의 부문이 없이 주문만 독자적으로 사용될 때도 있다.

а) Я бы не пла́кал. 나는 울지 않았을 것이다.

б) Вы бы нам всё рассказа́ли. 당신은 우리에게 모든 것을 이야기해 줘야 했었을 텐데.

а)의 문장은 "만약 내가 너라면"하는 부문의 조건이 알려져 있을 때이고, б)는 화자의 희망 내지는 가벼운 충고를 나타내는 경우이다.

§ 112. 재귀대명사 себя́

재귀대명사 себя́(자신)는 단수, 복수의 구별 없이 모든 인칭에 공통적으로 사용된다. себя́는 어떤 동작이 그 동작주 자신에게 미치는 경우에

사용되므로 주격을 가지지 않는다.

주	생	여	대	조	전
—	себя́	себе́	себя́	собо́й (о́ю)	себе́

Я чу́вствую **себя́** хорошо́.	나는 기분이 좋다(나는 자기 자신을 좋게 느낀다).
Она́ купи́ла **себе́** пальто́.	그 여자는 자기가 입을 외투를 샀다. (자기 자신에게 외투를 사주었다.)
Мы дово́льны **собо́й**	우리는 자기 자신에게 만족하고 있다.
Что они́ пи́шут **о себе́**?	그들은 자기 자신에 대하여 무엇을 쓰고 있습니까?

§ 113. 지시대명사 э́тот와 тот의 변화

시시대명사 э́тот(이~)와 тот(그~, 저~)는 형용사와 마찬가지로, 그가 관계하는 명사의 성·수·격에 있어 일치한다.

1) э́тот

성 / 격	남 성	여 성	중 성	복 수
주	**э́тот**	**э́та**	**э́то**	**э́ти**
생	**э́того**	**э́той**	**э́того**	**э́тих**
여	**э́тому**	**э́той**	**э́тому**	**э́тим**
대	주 또는 생	**э́ту**	**э́то**	주 또는 생
조	**э́тим**	**э́той (-ою)**	**э́тим**	**э́тими**
전	**э́том**	**э́той**	**э́том**	**э́тих**

2) тот

성 / 격	남 성	여 성	중 성	복 수
주	**тот**	**та**	**то**	**те**
생	**того́**	**той**	**того́**	**тех**

여	**тому́**	**той**	**тому́**	**тем**
대	주 또는 생	**ту**	**то**	주 또는 생
조	**тем**	**той (-о́ю)**	**тем**	**те́ми**
전	**том**	**той**	**том**	**тех**

§ 114. оди́н의 변화

оди́н도 э́тот와 마찬가지로 형용사처럼 변화한다.

성 / 격	남 성	여 성	중 성	복 수
주	од**и́н**	одн**а́**	одн**о́**	одн**и́**
생	одн**ого́**	одн**о́й**	одн**ого́**	одн**и́х**
여	одн**ому́**	одн**о́й**	одн**ому́**	одн**и́м**
대	주 또는 생	одн**у́**	одн**о́**	주 또는 생
조	одн**и́м**	одн**о́й**	одн**и́м**	одн**и́ми**
전	одн**о́м**	одн**о́й**	одн**о́м**	одн**и́х**

※ оди́н은 다음과 같이 여러 가지 뜻으로 사용된다.

1) “1”(하나)라는 개수사로
   В саду́ то́лько **одно́** де́рево. 정원엔 나무가 한 그루 밖엔 없다.

2) “뿐, 만”, “혼자”의 뜻으로:
   Мы бы́ли в ко́мнате **одни́**. 방안에 우리는 단둘이 있었다.
   Я не хочу́ оста́вить её **одну́**. 나는 그녀를 혼자 두고(떠나고) 싶지 않다.

3) “어느, 어떤”의 뜻으로:
   Э́ту пе́сню я слы́шал на **одно́м** конце́рте. 이 노래를 나는 어느 음악회에서 들었다(들은 일이 있다).

4) “같은”의 뜻으로:
   Мы рабо́тали тогда́ в **одно́м** о́фисе. 우리는 그 때 같은 사무실에서 일하고 있었다.
   Они́ говори́ли то́лько об **одно́м**. 그들은 똑 같은 말만 하고 있었다.

§ 115. до́лжен의 용법

до́лжен, должна́, должно́, должны́의 과거·미래·접속법은 다음과 같이 형성된다.

Он **до́лжен** сказа́ть　　그는 말하지 않으면 안된다.
Он **до́лжен был** сказа́ть.　　그는 말하지 않으면 안 되었다.
Он **до́лжен бу́дет** сказа́ть.　　그는 말하지 않으면 안 될 것이다.
Он **до́лжен был бы** сказа́ть.　　그는 말하지 않으면 안 될 텐데.

◆ Упражне́ния

1. Переведи́те по-ру́сски:

1) 만일 나에게 아내가 있다면, (나는) 그녀에게 훌륭한 선물을 주었을 텐데.
2) 만일 오늘 우리에게 러시아어 시간(수업)이 없다면, 우리는 테니스를 할 것이다.
3) 당신은 당신의 누이에게 입장권을 주었으면 좋았을 것인데.
4) 만일 그녀가 당신의 주소를 알고 있었다면, 틀림없이 당신한테 편지를썼을 것이다.
5) 오늘 저녁에 우리 집에 들르십시오. 나는 기꺼이 당신한테 들르겠습니다.
6) 당신의 아내는 기분이 (건강상태가) 어떠십니까?
7) 그녀는 오늘 기분이 좋습니다.
8) 당신의 형제들과 자매들에게 인사를 전해 주십시오.
9) 어제 나는 그녀를 온종일 기다렸습니다.
10) 어쩐지 그녀가 올 것 같이 (올 것이라) 생각 되었지요(생각했지요).

2. Переведи́те по-ру́сски:

1) 나는 (경험 있는) 노련한 기사(技師)이다.
2) 나는 새로 세운(새) 거대한 공장에서 일하고 있다.
3) 나는 매일 일을 한다. 그러나 저녁에는 언제나 한가하다(자유롭다).
4) 만일 우리가 공장 근처에 살고 있었던들, 더 많이 자유시간을 가질 (수 있을) 것이다.
5) 그러나 나와 나의 아내는 시내에서 사는 것을 좋아한다.
6) 우리들의 도시에는 훌륭한 극장이 많이 있다. 그래서 우리들은 모든 새로운 희곡(연극)을 구경할 수 있다.
7) 만일(우리들이) 한 달에 두 세 개의 희곡(연극)을 구경하지 못한다면 우리는 퍽 불만스러울 것이다.
8) 나의 아내, 마아샤는 그녀의 모든 친구들에 앞서 새로운 희곡을 구경해야만 한다.
9) 최근에(요새) 우리 도시의 극장들 중의 하나에서는 " 해플리트(Га́млет)"가 상연되고 있다.
10) 모든 사람이 이 희곡(극)을 구경하고 싶어한다. 그러나 이미 입장권은 (다 팔리고) 없다고들 한다.
11) 마아샤의 조카딸은 여배우이다. 그래서 그녀는 우리들에게 입장권 두장을 보내왔다.
12) 우리는 토요일 저녁에 극장에 가게끔 되어 있었다(가야 했었다). 그러나 금요일에 마아샤는 몹시 몸(기분)이 좋지 않았었다.
13) 그녀는 열이 있었다. 그래서 온종일 자리에 누워 있었다.
14) 나는 그녀를 혼자 남겨두고 가기 원치 않았다. 그래서 입장권을 양도하기로 결심했다.
15) 나는 마아샤의 친구에게 전화를 걸었다. 그랬더니 그녀의 남편이 즉시 달려와서 만족스럽게(기꺼이) 입장권을 받아 가지고 가 버렸다.
16) 토요일 아침에 마아샤는 기분이 좋아졌다. 그녀는 일어나서 옷을 입고 아침을 먹었다.
17) 오후(낮) 두 시에 의사가 왔다. 그는 마아샤가 이제는 극장에 가도 좋다고 말했다. 그러나 유감스럽게도 우리에게는 이미 입장권이 없다.

18) 아내는 이제는 열이 없다. 그런데도 그녀는 몹시 풀이 죽어 있다(슬퍼하고 있다).

3. 공란에 себя́ 의 정당한 형을 써넣어라:

1) Я смотрю́ на _______ в зе́ркало.(거울)
2) Они́ купи́ли________ пальто́.
3) Вы бу́дете за́втра у______ до́ма?
4) Что вы берёте с______ ?
5) Друг приглаша́ет меня́ к ______.
6) Она́ всегда́ говори́т о_______.

4. 공란에 э́тот와 тот의 적당한 격을 기입하라:

1) Кто прочита́л______ кни́гу?
2) Я не зна́ю_____ муже́й, кото́рые не лю́бят свою́ жену́.
3) Я не понима́ю, что зна́чит______ сло́во.
4) Е́сли бы я знал об_____, то обяза́тельно бы пришёл.
5) Вчера́ я был в теа́тре с________ де́вушкой.
6) Да́йте хлеб________ ма́льчику.
7) Мы не мо́жем писа́ть_________ пе́рьями.
8) Из__________ исто́рии я узна́л мно́го интере́сного.
9) Мы рабо́тали на_________ заво́де.
10) От______ го́рода до________ дере́вни о́чень далеко́.

5. Отве́тьте по-ру́сски:

1) К кому́ зашёл Ива́н Петро́в?
2) Почему́ Ми́ша Ники́тин давно́ не был у Петро́ва?

3) Что бы дал Ива́н Петро́в своему́ дру́гу, е́сли бы он пришёл к нему́ вчера́ ве́чером?
4) Каки́х биле́тов бо́льше нет?
5) Куда́ присла́ли не́сколько дороги́х биле́тов?
6) Почему́ Ива́н Петро́в не мо́жет пойти́ в теа́тр?
7) Как его́ жена́ чу́вствует себя́ тепе́рь?
8) Кому́ Ива́н о́тдал биле́ты?
9) Есть ли телефо́н у Ми́ши Ники́тина?
10) Почему́ Ива́н не позвони́л Ми́ше по телефо́ну?
11) Как вам нра́вится отве́т Ива́на?
12) Что бы сде́лал Ми́ша, е́сли бы знал, когда́ вернётся его́ жена́?
13) Когда́ она́ должна́ верну́ться?
14) Когда́ друзья́ опя́ть встре́тятся?
15) Что муж до́лжен сде́лать с биле́тами в теа́тр, е́сли его́ жена́ больна́?

26

Два́дцать шесто́й уро́к

Времена́ го́да

Наконе́ц прошёл февра́ль ме́сяц с его́ ветра́ми и наступи́л март. Дни ста́ли длинне́е, чем в феврале́. Со́лнце на́чало греть сильне́е, и пого́да ста́ла тепле́е. В конце́ ма́рта стал та́ять снег.

Вот уже́ прошёл апре́ль и наступи́л ме́сяц май. Дни стано́вятся всё длинне́е и прия́тнее, а но́чи всё коро́че и коро́че. На поля́х и в лесу́ появи́лась пе́рвая зелёная трава́. Сильне́е све́тит со́лнце. Гро́мче и веселе́е пою́т пти́цы.

Весно́й в деревня бо́льше рабо́ты, чем зимо́й. Весь день жители деревни рабо́тают на поля́х и в огоро́дах. В э́то вре́мя го́да в города́х та́кже бо́льше рабо́ты у всех. В конце́ апре́ля и в нача́ле ма́я ученики́ гото́вятся к экза́менам, же́нщины чи́стят кварти́ры, а в выходны́е дни мужчи́ны мо́ют свои́ автомоби́ли и́ли рабо́тают в сада́х. Везде́ весёлые пе́сни и смех. Все сча́стливы.

Всегда́ ка́жется, что весна́ прихо́дит быстре́е, чем други́е времена́ го́да и ско́ро наступа́ет ле́то. Уже́ в ию́не стано́вится жа́рко, и ещё жа́рче в ию́ле и в а́вгусте. В конце́ а́вгуста и в сентябре́ приро́да ме́нее краси́ва, чем весно́й. Ча́сто идёт дождь. Но в октябре́ и в ноябре́, когда́ ли́стья меня́ют свой цвет, вся приро́да стано́вится бо́лее краси́вой.

К сожале́нию и э́то прекра́сное вре́мя го́да прохо́дит о́чень бы́стро и наступа́ет зима́. Со́лнце све́тит всё ре́же и ре́же и гре́ет ме́ньше. Ча́ще идёт снег. В декабре́, январе́ и феврале́ о́чень хо́лодно. Но́чи длинне́е, а дни коро́че. Зима́ прохо́дит ме́дленнее всех други́х времён го́да, но и зимо́й мо́жно интере́сно проводи́ть вре́мя.

◈ Слова́рь

янва́рь	1월	в январе́	1월에
февра́ль	2월	в феврале́	2월에
март	3월	в ма́рте	3월에
апре́ль	4월	в апре́ле	4월에
май	5월	в ма́е	5월에
ию́нь	6월	в ию́не	6월에
ию́ль	7월	в ию́ле	7월에
а́вгуст	8월	в а́вгусте	8월에
сентя́брь	9월	в сентябре́	9월에
октя́брь	10월	в октябре́	10월에
ноя́брь	11월	в ноябре́	11월에
дека́брь	12월	в декабре́	12월에

вре́мя го́да 계절, 철

февра́ль ме́сяц 2월

ве́тер 바람

{ наступа́ть (I)[불완]
  наступи́ть (II)[완] (наступлю́, насту́пишь; -ят) 다가오다(계절)

{ станови́ться (II)[불완] (становлю́сь, стано́вишься; -ятся)
  стать (I)[완] (ста́ну, -ешь; -ут:명령 стань, -те) 되다, ~시작하다

чем[접] ~보다

греть(I) 따스하게 하다, 열을 가하다

си́льный (단어미형 си́лен, сильна́, -о; -ы́) 힘센, 강한, 세찬

тёплый (단어미형 тёпел, тепла́, -о́; -ы́) 따뜻한, 따사로운

коне́ц 끝, 종말

в конце́ ма́рта 3월 말에

{ та́ять (I)[불완] (та́ю, -ешь; -ют)
  раста́ять (I)[완] (раста́ю, -ешь; -ют) 녹다, 용해하다

снег 눈(雪)

всё длиннée 더욱 더 길게
прия́тный (단어미형 прия́тен, -я́тна, -о; -ы) 유쾌한, 즐거운
появля́ться (I)[불완] 나타나다, 출현하다
  появи́ться (II)[완] (появлю́сь, поя́вишься; -я́тся)
ве́село 명랑하게, 즐겁게
нача́ло[중] 시작
колхо́зница 여자 꼴호오즈원
гото́виться (II)[불완] (гото́влюсь, -о́вишься; -о́вятся)
  пригото́виться (II)[완] 준비하다, 예습하다
же́нщина 여자, 여성
чи́стить (II)[불완] (чи́щу, чи́стишь; -ят)
  почи́стить (II)[완] 소제하다, 깨끗하게 하다, 닦다
мужчи́на[남] 남자, 남성
везде́[부] 여기서기에, 도처에
смех 웃음
приро́да 자연
лист(복·주; ли́стья) 나뭇잎, 장(枚)
меня́ть (I)[불완] 바꾸다, 교환하다, 교체하다
  перемени́ть (II)[완] (переменю́, переме́нишь; -ят)
цвет (복·주 цвета́, 복·생 цвето́в) 색, 빛깔

◈ Грамма́тика

§ 116. 형용사와 부사의 비교급

형용사 및 형용사에서 파생한 부사(-о 또는 -е로 끝나는 것)의 비교급은 다음과 같은 방법으로 이루어진다.

ㅁ

1) 합성식 비교급

형용사나 부사 앞에 бо́лее(보다 더, 보다 많이) 또는 ме́нее(보다 덜, 보

다 적게)를 붙인다. 이때 뒤에 오는 형용사는 관계하는 명사의 성·수·격에 따라 변화하지만, бо́лее나 ме́нее는 변화하지 않는다.

бо́лее (ме́нее) краси́вый го́род	보다 더(덜) 아름다운 도시
бо́лее (ме́нее) краси́вая река́	보다 더(덜) 아름다운 강
бо́лее (ме́нее) краси́вое зда́ние	보다 더(덜) 아름다운 건물
бо́лее (ме́нее) краси́вые го́ры	보다 더(덜) 아름다운 산
бо́лее (ме́нее) краси́во	보다 더(덜) 아름답게

2) 단일식 비교급

합성식 비교급(형용사)은 변화하지만, 단일식 비교급은 변화하지 않는다. 단일식 비교급의 역점의 위치는 단어미형 여성과 동일하다.

단일식 비교급은 다음과 같은 방법으로 이루어진다.

а) 어간에 접미사 **–ее(-ей)**를 붙이는 것.

краси́вый	아름다운	краси́**вее** (краси́**вей**)	보다 아름답게
краси́во	아름답게		보다 아름답다
но́вый	새로운	нов**е́е** (нов**е́й**)	보다 새롭다
но́во	새롭게		보다 새롭게
све́тлый	밝은	светл**е́е**(светл**е́й**)	보다 밝다
све́тло	밝게		보다 밝게

※ –ей는 구어체나 시(詩) 같은데서 사용한다.

б) 어간에 접미사 -е를 붙이는 것.

어간이 -г, -к, -х 또는 –д, -т, -ст로 끝나면 -е를 붙인다. 그러나 이 때 어간 끝의 자음은 대응하는 상악음(ж, ч, ш, щ)으로 교체된다.

доро́**г**ой	г → ж	доро́**же** 보다 비싸다
молодо́й	д → ж	моло́**же** 보다 젊다
гро́м**к**ий	к → ч	гро́м**че** 보다 크다
бога́**т**ый	т → ч	бога́**че** 보다 부유하다
ти́**х**ий	х → ш	ти́**ше** 보다 조용하다

пло́ский	ск → щ	пло́ще	보다 평탄하다
чи́стый	ст → щ	чи́ще	보다 깨끗하다

в) 어간이 -к또는 -ок로 끝나는 어떤 형용사는 단일식 비교급을 형성할 때 이들 어미를 상실한다.

бли́зкий	бли́же	보다 가깝다
ни́зкий	ни́же	보다 낮다
у́зкий	у́же	보다 좁다
высо́кий	вы́ше	보다 높다
широ́кий	ши́ре	보다 넓다
коро́ткий	коро́че	보다 짧다
лёгкий	ле́гче	보다 가볍다
ре́дкий	ре́же	보다 드물다

г) 약간의 형용사(또는 부사)는 특수한 형식으로 단일비교급을 이룬다.

далёкий	да́льше	보다 멀다
то́нкий	то́ньше	보다 가늘다
ста́рый	ста́рше	보다 늙다
по́здний	по́зже	보다 늦다
хоро́ший	лу́чше	보다 좋다
плохо́й	ху́же	보다 나쁘다
большо́й мно́го	бо́льше	보다 크다 보다 많다
ма́ленький ма́лый ма́ло	ме́ньше	보다 작다 보다 적다 보다 적게

д) 몇몇 형용사(또는 부사)는 두 개의 단일식 비교급을 갖는 것이 있다.

большо́й	бо́льше	또는	бо́лее	보다 크다
ма́ленький	ме́ньше	또는	ме́нее	보다 적다

далёкий   да́льше 또는 да́лее   보다 멀다
по́здний   по́зже 또는 поздне́е   보다 늦다
до́лгий   до́льше 또는 до́лее   보다 길다(기간)

e) 어떤 형용사는 –ший로 끝나는 단일식 장어미형 비교급을 가지고 있다. 그러나 이러한 비교급은 불과 몇 개 밖엔 없다.

хоро́ший → лу́чший 더 좋은
плохо́й → ху́дший 더 나쁜
большо́й → бо́льший 더 많은(큰)
ма́ленький → ме́ньший 더 작은(적은)
ста́рый → ста́рший 더 늙은
молодо́й → мла́дший 더 젊은
высо́кий → вы́сший 더 높은
ни́зкий → ни́зший 더 낮은

[주] -ший형 비교급은 정어적 비교급이므로 관계하는 명사의 성·수·격에 따라 변화한다.

§ 117. 비교급의 용법

1) 형용사에서 파생한 단일식 비교급은 술어적으로 사용되고, 부사에서 파생한 비교급은 역시 부사적으로 사용된다.

다음을 비교하라.

Его́ расска́з **интере́снее**. 그의 이야기는 더 재미있다.
Он **интере́снее** расска́зывал. 그는 더 재미있게 얘기했다.

Её го́лос **гро́мче**. 그녀의 목소리는 더 크다.
Она́ **гро́мче** говори́ла. 그녀는 더 큰 목소리로 말했다.

2) 비교급이 가지는 뜻을 좀 더 부드럽게 표현하기 위해서는 단일식 비교급 앞에 접두사 по-를 붙인다. 이 때의 по-는 "약간, 좀더"라는 뜻을 부가한다.

Говори́те **по**гро́мче. 좀 더 크게 말하십시오.

Мне ну́жно пальто́ подлинне́е. 내게는 약간 더 긴 외투가 필요하다.

3) 비교의 표현에는 다음의 두 가지가 있다.

а) 형용사 및 부사의 비교급에 의해 비교되는 대상은 접속사 чем을 쓴다. 이 때 서로 비교되는 두 개의 명사·대명사·형용사는 동일한 격이 된다.

Май тепле́е, **чем** апре́ль 5월은 4월보다 더 따뜻하다. (주격)

Он интересу́ется му́зыкой бо́льше, **чем** спо́ртом.

그는 스포오츠보다 음악에 더 흥미를 가지고 있다.(조격)

У вас бо́лее краси́вое пальто́, **чем** у меня́.

당신은 나보다 더 아름다운 외투를 가지고 있다.(생격)

б) 비교의 대상이 되는 명사·대명사·형용사를 생격으로 한다. 이 경우는 чем 뒤에 주격이 올 때와 같이 된다.

Май тепле́е **апре́ля** (=чем апре́ль).

Вы идёте быстре́е **меня́** (=чем я) 당신은 나보다 더 빨리 걷는다.

Ле́тний день длинне́е **зи́мнего дня** (= чем зи́мний день).

여름날은 겨울날보다 더 길다.

§ 118. вре́мя와 мать의 복수변화

격 \ 명사	вре́мя	мать
주	времена́	ма́тери
생	времён	матере́й
여	времена́м	матеря́м
대	времена́	матере́й
조	времена́ми	матеря́ми
전	времена́х	матеря́х

※ и́мя는 вре́мя처럼, дочь는 мать처럼 변화한다.

◈ Упражне́ния

1. 본문중에서 비교급을 뽑아내어, 그것이 형용사의 비교급인가 또는 부사의 비교급인가를 지적하라:

2. Переведи́те по-ру́сски:

1) 3월 말에는 2월(에) 보다 더 따뜻하다.
2) 4월 초에는 3월(에) 보다 눈이 더 빨리 녹는다.
3) 금년에는 첫 풀이 작년보다 더욱 일찍이 나타났다.
4) 6월과 7월(에)는 다른 모든 달(에) 보다 덥다.
5) 나뭇잎들이 (자기의) 빛깔을 바꾸기 시작할 때는, 자연 전부가 더욱 아름다워 진다.
6) 1월에는 2월(에) 보다 바람이 더 세다.
7) 11월은 12월(에) 보다 따뜻하다. 그러나 10월(에) 보다는 더 춥다.
8) 어느 계절이 다른 모든 계절(들) 보다 더욱 늦게 지나가느냐?
9) 나는 모든 계절을 (다) 좋아한다. 그러나 여름보다는 봄을 더 좋아한다.
10) 여름(에) 보다 봄에 나는 더 건강하고 명랑하다.

3. Переведи́те по-ру́сски:

1) 7월과 8월에 나는 휴가(방학)을 가질 것이다. 그러나 9월에는 시험 칠 준비를 하지 않으면 안될 것이다.
2) 3월달이 왔다. 태양은 더욱 강하게 열을 내기 시작하고, 더욱 따뜻해 진다.
3) 나는, 그가 그의 형제들보다 덜 부유하지만, 그래도 더욱 행복하다고 생각한다.
4) 좀 더 빨리 노래하십시오.
5) 김씨는 나보다 더 느리게 걷습니다(걸어다닙니다).

6) 당신의 방은 그의 방보다 더욱 깨끗합니다.
7) 그의 발음은 우리들의 발음보다 더욱 나쁩니다.
8) 그는 나보다 나이가 많습니다(더 늙었습니다).
9) 여학생들은 언제나 남학생들보다 (더) 늦게 오곤합니다.
10) 뉴요크의(에 있는) 건물들은 모스크바의(에 있는) 건물들보다 더 높습니다.

4. Переведи́те:

Ма́ленький экза́мен – Учи́тель спра́шивает ученика́.

Ско́лько дней в неде́ле? – Семь дней.

Каки́е? – Поне́дельник, вто́рник, среда́, четве́рг, пя́тница, суббо́та и воскресе́нье.

Како́й пе́рвый день неде́ли, и како́й после́дний? – Понеде́льник-пе́рвый день, а воскресе́нье после́дний.

Ско́лько дней в неде́лю вы хо́дите в шко́лу? – Мы хо́дим в шко́лу шесть дней в неде́лю, а в воскресе́нье отдыха́ем.

Ско́лько неде́ль в ме́сяце? – Четы́ре неде́ли и два и́ли три дня.

Пра́вильно. Ско́лько ме́сяцев в году́? – В году́ двена́дцать ме́сяцев: янва́рь, февра́ль, март, апре́ль, май, ию́нь, ию́ль, а́вгуст, сентя́брь, октя́брь, ноя́брь, и дека́брь.

Ско́лько у нас времён го́да? – У нас четы́ре вре́мени го́да : весна́, ле́то, о́сень, зима́.

Како́е вре́мя го́да вам бо́льше всего́ нра́вится? – Я люблю́ все времена́ го́да.

Каки́е у нас весе́нние ме́сяцы? – Март, апре́ль и май – весе́нние ме́сяцы; ию́нь, ию́ль и а́вгуст – ле́тние; сентя́брь, октя́брь, и ноя́брь – осе́нние; и дека́брь, янва́рь и февра́ль – зи́мние.

Очень хорошо́. Тепе́рь скажи́те, где холодне́е зимо́й, в Москве́ и́ли Нью-Йо́рке? – В Нью-Йорке не так хо́лодно зимо́й, как в Москве́.

Прекра́сно. Где (есть) бо́лее высо́кие зда́ния, в США и́ли в Росси́и?- Бо́лее высо́кие зда́ния в США.

Хорошо́. Сади́тесь. Вы прекра́сно отве́тили на все вопро́сы. Никто́ бы не мог отве́тить лучше.-Спаси́бо, но все ваши вопро́сы о́чень лёгкие. Да́йте нам экза́мен потрудне́е, пожа́луйста.

Како́й вы стра́нный учени́к!

5. Отве́тьте по-ру́сски:

1) В како́м ме́сяце ве́тры сильне́е, в ма́рте и́ли в апре́ле?
2) Когда́ дни длинне́е, в феврале́ и́ли в ма́рте?
3) Когда́ пого́да тепле́е, в апре́ле и́ли ма́е?
4) Когда́ со́лнце грее́т сильне́е, в январе́ и́ли декабре́?
5) Когда́ начина́ет та́ять снег в Москве́?
6) Когда́ появля́ется пе́рвая трава́ в на́шем го́роде?
7) Появля́ются зимо́й на дере́вьях зелёные ли́стья?
8) Но́чи ле́том коро́че, чем зимо́й?
9) Когда́ пти́цы пою́т гро́мче, весно́й и́ли о́сенью?
10) Когда́ у всех бо́льше рабо́ты, весно́й и́ли ле́том?
11) Где рабо́тают колхо́зницы и колхо́зники?
12) К чему́ ученики́ гото́вятся весно́й?
13) Что де́лают же́нщины весно́й?
14) Что де́лают мужчи́ны?
15) Кто бо́льше рабо́тает, мужчи́ны и́ли же́нщины?
16) Когда́ ли́стья начина́ют меня́ть свои́ цвета́?
17) Когда́ приро́да прекра́снее, весно́й и́ли в нача́ле о́сени?
18) Когда́ иду́т дожди́?
19) Когда́ холодне́е, в январе́ и́ли феврале́?
20) Како́е вре́мя го́да вам нра́вится бо́льше други́х? Почему́?

27

Два́дцать седьмо́й уро́к

Де́тство Пу́шкина

Велича́йший ру́сский поэ́т, Алекса́ндр Сергее́вич Пу́шкин, до семи́ лет почти́ не уме́л говори́ть по-ру́сски. Его́ мать и оте́ц говори́ли с ним то́лько по-францу́зски. Лу́чшими учителя́ми ру́сского языка́ в его́ де́тстве бы́ли его́ ба́бушка и ня́ня. Когда́ бы он к ним ни приходи́л, они́ ему́ расска́зывали ру́сские ска́зки на прекра́снейшем ру́сском язы́ке. Прибежи́т иногда́ ма́ленький Пу́шкин к ба́бушке и попро́сит её рассказа́ть ру́сскую ска́зку. А ба́бушка ска́жет: "Про́сишь ру́сскую ска́зку , а говори́шь по-францу́зски. Хочу́, что́бы со мно́й ты всегда́ говори́л то́лько по-ру́сски". И ба́бушка начнёт учи́ть вну́ка ру́сскому языку́, а пото́м расска́жет ему́ интере́снейшую ска́зку. В бу́дущем Пу́шкин, где бы он ни был, что бы он ни де́лал, всегда́ вспомина́л свои́х ба́бушку и ня́ню. Обе бы́ли са́мыми люби́мыми друзья́ми ма́ленького Алекса́ндра.

Ле́том роди́тели Пу́шкина со всей семьёй переезжа́ли на да́чу. Там Пу́шкин встреча́лся с дереве́нскими ма́льчиками и де́вочками и ча́сто пел и танцева́л вме́сте с ни́ми. Он о́чень люби́л э́ти наро́дные та́нцы, пе́сни и и́гры, но бо́льше всего́ он люби́л гуля́ть оди́н. Он гуля́л и воображáл себя́ одни́м из тех геро́ев, о кото́рых ня́ня так ча́сто ему́ расска́зывала.

Осенью он о́чень неохо́тно возвраща́лся в Москву́. У его́ отца́ была́ больша́я библиоте́ка и Пу́шкин с де́тства чита́л о́чень мно́го. Не раз сиде́л он в э́той библиоте́ке о́чень по́здно и засыпа́л над кни́гой. Там его́ ча́сто находи́ла ня́ня, и уноси́ла его́ в посте́ль.

Пу́шкин написа́л, мно́го замеча́тельных ру́сских ска́зок, кото́рые и тепе́рь наилюби́мейшие ска́зки ру́сских дете́й. На э́ти ска́зки мно́гие ру́сские компози́торы написа́ли краси́вейшие о́перы, как наприме́р: “Русла́н и Людми́ла”, “Золото́й Петушо́к”, “Руса́лка”, и мно́гие дру́гие.

◈ Слова́рь

де́тство 유년시대
Пу́шкин 뿌우쉬낀(인명)
поэ́т 시인
до се́ми лет 일곱 살까지
уме́ть (I)[불완] (уме́ю, -ешь; -ют)
суме́ть (I)[완] 할 줄 안다, 할 능력이 있다
лу́чший, -ая, -ее 보다 훌륭한, 최고·최량의
ба́бушка 할머니, 조모
ня́ня 유모
когда́ бы...ни... 언제 ~하더라도
ска́зка 옛날 얘기
расска́зывать на ру́сском языке́ 러시아어로 얘기하다
бежа́ть (II)[불완] (бегу́, бежи́шь; бегу́т) 달리다
прибежа́ть (II)[완] 달려오다
проси́ть (II)[불완] (прошу́, про́сишь; -ят)
попроси́ть (II)[완] 간청하다, 부탁하다
что́бы [접]~하기 위하여, ~하도록
внук 손자
бу́дущее[중] 미래, 장래
в бу́дущем 미래에, 장래에
где бы ...ни... 어디서 ~하더라도
что бы...ни... 무엇을 ~하더라도
о́ба[남·중] о́бе[여] 양쪽의, 쌍방의
семья́ 가정, 가족
дереве́нский 시골의
наро́дный 민중의, 민족의, 인민의
та́нец (단·생 та́нца) 춤·무용
игра́ 놀음, 유희, 연기
бо́льше всего 무엇보다도 더, 제일

вообража́ть (I)[불완]
 вообрази́ть (II)[완] (воображу́, вообрази́шь; -я́т) 상상하다, 공상하다
геро́й 주인공, 영웅
неохо́тно[부] 마지못해, 내키지 않는 마음으로
с[전](+생격) ~부터
не раз 한두 번이 아니다, 여러 번
уноси́ть (II)[불완] (уношу́, -о́сишь; -ят)
 унести́ (I)[완] (унесу́, -ёшь; -у́т; 과거 -унёс, -сла́, -о́; -и́) 가지고 가다, 데려가다
мно́гие 수많은, 수많은 사람들
компози́тор 작곡가
о́пера 오페라, 가극
как наприме́р 예를 들면
“Русла́н и Людми́ла” “루슬라인과 류드미일리”(뿌쉬낀의 작품)
“Золото́й Петушо́к” “황금의 닭”(뿌쉬낀의 작품)
“Руса́лка” “요정”(뿌쉬낀의 작품)

◈ Грамма́тика

§ 119. 형용사와 부사의 최상급

비교급과 마찬가지로 최상급에도 합성식과 단일식의 두 가지가 있다.

1) 합성식 최상급

a) 형용사의 원급 앞에 **са́мый**(가장)를 붙인다. 이 때 **са́мый**는 성·수·격에 있어서는 뒤의 형용사와 일치한다.

Ми́ша **са́мый приле́жный** учени́к в кла́ссе.
 미이샤는 클라스에서 가장 부지런한 학생이다.

Ка́тя **са́мая приле́жная** учени́ца в кла́ссе.
 까아쨔는 클라스에서 가장 부지런한 여학생이다.

Они́ **са́мые приле́жные** ученики́ в кла́ссе.

그들은 클라스에서 가장 부지런한 학생들이다.

Учи́тель дал **са́мой приле́жной** учени́це в кла́ссе краси́вый пода́рок.

선생은 클라스에서 가장 부지런한 여학생에게 아름다운 선물을 주었다.

б) **–ший**형 비교급 앞에 **са́мый**를 붙인다.

са́мый большо́й	가장 큰
са́мый ма́ленький	가장 작은
са́мый лу́чший	가장 좋은
са́мый ху́дший	가장 나쁜
са́мый ста́рший	가장 늙은(오랜)
са́мый мла́дший	가장 젊은(어린)

그러나 –ший형 비교급은 са́мый가 없이도 가끔 최상급으로 사용되기도 한다.

Он ста́рший студе́нт в кла́ссе 그는 학급에서 가장 나이가 많은 학생이다.

2) 단일식 최상급

a) 형용사 어간에 –ейший를 붙인다. 어간 끝의 자음이 교체되어 상악음(ж, ч, ш, щ)이 될 때에는 –айший를 붙인다. 역점의 위치는 단일식 비교급과 같다.

-ейший :

интере́сный	интере́сн**ейший**	가장 재미있는
краси́вый	краси́в**ейший**	가장 아름다운
но́вый	нов**е́йший**	가장 새로운
си́льный	сильн**е́йший**	가장 힘센

-айший :

вели́кий	велич**а́йший**	가장 위대한
высо́кий	высоч**а́йший**	가장 높은
ти́хий	тиш**а́йший**	가장 조용한

дорого́й	дража́**йший**	가장 비싼(고귀한)
коро́ткий	кротча́**йший**	가장 짧은

б) 단일식 장어미형 비교급 또는 최상급 앞에 접두사 наи-를 붙여서 더욱 강한 최상급의 뜻을 나타낸다. 이것은 문어적으로 사용된다.

наибо́льший	가장 큰
наиме́ньший	가장 작은
наилу́чший	가장 좋은
наиху́дший	가장 나쁜
наикраси́вейший	가장 아름다운

3) 단일식 비교급 뒤에 всё, все의 생격인 всего́, всех를 붙여서 최상급을 만들 수도 있다.

Я **бо́льше всего́** люблю́ чте́ние. (бо́льше, чем всё)
나는 무엇보다도 (더) 독서를 좋아한다.

Он игра́ет **лу́чше всех**. (лу́чше, чем все)
그는 누구보다도 잘 연기(演技)를 한다.

4) 합성식 최상급은 언제나 확고부동한 "최고, 제일"의 뜻을 지니지만, 단일식 최상급은 매우 높은 정도를 나타내긴 해도 반드시 "최고, 제일"이라는 뜻은 아니다. 다음을 비교해 보라:

Ива́н са́мый **си́льный** челове́к в ми́ре. 이바안은 세계에서 가장 힘센 사람이다.(그 보다 힘센 사람은 없다.)

Ива́н **сильне́йший** челове́к. 이바안은 가장 힘센 사람이다.(이바안은 여기서 다른 사람들과 비교되지 않고 있다. 그가 매우 강하다는 사실만을 지적하고 있을 뿐이다.)

Ива́н оди́н из **сильне́йших** люде́й в ми́ре. 이바안은 이 세상에서 가장 힘센 사람 중의 하나이다.(이바안은 여기서 가장 힘센 사람으로는 표현되지 않고 있다. 가장 힘센 사람 가운데 한 사람일 뿐이다.)

§ 120. 접속사 что́бы의 용법

접속사 что́бы (чтоб)는 동사 과거형과 함께 접속법을 이룬다.

1) 희망, 요구, 명령을 나타내는 동사 뒤에서:

Я хочу́, **что́бы** со мно́й ты **говори́л** то́лько по-ру́сски. 나는 네가 나하고 러시아어로만 말해주기를 바란다.(희망)

Пу́шкин проси́л ня́ню, **чтобы́** она́ **рассказа́ла** ему́ ска́зку. 뿌쉬낀은 유모에게 옛날 얘기를 해달라고 간청했다.(요구)

Генера́л прика́жет, **что́бы а́рмия атакова́ла**. 장군은 육군이 공격을 하라고 명령할 것이다.(명령)

2) 두려움, 근심을 나타내는 동사 뒤에서:

Он бои́тся, **что́бы** вас не узна́ли. 그들이 당신을 알아볼까봐 그는 두려워하고 있다.(당신을 못 알아봤으면 좋을텐데)

Я бою́сь, **что́бы** он не прие́хал. 나는 그가 올까봐 두렵다.(그가 오지 않았으면 좋을텐데)

위의 문장에서 종속문의 동사는 모두 부정적(否定的)으로 사용되었지만(не узна́ли, не прие́хал), 여기서는 긍정적인 뜻으로 해석되어야 한다.

3) 목적을 나타낼 때에는 что́бы앞에 для то́го를 첨가하기도 한다.

Я опя́ть вам пи́шу́, (**для того́**) **что́бы** вы **не забы́ли**. 당신이 잊지 않도록(하기 위해) 나는 또 다시 당신에게 써보냅니다.

Учи́тель объясня́ет,(**для того́**) **что́бы** мы **по́няли**. 선생님은 우리가 알아듣도록(하기 위해) 설명한다.

4) 주문과 종속문의 주어가 동일할 경우에는 동사 과거형을 쓰지 않고 미정형(부정법)을 쓴다.

Я подошёл к окну́, **что́бы посмотре́ть** на у́лицу. 나는 거리를 바라보려고 창문으로 다가갔다. (= Я подошёл к окну́ посмотре́ть на у́лицу).

§ 121. 완료체의 특수 용법

보통 상습적으로 행해졌던 사실은 불완료체에 의해서 나타내는 것이 원칙이지만, 과거에 반복된 일련의 사실을 강조하기 위해서 완료체를 쓸 때도 있다.

Прибежи́т иногда́ ма́ленький Пу́шкин к ба́бушке и **попро́сит** рассказа́ть ру́сскую ска́зку. 어린 뿌우쉬낀은 가끔 할머니한테 달려와서는 러시아의 옛날 얘기를 해달라고 조르곤 했다.

◈ Упражне́ния

1. Переведи́те по-ру́сски:

1) 이것은 가장 어려운 과목이다.
2) 그의 유모는 가장(더 없이) 착한 여자였다.
3) 이것은 우리들의 교과서 중에서 가장 재미있는 과목 중의 하나이다.
4) 이것은 우리 도서관에서 가장 재미있는 (단편)소설이다.
5) 보올가는 러시아에서 가장 긴 강이다.
6) 나는 마샤가 우리 학교에서 가장 아름다운 처녀라고 생각한다.
7) 우리들은 그가 가장 행복한 사람이라 생각한다.
8) 왜냐하면 그는 시내에서 가장 아름다운 아내를 가지고 있었기 때문이다.
9) 나에게 최신 잡지를 주시오.
10) 나는 시내에서 가장 낡은(오래된) 집들 중의 하나에 살고 있다.
11) 당신의 형제들 중에서 누가 맏이고(가장 늙었고), 누가 막내(가장 젊습니까)입니까?
12) 나는 방안에 혼자 앉아 있는 것을 무엇보다도 더 좋아합니다. (всего́를 써서)
13) 그 처녀는 다른 모든(어느) 처녀들보다 제일 젊다.
14) 내가 어디 (가)있더라도, 나는 당신에게 반드시 편지를 쓰겠습니다.
15) 그 여자는 무엇을 하거나 항상 자기 어머니를 상기(회상)한다.
16) 그는 7살까지 영어를 거의 할 줄 몰랐다.

17) 그의 형제들과 자매들은 오직 한국어로만 그와 말했다.
18) 교수는 교실에서 우리들과 러시아어로만 말한다.
19) 저 미국인은 아주 훌륭한 한국어로 옛날 얘기를 한다.
20) 나의 유년시대에서 그는 나의 가장 사랑하는 친구였었다.
21) 할머니는 손자에게 음악을 가르친다.
22) 손자는 할머니한테서 음악을 배운다.
23) 여름에 나는 온 가족을 데리고 (함께)바다로 갈 것이다.
24) 그녀는 마지못해 집으로 돌아갔다.
25) 그녀는 매일 공원에서 젊은 대학생들과 만나곤 했다.
26) 그는 무엇보다 음악을 듣기를 좋아한다. (всего́를 써서)
27) 뿌우쉬낀은 모든 시골 소년들보다 춤을 더 잘 추었다.
28) 런던은 유럽에서 가장 큰 도시이다.
29) 김씨는 우리 클라스에서 가장 나이가 많다.
30) 똘스또오이는 가장 위대한 러시아 작가 가운데 한 사람이다.

2. Переведи́те по-ру́сски: (что́бы를 써서)

1) 나는 네가 집으로 가기를 바란다(원한다).
2) 그는 자기 누이에게 옛날 얘기를 해달라고 (간청)했다.
3) 나는 그에게 러시아어로만 말하라고 (말)했다.
4) 선생님은 우리들이 보다 잘 알아듣도록(하기 위해) 천천히 말한다.
5) 나는 당신을 (만나)보려고 여기 왔습니다.
6) 그는 휴식을 하려고 별장에 갔었습니다.
7) 그 여자는 그가 사무실에 들릴까봐 두려워한다.

3. 괄호 안의 형용사를 최상급으로 변화시켜 넣어라:

1) Роди́тели Пу́шкина говори́ли на (прекра́сный) францу́зском языке́.
2) Когда́ Пу́шкину бы́ло то́лько семь лет, он уже́ знал мно́го (интере́сный) ру́сских ска́зок.
3) Э́ти ска́зки расска́зывала ему́ его́ ня́ня, Ари́на Родио́новна-

(до́брый, люби́мый) же́нщина.

4) У роди́телей Пу́шкина была́ (огро́мный) библиоте́ка, и в ней (люби́мый) ру́сский поэ́т прочита́л мно́го (до́брый) книг.

5) Да́же когда́ Пу́шкин стал (вели́кий) ру́сским поэ́том и оди́м из (вели́кий) поэ́тов в ми́ре, он с больши́м удово́льствием слу́шал (интере́сный) и (дли́нный) ска́зки свое́й ня́ни.

6) США и Росси́я (си́льный) стра́ны в ми́ре.

7) Ко́ля Жу́ков –оди́н из мои́х (бли́зкий) друзе́й.

8) Во́лга-(большо́й) ре́ка в Евро́пе.

4. Отве́тьте по-ру́сски:

1) На како́м языке́ говори́л Пу́шкин в де́тстве?

2) Как с ним говори́ли его́ ба́бушка и ня́ня.

3) Что они́ ему́ ча́сто расска́зывали?

4) Что отвеча́ла ба́бушка, когда́ Пу́шкин проси́л по-францу́зски, что́бы она́ рассказа́ла ему́ ска́зку?

5) Кого́ Пу́шкин всегда́ вспомина́л, где бы он ни был и что бы он ни де́лал?

6) Где ма́ленький Алекса́ндр проводи́л ле́то?

7) С кем он ча́сто танцева́л и пел на да́че?

8) Что люби́л Пу́шкин бо́льше всего́?

9) О ком он обы́чно ду́мал, когда́ гуля́л в дере́вне оди́н.

10) Где он чу́вствовал себя́ лу́чше, в го́роде и́ли на да́че?

11) Что Пу́шкин де́лал в библиоте́ке отца́?

12) Почему́ он засыпа́л в библиоте́ке?

13) Куда́ уноси́ла его́ ня́ня, когда́ он засыпа́л над кни́гой?

14) Каки́е ска́зки написа́л Пу́шкин?

15) Мно́гие зна́ют э́ти ска́зки?

16) Кто бо́льше всех чита́ет э́ти ска́зки?

17) Что ру́сские компози́торы написа́ли на э́ти ска́зки?

28

Два́дцать восьмо́й уро́к

Мой любопы́тный брат

У нас в кварти́ре де́лают ремо́нт, и поэ́тому мы с бра́том перее́хали на не́сколько неде́ль в гости́ницу. Моему́ бра́ту то́лько пять лет, но он о́чень любопы́тный и ча́сто задаёт весьма́ сло́жные вопро́сы:- Что э́то? Почему́?- Заче́м?-Ско́лько э́то сто́ит? – Кто э́та да́ма? Бе́дный ста́рший брат до́лжен всё знать и всегда́ дава́ть пра́вильные отве́ты.

Вы мо́жете вообрази́ть, что случи́лось, когда́ мы в пе́рвый раз вошли́ в большу́ю гости́ницу, где всё бы́ло но́во для моего́ ма́ленького бра́та. Как то́лько мы откры́ли дверь в фойе́, Са́ша–так зову́т моего́ бра́та– на́чал задава́ть мно́го вопро́сов, на кото́рые не о́чень легко́ бы́ло отве́тить:

- Гри́ша–так зову́т меня́–посмотри́ ско́лько здесь шляп!
Чьи все э́ти шля́пы?

- Это шля́пы люде́й, кото́рые живу́т в гости́нице.

- А ско́лько люде́й в гости́нице?

- Не зна́ю, не счита́л.

- А ско́лько здесь шляп, ты зна́ешь?

- Сосчи́тай и узна́ешь.

Са́ша начина́ет счита́ть: Одна се́рая шля́па, две се́рых шля́пы, три се́рых шля́пы, четы́ре се́рых шля́пы, пя́ть се́рых шляп, ... де́вять се́рых шляп, оди́ннадцать се́рых шляп,... два́дцать одна́ се́рая шля́па, два́дцать две се́рых шляпы,... Са́ша уже́ умее́т счита́ть до ста, но к сча́стью в фойе́ то́лько три́дцать шесть шляп!

Мы сади́мся в два удо́бных кре́сла и ждём на́шего отца́ с багажо́м. Дорога́я ме́бель о́чень нра́вится Са́ше и он опя́ть начина́ет задава́ть свои́ вопро́сы: - Почему́ у нас в гости́ной нет таки́х удо́бных кре́сел? Ско́лько кре́сел в фойе́, и ско́лько ка́ждое из них сто́ит?

Я ду́маю, что лу́чше бу́дет отвеча́ть на все его́ вопро́сы, для того́ что́бы он опя́ть не на́чал счита́ть, и говорю́:

- Здесь три́дцать одно́ кре́сло и ка́ждое сто́ит о́коло пяти́десяти или шести́десяти до́лларов.

-Не мо́жет быть!–кричи́т Са́ша. Это сли́шком дёшево. Тако́е кре́сло наве́рно сто́ит не ме́ньше семи́десяти семи́ и́ли восьми́десяти восьми́ до́лларов.

Са́ша о́чень лю́бит таки́е чи́сла и всегда́ расска́зывает о двадцати́ двух соба́ках, о тридцати́ трёх ко́шках, о сорока́ четырёх коро́вах, и о пяти́десяти пяти́ лошадя́х, кото́рые он ви́дел у ба́бушки в дере́вне.

- Да, э́то о́чень дорого́е кре́сло , говорю́ я. Оно́ наве́рное сто́ит во́семьдесят во́семь до́лларов.

- Во́семьдесят во́сем до́лларов сли́шком до́рого. Оно́ наве́рно сто́ит то́лько шестьдеся́т шесть.

- Ты прав Са́ша, бо́льше́ шести́десяти шести́ до́лларов оно́ наве́рно не сто́ит.

- А ско́лько сту́льев в той столо́вой?

- Не зна́ю. Ты счита́й.

Са́ша ско́ро возвраща́ется с но́выми вопро́сами:

- Почему́ в гости́нице две столо́вых? Заче́м сто́лько сту́льев в ка́ждой столо́вой? Почему́ в ме́ньшей столо́вой девяно́сто четы́ре сту́ла, а в бо́льшей   то́лько со́рок ше́сть сту́льев.

- Слу́шай Са́ша, говорю́ я наконе́ц, я куплю́ тебе́ конфе́ты, но хочу́, чтобы́ ты бо́льше ничего́ не спра́шивал. Хорошо́?

- Хорошо́, а ско́лько сто́ят конфе́ты? Сего́дня то́лько пе́рвый день, кото́рый я провожу́ с мои́м ма́леньким бра́том. Ремо́нт ко́нчится че́рез два́дцать дней. Ещё два́дцать дней с мои́м любопы́тным бра́том, четы́реста во́семьдесять ча́сов! Ско́лько э́то бу́дет мину́т?...

◈ Слова́рь

любопы́тный (단어미형 любопы́тен, -тна, -о; -ы) 호기심이 강한
ремо́нт 수리, 수선
поэ́тому 그렇기 때문에, 그래서
{ задава́ть (I)[불완] (дава́ть의 변화와 같음)
  зада́ть (불)[완] (дать의 변화와 같음) 부과하다, 부여하다
задава́ть (зада́ть) вопро́с 질문을 제기하다
весьма́[부] 매우, 극히, 심히
заче́м[부] 어째서, 무엇 때문에, 왜
сто́ить (II) 값이 나가다, 가치가 있다
ско́лько э́то сто́ит? 이것은 값이 얼마요?
да́ма 귀부인
бе́дный (단어미형 бе́ден, бедна́, -о; -ы) 가난한, 가엾은
{ случа́ться (I)[불완] (случа́ется: случа́лось)
  случи́ться (II)[완] (미래 случи́тся: 과거 случи́лось) 일어나다(사건이), 발생하다
фойе́[중·불변] (극장·호텔등의) 휴게실·복도
Гри́ша (Григо́рий의 애칭) 그리이샤
шля́па 중절모자
чей, чья, чьё; чьи 누구의
{ счита́ть (I)[불완] 수를 세다, 고려하다
  сосчита́ть (I)[완] 수를 세다, 계산하다
се́рый 회색의, 잿빛
сча́стье 행복, 행운
к сча́стью 행복하게도, 다행이다
бага́ж 짐, 소화물, 수화물
гости́ная[여] 응접실
о́коло(+생격) 대략, 약(約)
до́ллар 달러(弗)
не мо́жет быть 있을 수 없다, 그럴 리 없다.

{ кричáть (II)[불완](кричý, -úшь; -áт)
  крúкнуть (I)[완](крúкну, -ешь: -ут) 고함을 치다, 외치다

числó (복·주 числá; 복·생 чúсел) 수, 날짜(日)

корóва 암소

столóвая[여] 식당

стóлько[부] 그만큼, ~만큼

конфéта 알사탕, 캔디

◆ Граммáтика

§ 122. 의문대명사 чей의 변화

격 \ 성	남 성	여 성	중 성	복 수
주	**чей**	**чья**	**чьё**	**чьи**
생	**чьегó**	**чьей**	**чьегó**	**чьих**
여	**чьемý**	**чьей**	**чьемý**	**чьим**
대	주 또는 생	**чью**	**чьё**	주 또는 생
조	**чьим**	**чьей (-éю)**	**чьим**	**чьúми**
전	**чьём**	**чьей**	**чьём**	**чьих**

의문대명사 чей는 관계하는 명사와 성·수·격에 있어 일치한다:

Чей э́то карандáш? 이것은 누구의 연필입니까?

Чью кни́гу вы читáете? 누구의 책을 당신은 읽습니까?

В чьём дóме вы живёте? 누구의 집에서 당신은 삽니까?

С чьи́ми детьми́ вы гуля́ли? 누구의 아이들과 당신은 산책을 했습니까?

§ 123. 21~100까지의 개수사

21~100까지의 개수사와 명사 및 형용사와의 관계(수사가 주격일 경우)는 다음과 같다.

21.	два́дцать оди́н но́вый стол два́дцать одна́ но́вая шко́ла два́дцать одно́ но́вое сло́во	형용사·명사는 단수 주격
22.	два́дцать два **но́вых** стола́ два́дцать две **но́вых** шко́лы два́дцать два **но́вых** сло́ва	형용사는 복수 생격 명사는 단수 생격
23. 24.	два́дцать три два́дцать четы́ре	22와 같음
25.	два́дцать пять **но́вых** столо́в два́дцать пять **но́вых** школ два́дцать пять **но́вых** слов	형용사·명사는 복수 생격
26. 27. 28. 29.	два́дцать шесть два́дцать семь два́дцать во́семь два́дцать де́вять	25와 같음

※ 31~39, 41~49, 51~59, 61~69, 71~79, 81~89, 91~99뒤의 형용사 및 명사는 21~29와 같다.

30. 40. 50. 60. 70. 80. 90. 100.	три́дцать со́рок пятьдеся́т шестьдеся́т се́мьдесят во́семьдесят девяно́сто сто	25와 같음

1) два́дцать, три́дцать는 два, три+дцать로 2개의 10, 3개의 10이라는 뜻이다.

2) пятьдеся́т, шестьдеся́т, се́мьдесят, во́семьдесят는 뒤에 -десят(고대 러시아어의 복·생)를 덧붙여서 각각 5개의 10, 6개의 10…이라는 뜻을 나타내고 있다.

3) пятьдеся́т, шестьдеся́т는 마지막 음절에 역점이 떨어지는데 반해 се́мьдесят와 во́семьдесят는 역점이 첫 음절에 떨어진다.

§ 124. 1~100까지의 개수사 변화

1. оди́н의 변화: (уро́к 25, §114 참조)

2. два, три, четы́ре의 변화

개수 / 격	2	3	4
주	два, две	три	четы́ре
생	двух	трёх	четырёх
여	двум	трём	четырём
대	주 또는 생	주 또는 생	주 또는 생
조	двумя́	тремя́	четырьмя́
전	двух	трёх	четырёх

※ 4의 조격 четырьмя́의 -ь에 유의하라.

3. 5~10, 11~19, 20, 30의 변화

개수 / 격	5	15	8
주	пят**ь**	пятна́дцат**ь**	во́сем**ь**
생	пят**и́**	пятна́дцат**и**	вось**ми́**
여	пят**и́**	пятна́дцат**и**	вось**ми́**
대	пят**ь**	пятна́дцат**ь**	во́сем**ь**
조	пят**ью́**	пятна́дцат**ью**	восем**ью́**
전	пят**и́**	пятна́дцат**и**	вось**ми́**

1) 6, 7, 9, 10, 20, 30은 пять와 동일하게 변화하며 역점은 항상 어미에 떨어진다.
2) 11~19까지는 пятна́дцать와 동일하게 변화하며 역점은 항상 주격과 같다.

3) во́семь은 생격·여격·전치격에서 -е-가 -ь-로 대치된다.

4) 5이상의 개수사에서는 대격은 언제나 주격과 같다.

4. 40, 90, 100의 변화

개수 / 격	40	90	100
주	со́рок	девяно́ст**о**	ст**о**
생	соро**ка́**	девяно́ст**а**	ст**а**
여	соро**ка́**	девяно́ст**а**	ст**а**
대	со́рок	девяно́ст**о**	ст**о**
조	соро**ка́**	девяно́ст**а**	ст**а**
전	соро**ка́**	девяно́ст**а**	ст**а**

5. 50, 60, 70 및 80의 변화

개수 / 격	50	80
주	пят**ь**деся́т	во́**семь**десят
생	пят**и́**десят**и**	вос**ьми́**десят**и**
여	пят**и́**десят**и**	вос**ьми́**десят**и**
대	пят**ь**деся́т	во́**семь**десят
조	пят**ью́**десят**ью**	вос**емью́**десят**ью**
전	пят**и́**десят**и**	вос**ьми́**десят**и**

1) 60, 70은 пятьдеся́т처럼 변화한다.

2) 50, 60, 70, 80은 두 개의 부분(пять+десят)이 각각 따로 따로 변화하며, 역점은 주격을 제외한 나머지 격(사격)에서 모두 첫 항의 어미에 떨어진다.

6. 합성수사의 변화

합성수사 앞 뒤의 개수사가 각각 변화한다.

개수 / 격	21		163	
주	два́дцат**ь**	оди́н	ст**о** шест**ь**деся́т	тр**и**
생	двадцат**и́**	одн**ого́**	ст**а** шест**и́**десяти	тр**ёх**
여	двадцат**и́**	одн**ому́**	ст**а** шест**и́**десяти	тр**ём**
대	주 또는 생		ст**о** шест**ь**деся́т	тр**и**
조	двадцат**ью́**	одн**и́м**	ст**а** шест**ью́**десятью	тр**емя́**
전	двадцат**и́**	одн**о́м**	ст**а** шест**и́**десяти	тр**ёх**

§ 125. 형용사·명사와 결합했을 때의 개수사의 기능

1. оди́н이 합성수사일 경우

оди́н은 성, 수(단수)·격에 있어 관계하는 명사·형용사와 일치한다:

Два́дцать оди́н но́вый сто́л. 21개의 새 책상.

Три́дцать одна́ но́вая кни́га. 31개의 새 책.

Я ви́дел сто одну́ пти́цу. 나는 101마리의 새를 보았다.

Он пришёл с двадцатью́ одни́м ма́леньким ма́льчиком. 그는 21명의 어린 소년들과 함께 도착했다.

2. два, три, четы́ре의 대격은 활동체 명사와 함께 사용될 때에는 생격과 같고 비활동체 명사와 함께 사용될 때는 주격과 같다.

Я ви́дел двух студе́нтов.

Я ви́дел два стола́.

그러나 2, 3, 4가 합성수사 끝에 올 때는(22, 32, 33, 154처럼) 언제나 대격은 주격과 같다.

Я ви́дел два́дцать два студе́нта. 나는 22명의 대학생을 보았다.

Он зна́ет сто две же́нщины. 그는 102명의 여자를 알고 있다.

3. 합성수사일 경우 명사는 맨 끝에 선 개수사에 따라 격변화 된다.

два́дцать две кни́ги. 22권의 책
со́рок пять книг. 45권의 책
сто одно перо́. 101개의 펜

4. два, три , четы́ре가 주격일 때 형용사는 복수·생격(또는 복수·주격)이 된다.

два хоро́ших (хоро́шие) стола́. 2개의 좋은 책상
четы́ре но́вых (но́вые) кни́ги. 4개의 새 책
В гости́нице две **столо́вых**. 호텔 안에는 2개의 식당이 있다.

5. 2 이상의 사격(斜格:주격 이외의 모든격)에서 명사와 형용사는 수(복수)·격에 있어 수사와 일치한다.

격 \ 뜻	3	좋은	학생
주	три	хоро́ших	студе́нта
생	трёх	хоро́ших	студе́нтов
여	трём	хоро́шим	студе́нтам
대	трёх	хоро́ших	студе́нтов
조	тремя́	хоро́шими	студе́нтами
전	трёх	хоро́ших	студе́нтах

◆ Упражне́ния

1. 괄호 속에 든 형용사·명사와 함께 다음의 개수사를 읽어보라:

[예] одна́ но́вая гости́ница, две но́вых гости́ницы ... пять но́вых гости́ниц...

1) 1~10 (но́вая кни́га)
2) 11~20 (бе́дный стари́к)
3) 21~30 (любопы́тная де́вочка)

4) 31~40 (приле́жная учени́ца)
5) 41~50 (си́льная ло́шадь)
6) 51~60 (высо́кое зда́ние)
7) 61~70 (большо́й паке́т)
8) 71~80 (хоро́ший трамва́й)
9) 81~90 (тру́дное сло́во)
10) 91~100 (широ́кая столо́вая)

2. 다음을 격변화시켜라:

1) две шко́лы
2) три ма́льчика
3) четы́ре по́ля
4) семь си́льных лошаде́й
5) четы́рнадцать коро́в
6) со́рок оди́н стол
7) се́мьдесят во́семь дере́вьев
8) сто два́дцать де́вять дете́й

3. Переведи́те по-ру́сски:

1) 방 안에 1개의 새 책상이 서 있다.
2) M 집단 농장에는 31명의 젊은 처녀가 일하고 있다.
3) 나는 101마리의 새를 보았다.
4) 그는 교실에 앉아있는 3여대생을 보았다.
5) 그는 21명의 소년을 데리고(소년들과 함께) 이곳으로 왔다.
6) 나는 24권의 러시아 서적을 샀다.
7) 4명의 젊은 대학생이 식당에서 식사를 하고 있었다.
8) 그는 35명의 자기 친구들에게 편지를 썼다.
9) 대학생은 89달라를 가지고 도시에 도착했다.
10) 그의 아버지는 약 74세이고, 그의 어머니는 68세 가량이다.
11) 52명의 배우가 13대의 푸른 자동차를 타고 H시에 왔다.
12) 그는 약 100권의 러시아 책을 가지고 있지만, 나는 약 40권을 가지고 있을 뿐이다.

4. Отве́тьте по-ру́сски:

1) Ско́лько лет Са́ше?
2) Почему́ Гри́ша перее́хал с Са́шей перее́хал в гости́ницу?
3) Что случи́лось, когда́ бра́тья вошли́ в фойе́?
4) Каки́е вопро́сы задава́л Са́ша?
5) До коко́го числа́ Са́ша уме́л счита́ть?
6) Почему́ он сосчита́л то́лько три́дцать шесть се́рых шляп?
7) Кого́ Гри́ша и Са́ша жда́ли в фойе́?
8) Почему́ ме́бель в гости́нице так нра́вилась Са́ше?
9) Ско́лько кре́сел бы́ло в фойе́?
10) Ско́лько сто́ило ка́ждое?
11) Каки́е чи́сла Са́ша о́чень люби́л?
12) Ско́лько коро́в и лошаде́й Са́ша ви́дел в дере́вне?
13) Ско́лько раз он был в дере́вне у ба́бушки?
14) Ско́лько сту́льев бы́ло в ка́ждой из двух столо́вых?
15) Что Гри́ша обеща́л купи́ть бра́ту, е́сли он бо́льше не бу́дет задава́ть вопро́сов?
16) Ско́лько у вас бра́тьев и сестёр, и ско́лько им лет?
17) Кто любопы́тнее, ва́ши бра́тья и́ли сёстры?
18) Ско́лько дива́нов, кре́сел и сту́льев у вас гости́ной?
19) В чьём до́ме вы живёте? С кем вы там живёте?
20) Чьим перо́м вы пи́шете?

29 Два́дцать девя́тый уро́к

Из моско́вских газе́т

Зна́ете ли вы, что в Москве́...

...бо́льше миллио́на детей́, ю́ношей и взро́слых у́чатся в шко́лах, те́хникумах, институ́тах и на ра́зных ку́рсах.

...почти́ сто ты́сяч студе́нтов у́чатся в семи́десяти восьми́ моско́вских университе́тах.

...не́сколько акаде́мий и две́сти специа́льных институ́тов и, что в но́вой пятиле́тке по́сле войны́ они́ полу́ча́ют бо́льше миллиа́рда рубле́й.

...почти́ пятьсо́т библиоте́к и что одна́ из них принадлежи́т к числу́ велича́йших в ми́ре. В э́той библиоте́ке о́коло оди́ннадцати миллио́нов книг.

...о́коло семи́десяти музе́ев и вы́ставок, со́рок теа́тров, со́тни клу́бов и че́рез два три го́да бу́дут гото́вы ещё два́дцать больши́х кинотеа́тров.

...глубоко́ под землёй бо́льше чем на со́рок киломе́тров прохо́дит метро́. За де́вять лет по э́тим ли́ниям прошло́ шесть миллио́нов пятьсо́т шестна́дцать ты́сяч поездо́в с четырьмя́ миллиа́рдами ста восемью́десятью тремя́ миллио́нами пассажи́ров, и что в ско́ром вре́мени длина́ метро́ бу́дет две́сти киломе́тров, а число́ его́ ста́нций не ме́ньше ста пяти́десяти.

Ма́ленькая исто́рия о шестиста́х восьми́десяти четырёх рубля́х.

Вчера́ у меня́ бы́ло шестьсо́т во́семьдесят четы́ре рубля́. Так мно́го де́нег у меня́ ещё никогда́ не было, и я был о́чень дово́лен собо́й и всем ми́ром. Я вы́шел и́з дому со свои́ми шестьюста́ми восемью́десятью четырьмя́ рубля́ми в карма́не и пошёл гуля́ть по го́роду. Прия́тно бы́ло остана́вливаться у ра́зных магази́нов, смотре́ть на ве́щи в витри́нах и ду́мать:-Де́ньги есть, захочу́ куплю́... коне́чно, е́сли не сли́шком до́рого сто́ит.

Вот в одно́й витри́не стоя́т са́ни, кото́рые сто́ят четы́реста со́рок три рубля́. Но мне сане́й не ну́жно, потому́ что у нас до́ма уже́ есть дво́е прекра́сных сане́й. В друго́й витри́не ви́жу замеча́тельные часы́, кото́рые сто́ят пятьсо́т пятьдеся́т шесть рубле́й, но у нас в до́ме уже́ есть че́тверо часо́в.

Иду́ да́льше ми́мо витри́н магази́нов. Вдруг начина́ет дуть си́льный ве́тер, идёт снег и стано́виться о́чень хо́лодно. Тепе́рь я зна́ю, что мне ну́жно бо́льше всего́: мне нужна́ хоро́шая тёплая шу́ба. Вот в одно́й витри́не две прекра́снейших шу́бы. Одна́ из них сто́ит три́ста пятьдеся́т рубле́й т.е., бо́льше полови́ны всех мои́х де́нег; друга́я шу́ба ещё доро́же пе́рвой и сто́ит пятьсо́т два́дцать пять рубле́й, т.е., бо́льше трёх че́твертей мои́х де́нег. Обе шу́бы мне о́чень нра́вятся. Каку́ю из них купи́ть? Коне́чно, я покупа́ю лу́чшую шу́бу и возвраща́юсь домо́й то́лько со ста пятью́десятью девятью́ рубля́ми. Но у меня́ тепе́рь краси́вейшая и тепле́йшая шу́ба и я совсе́м не жале́ю о свои́х пятиста́х двадцати́ пяти́ рубля́х.

◈ Слова́рь

моско́вский 모스크바의
ю́ноша[남] 청년, 젊은이
взро́слый 어른의, 성인이 된; [男名] 성인, 어른
те́хникум 직업기술학교
университе́т 대학교, 종합대학교
акаде́мия 아카데미, 翰林院
специа́льный 특수·특별한, 전문적인
пятиле́тка 경제개발 5개년 계획
рубль[남] 루우블리(러시아의 화폐단위)
принадлежа́ть (II) (принадлежу́, -и́шь; -а́т) 속하다, ~에게 속해 있다(완료체는 없음)
мир 세계, 평화
вы́ставка 전람회, 박람회
со́тня 100개
клуб 클럽(club)
гото́вый (단어미형 гото́в, -а, -о; -ы) 준비·마련된; 준비되어 있다
кинотеа́тр 영화관
глубоко́ 깊이, 깊숙히; 깊다
киломе́тр 킬로미터
на сорок киломе́тров 40킬로미터 거리의
длина́ 길이
ли́ния 선로(line), 선
пассажи́р 승객
ско́рый (단어미형 ско́р, -а́, -о; -ы) 빠른, 신속한
в ско́ром вре́мени 빠른 시일 안에, 머지 않아
исто́рия 역사, 이야기
де́ньги[여·복](복·생 де́нег) 돈
и́з дому (=из до́ма) 집(안)으로부터
карма́н 호주머니

{ хоте́ть[불완] (хочу́, хо́чешь, -ет; хоти́м, -те, -ят)
захоте́ть[완] 원하다, 하고 싶어하다

са́ни[남·복] (복·생 сане́й) 썰매

часы́[남·복] 시계

копе́йка(복·생 копе́ек) 꼬뻬에이까

{ дуть (I)[불완] (ду́ю, -ешь; -ют)
поду́ть (I)[완] (바람이) 불다

шу́ба 털외투

т.е. (то есть) 즉, 다시 말하자면

че́тверть[여] ¼, 15분

совсе́м[부] 전혀, 완전히

совсе́м не 전혀 ~않는다

{ жале́ть (I)[불완]
пожале́ть [완] 애석히 여기다, 가엾이 여기다

жале́ть о(+전치격) ~에 대하여 애석히 여기다

◆ Грамма́тика

§ 126. 100이상의 개수사

100.	сто	1,000.	ты́сяча
101.	сто оди́н	1,001.	ты́сяча оди́н
140.	сто со́рок	2,000.	две ты́сячи
190.	сто девяно́сто	3,000.	три ты́сячи
200.	две́сти	4,000.	четы́ре ты́сячи
300.	три́ста	5,000.	пять ты́сяч
400.	четы́реста	10,000.	де́сять ты́сяч
500.	пятьсо́т	20,000.	два́дцать ты́сяч
600.	шестьсо́т	100,000.	сто ты́сяч
700.	семьсо́т	200,000.	две́сти ты́сяч

800. восемьсо́т 1,000,000. миллио́н

900. девятьсо́т 2,000,000. два миллио́на

5,327,293. пять миллио́нов три́ста два́дцать семь ты́сяч две́сти девяно́сто три

10,000,000. (1천만) де́сять миллио́нов

100,000,000. (1억) сто миллио́нов

1,000,000,000. (10억) миллиа́рд 또는 биллио́н

§ 127. 100이상의 개수사 변화

1) сто (100)의 복수형 변화

주	**ста**
생	**сот**
여	**стам**
대	**ста**
조	**ста́ми**
전	**стах**

сто는 мно́го, не́сколько등과 함께 사용될 때, 또는 개략적인 수를 나타낼 때 복수형을 쓴다. 복수 주격과 복수 대격은 거의 시용되지 않는다.

мно́го сот лет тому́ наза́д.
여러 백 년 전에

с не́сколькими ста́ми рубля́ми.
수 백 루우블리를 가지고

2) 200~900의 변화는 2~9까지의 변화와 сто의 복수변화와의 연결로써 이루어진다.

개수 / 격	200	400	500
주	дв**е́**сти	четы́реста	пят**ь**со́т
생	дв**ух**со́т	четырёхсо́т	пят**и**со́т
여	дв**ум**ста́м	четырёмста́м	пят**и**ста́м
대	дв**е́**сти	четы́реста	пят**ь**со́т
조	дв**умя**ста́ми	четырьмяста́ми	пят**ью**ста́ми
전	дв**ух**ста́х	четырёхста́х	пят**и**ста́х

(1) 400의 조격에 -ь가 삽입된 데 유의하라.

(2) 600, 700, 800, 900의 변화는 500에 준한다.

§ 128. 집합수사

1) дво́е~де́сятеро(2~10)

2. дво́е	3. тро́е	4. че́тверо
5. пя́теро	6. ше́стеро	7. се́меро
8. во́сьмеро	9. де́вятеро	10. де́сятеро

집합수사 дво́е~де́сятеро와 함께 사용되는 형용사·명사는(집합수사가 주격일 때) **복수 생격**이 된다.

У него́ дво́е ма́леньких дете́й. 그에게는 조그만 어린아이가 둘 있다.

2) 집합수사는 다음과 같은 경우에 사용된다(개수사 대신에)

а) 복수형만을 가지는 명사와 함께

дво́е воро́т	2개의 대문
тро́е часо́в	3개의 시계
че́тверо сане́й	4개의 썰매
пя́теро но́жниц	5개의 가위

그러나 во́сьмеро, де́вятеро, де́сятеро의 집합수사는 보통 개수사로 대신된다.

б) 인칭대명사 мы, вы, они́와 함께 숙어적 표현에서

Нас бы́ло **дво́е**.	우리는 둘이었다.
Вас здесь **ше́стеро**.	당신들은 여기 여섯 명이 있다.
Их бу́дет **че́тверо**.	그들은 네 명일 것이다.

в) 양성을 대변하는 남성명사나 중성명사와 함께

У неё тро́е дете́й. 그 여자에게는 세 아이가 있다.

К нам пришло́ дво́е пионе́ров. 우리한테 두 명의 소년단원이 왔다.

В го́род прие́дет че́тверо ва́жных лиц. 네 명의 중요 인사가 도시로 올 것이다.

3) 집합수사의 변화

격＼수사	두 개	세 개
주	двóе	чéтвер**о**
생	дво**и́х**	четвер**ы́х**
여	дво**и́м**	четвер**ы́м**
대	주 또는 생	주 또는 생
조	дво**и́ми**	четвер**ы́ми**
전	дво**и́х**	четвер**ы́х**

трóе는 двóе와 같이, пя́теро ~ дéсятеро는 чéтверо와 같이 변화한다.

§ 129. óба(남·중), óбе(여)의 변화

óба, óбе(양쪽의, 쌍방의)도 집합수사에 속하지만, 형용사에 대한 격지배는 два, две의 경우와 같다.

격＼성	남성·중성	여 성
주	óб**а**	óб**е**
생	обó**их**	обé**их**
여	обó**им**	обé**им**
대	주 또는 생	주 또는 생
조	обó**ими**	обé**ими**
전	обó**их**	обé**их**

óба си́них глáза
　두(양쪽의) 푸른 눈
обé стóроны　양측
обéими рукáми
　양손으로(기꺼이, 매우 기쁜 마음으로)

§ 130. пол-과 명사와의 결합

1) 반의 뜻을 나타내는 пол-과 결합하는 명사는 단수생격이 된다.

полчасá	반시간	полгóда	반년
полмéтра	반미터	полбуты́лки	반병

그러나 뒤에 오는 명사가 모음이나 대문자 또는 л로 시작될 때는 사

이에 하이픈(тирé)을 삽입한다.

пол-окна́	창문의 반	пол-Москвы́	모스크바의 반
пол-ли́тра	반리터	пол-Росси́и	러시아의 반

2) пол과 결합된 명사의 변화:

주	полчаса́
생	получа́са
여	получа́су
대	полчаса́
조	получа́сом
전	получа́се

단수주격·대격 외에는 -у-를 삽입하고 뒤의 명사는 각각 성·수·격에 따라 변화한다.

пол-Москвы́(주격), полу-Москвы́(생격), полу-Москве́(여격)...

§ 131. полтора́ ($1\frac{1}{2}$)의 변화

полтора́(남성·중성), полторы́(여성)는 два처럼 형용사·명사에 대한 격지배를 한다.

성 / 격	남성·중성		여 성	
주	полтора́	(рубля́)	полторы́	копе́йки
생	полу́тора	(рубле́й)	полу́тора	копе́ек
여	полу́тора	(рубля́м)	полу́тора	копе́йкам
대	полтора́	(рубля́)	полторы́	копе́йки
조	полу́тора	(рубля́ми)	полу́тора	копе́йками
전	полу́тора	(рубля́х)	полу́тора	копе́йках

◆ Упражне́ния

1. Переведи́те на коре́йский язы́к:

1) Мои́ о́ба бра́та и о́бе сестры́ сейча́с в Москве́.
2) Её обо́их племя́нников нет в го́роде.
3) У обе́их сестёр хоро́шие шу́бы.
4) Мои́м обо́им бра́тьям ну́жно уе́хать.
5) Я написа́л пи́сьма обе́им сёстрам.
6) Я купи́л о́бе блу́зки.
7) Ивано́в взял о́ба пера́.
8) Он знал мои́х обо́их бра́тьев.
9) Я ви́дел обе́их дочере́й моего́ дру́га.
10) Она́ была́ в теа́тре с обо́ими писа́телями.
11) С обе́ими дочерьми́ моего́ го́стя о́чень прия́тно говори́ть.
12) Она́ ду́мала об обо́их ю́ношах.
13) Все говори́ли об обе́их акаде́миях.
14) Ивано́в вы́пил полстака́на молока́.
15) Мы ви́дели пол-Москвы́.
16) Полтора́ го́да мы не получа́ли пи́сем из Аме́рики.
17) От вы́ставки до университе́та полтора́ киломе́тра.
18) Э́тот каранда́ш сто́ит полтора́ до́ллара, но у меня́ нет полу́тора до́лларов.
19) По́сле полу́тора неде́ль в го́спитале, он был здоро́в.
20) У меня́ в карма́не бы́ло то́лько полторы́ копе́йки.
21) Мы вы́шли с полу́тора рубля́ми.
22) Они́ живу́т в полу́тора ко́мнатах.

2. Напиши́те сле́дующие ци́фры слова́ми:

119; 131; 145; 156; 163; 174; 189; 198; 201; 213; 219; 247; 295; 341; 455; 563; 674; 717; 819; 912; 1,002; 1,0113; 1,048; 1,091; 1,111; 2,965; 3,568; 6,347; 10,511; 25,174; 56,785; 100,083; 125,638; 2,500,322; 8,456,987

3. 아래 숫자에 **рубль**를 붙여 격변화 시켜라:

390, 465, 777, 859, 968.

[예] 684:

1) шестьсо́т во́семьдесят четы́ре рубля́.
2) нет шестисо́т восьми́десяти четырёх рубле́й.
3) приба́вьте к шестиста́м восьми́десяти четырём рубля́м.
4) да́йте шестьсо́т во́семьдесят четы́ре рубля́.
5) Мой друг прие́хал с шестьюста́ми восемью́десятью четырьмя́ рубля́ми.
6) Я говори́л о шестиста́х восьми́десяти четырёх рубля́х.

4. Переведи́те на ру́сский язы́к:

1) 곧 121개의 영화관이 마련될 것이다.
2) 나는 진열장에서 7개의 값비싼 시계를 보았다.
3) 나는 1,777루블레이 93꼬뻬에이끼를 가지고 있다.
4) 우리 대학에는 3,232명의 대학생이 있다. 그들 중의 2,537명은 남학생이고 695명은 여학생이다.
5) 불행하게도 승객은 ½루블레이만을 가지고 있었다.
6) 이 건물은 백만불 이상의 값이 나간다.
7) 제 3차 5개년 계획 후 서울의 지하철의 길이는 160킬로미터 이상이

될 것이다.

8) 5년 동안에 1,500,689명의 승객이 이 노선을 따라 여행하였다.

9) 경주시는 한국에서 가장 오래된 도시에 속한다.

10) 이 털외투는 값이 얼마입니까? 392루블레이 입니다.

11) 두(양쪽) 자매는 모두 미국에 살고 있다.

12) 그 여자에게는 5명의 아이가 있다.

5. Отве́тьте по ру́сски:

1) Ско́лько дете́й , ю́ношей и взро́слых у́чатся в шко́лах Москвы́?
2) Ско́лько университе́тов в Москве́?
3) Ско́лько студе́нтов у́чатся в э́тих университе́тах?
4) Ско́лько библиоте́к в Москве́?
5) Ско́лько музе́ев и вы́ставок?
6) Ско́лько теа́тров?
7) Ско́лько но́вых кинотеа́тров ско́ро бу́дет гото́во?
8) Ско́лько поездо́в прошло́ за де́вять лет по ли́ниям метро́?
9) Когда́ длина́ метро́ бу́дет две́сти киломе́тров?
10) Ско́лько в ва́шем го́роде школ?
11) Ско́лько в них у́чится дете́й?
12) Ско́лько книг в библиоте́ке ва́шей шко́лы? Ва́шего го́рода?
13) Ско́лько де́нег бы́ло у геро́я "Ма́ленькой исто́рии"?
14) Почему́ он был так дово́лен собо́й?
15) Что он ду́мал, когда́ ви́дел ра́зные ве́щи в витри́нах магази́нов?
16) Почему́ он не купи́л ни сане́й ни часо́в?
17) Почему́ он вдруг на́чал ду́мать о шу́бе?
18) Ско́лько сто́ила ка́ждая из шуб в витри́не?
19) Каку́ю из них он купи́л?
20) Жале́ет ли он о свои́х деньга́х?

30

Тридца́тый уро́к

Из Санкт-Петербу́рга в Ирку́тск

Сего́дня суббо́та, четы́рнадцатое декабря́. В сре́ду оди́ннадцатого декабря́ мы вы́ехали из Санкт-Петербу́рга. Мы уже́ четвёртый день в доро́ге и че́рез три дня бу́дем до́ма. На́ша семья́ живёт в Ирку́тске, в Сиби́ри. У нас в э́то вре́мя го́да быва́ет о́чень хо́лодно, поэ́тому я везу́ с собо́й мно́го тёплых веще́й. Мы прие́дем домо́й семна́дцатого декабря́, а на сле́дующий день на́шего прие́зда, восемна́дцатого декабря́–день рожде́ния моей ма́мы. В э́тот день собира́ются вме́сте все сёстры и бра́тья. Все приезжа́ют домо́й в декабре́.

В Ирку́тске мы ката́емся на конька́х и на лы́жах. Мои́ лы́жи я дал моему́ дру́гу в Санкт-Петербу́рге и боя́лся, что он не принесёт их мне до отъе́зда, но он принёс их пе́ред са́мым отъе́здом. Я всегда́ вожу́ с собо́й сли́шком мно́го багажа́.

К сожале́нию моя ста́ршая сестра́ на э́тот раз опозда́ет и прие́дет немно́го по́зже. Я получи́л от неё письмо́ от шесто́го декабря́, в кото́ром она́ пи́шет, что не смо́жет прие́хать ра́ньше два́дцать второ́го-два́дцать тре́тьего декабря́. Ма́ме, коне́чно бу́дет неприя́тно, что она́ опозда́ет, но зато́ Но́вый год мы бу́дем встреча́ть вме́сте.

К Но́вому го́ду я всем везу́ пода́рки. Ма́ме я купи́л но́вые таре́лки, ло́жки и ви́лки. Отцу́–но́вую па́лку. Оте́ц наш роди́лся два́дцать тре́тьего (23-го) а́вгуста, ты́сяча девятьсо́т второ́го го́да и ему́ уже́ се́мьдесят тре́тий год, но он о́чень здоро́вый стари́к. Моей мла́дшей сестре́ восемна́дцатый год; ей я всегда́ привожу́ кни́ги. Ста́ршим бра́тьям я купи́л две англи́йских кни́ги, потому́ что они́ изуча́ют англи́йский язы́к и уже́ свобо́дно чита́ют по-англи́йски; а племя́ннику, кото́рому два́дцать пя́того октя́бря бы́ло двена́дцать лет–коньки́. По́мню, как не́сколько лет тому́ наза́д, в день его́ рожде́ния, он заплáкал, потомý что емý никтó не подарúл конькóв и я обещáл, что подарю́, когдá емý бýдет двенáдцать лет.

Пóезд идёт бы́стро и с кáждым чáсом я блúже и блúже к дóму. В вагóне у менá интерéсные сосéдки. Две молоды́х дéвушки лет восемнáдцати úли девятнáдцати. В дорóге пассажúры бы́стро знакóмятся друг с дрýгом. Вот с э́тими дéвушками мы тóлько трéтий день вмéсте, а кáжется, что знаем друг дрýга óчень давнó. Однá из них éдет ещё дáльше, чем я. Онá из Владивостóка. Я был во Владивостóке в ты́сяча девятьсóт сóрок девя́том годý, когдá éхал из Амéрики. Мне óчень понрáвился э́тот гóрод, хотя́ я был там тóлько нéсколько дней. Вторáя из Хабáровска. Когдá онú узнáли, что я жил в Амéрике, то всё врéмя спрáшивали об США. Óбе онú óчень интересýются Амéрикой. Заговорúли мы об Амéрике вчерá вéчером и разговáривали до трёх часóв нóчи. Я им рассказáл, что поднимáлся на восьмидеся́тый этáж высочáйшего здáния в мúре, Эмпайр Стэйт, что жил в гостúнице на трúдцать трéтьем этажé. Я рассказывал об америкáнских небоскрёбах, о тéхнике и о жúзни америкáнцев. Замолчáл я тóлько тогдá, когдá увúдел, что бы́ло ужé три часá нóчи.

◆ Словáрь

Иркýтск 이르꾸우츠크(시베리아의 도시)

в дорóге 여행 중에, 도중에

четвёртый день 나흘째(되는 날)

Сибúрь[여] 시베리아

бывáть (I) быть의 다회체; (종종, 곧잘) 있다.

возúть (II)[부정] (вожý, вóзишь; -ят) 운반하다, (차에) 싣고 가다

везтú (I)[정] (везý, везёшь; -ýт: 과거 вёз, везлá, -ó; -ú)

слéдущий, -ая , -ее 다음의

приéзд 도착

рожде́ние 탄생, 출생

день рожде́ния 생일

собира́ться (I)[불완] (собира́юсь, -ешься; -ются)
собра́ться (I)[완] (соберу́сь, -ёшься; -у́тся: 과거 собра́лся, -ла́сь, -ло́сь; -ли́сь) 모이다, 집합하다; ~할 준비를 하다

ката́ться (I) (차를) 굴리다, 몰다, 타고 돌아다니다
прокатáться (I)[완]

коньки́ [남·복] 스케이트(skates)

ката́ться на конька́х 스케이트를 타다

лы́жи (보통 복수를 씀) 스키(ski)

ката́ться на лы́жах 스키를 타다

боя́ться (II) (бою́сь, -и́шься; -я́тся) 겁내다, 두려워하다, 걱정하다

носи́ть (II)[부정] (ношу́, но́сишь; -ят) 가지고 다니다; 입고 다니다
нести́ (I)[정] (несу́, -сёшь; -сут:과거 нёс, несла́, -о́; -и́) 가지고 가다, 지니고 가다, 휴대하다

приноси́ть (II) (носи́ть의 변화) 가지고 오다, 지니고 오다
принести́ (I)[완] (нести́의 변화)

отъе́зд 출발

са́мый 바로 그, 다름 아닌; (+형용사) 가장

опа́здывать (I) (시간에)늦다, 늦어지다
опозда́ть (I)[완]

смочь (I)[완] (мочь의 변화) 할 수 있다, 가능하다

зато́[접] 그 대신에

к но́вому го́ду 신년을 위한(위해)

таре́лка 접시

ло́жка 숟가락(스픈)

ви́лка 포오크(fork)

па́лка 지팡이, 막대기

роди́ться (II)[완] (рожу́сь, роди́шься; -я́тся:과거 роди́лся, -ла́сь, -ло́сь; -ли́сь) 태어나다, 출생하다

емý уже́ сéмьдесят второ́й год 그는 벌써 72세로 접어들고 있다

привози́ть (II) (вози́ть의 변화)
привезти́ (I)[완] (везти́의 변화) 싣고 오다, 운반해 오다

томý назáд ~전에

плáкать (I) (плáчу, -ешь; -ут) 울다
заплáкать (I)[완] 울기 시작하다

дари́ть (II) (дарю́, -ишь; -ят)
подари́ть (II)[완] 선사하다, 선물을 주다

сосéдка 이웃 여자

знако́миться (II) (знако́млюсь, знако́мишься; -ятся)
познако́миться (II)[완] (서로)사귀다, 아는 사이가 되다

Владивосто́к 블라지보스또오끄

понрáвиться (II)[완] (нрáвиться의 변화) 마음에 들다

интересовáться (I) (интересýюсь, -ешься; -ются)
заинтересовáться (I)[완](+조격) 흥미를 느끼다, 관심을 가지다

заговори́ть (II)[완] 말하기 시작하다

разговáривать (I) 담소하다, 이야기하다

поднимáться (I)
подня́ться (I)[완] (поднимýсь, -ешься; -утся:과거 подня́лся, -лáсь, -ло́сь-ли́сь) 올라가다, 일어서다

Эмпайр Стэйт 엠파이어 스테이트(Empire State)

небоскрёб 마천루

тéхника 기술

молчáть (II) (молчý,-и́шь;-áт) 침묵하다, 입을 다물다
замолчáть (II)[완] 침묵하기 시작하다

уви́деть (II)[완] (ви́деть의 변화) 보다, 알게 되다

США - Соединённые Штáты Амéрики

◈ Грамма́тика

§ 132. 개수사와 순서수사

	[개수사]	[순서수사]
1.	оди́н, одна́, одно́	пе́рвый, -ая, -ое
2.	два, две	второ́й, -а́я, -о́е
3.	три	тре́тий, тре́тья, -ье
4.	четы́ре	четвёртый, -ая, -ое
5.	пять	пя́тый, -ая, -ое
6.	шесть	шесто́й, -а́я, -о́е
7.	семь	седьмо́й, -а́я, -о́е
8.	во́семь	восьмо́й, -а́я, -о́е
9.	де́вять	девя́тый, -ая, -ое
10.	де́сять	деся́тый, -ая, -ое
11.	оди́ннадцать	оди́ннадцатый
12.	двена́дцать	двена́дцатый
13.	трина́дцать	трина́дцатый
14.	четы́рнадцать	четы́рнадцатый
15.	пятна́дцать	пятна́дцатый
16.	шестна́дцать	шестна́дцатый
17.	семна́дцать	семна́дцатый
18.	восемна́дцать	восемна́дцатый
19.	девятна́дцать	девятна́дцатый
20.	два́дцать	двадца́тый
21.	два́дцать оди́, одна́, одно́	два́дцать пе́рвый, -ая, -ое
22.	два́дцать два, две	два́дцать второ́й, -а́я, -о́е
23.	два́дцать три	два́дцать тре́тий, -ья, -ье
30.	три́дцать	тридца́тый
40.	со́рок	сороково́й
50.	пятьдеся́т	пятидеся́тый

60.	шестьдеся́т	шестидеся́тый
70.	се́мьдесят	семидеся́тый
80.	во́семьдесят	восьмидеся́тый
90.	девяно́сто	девяно́стый
100.	сто	со́тый
101.	сто оди́н	сто пе́рвый, -ая, -ое
140.	сто со́рок	сто сороково́й
200.	две́сти	двухсо́тый
300.	три́ста	трёхсо́тый
400.	четы́реста	четырёхсо́тый
500.	пятьсо́т	пятисо́тый
600.	шестьсо́т	шестисо́тый
700.	семьсо́т	семисо́тый
800.	восемьсо́т	восьмисо́тый
900.	девятьсо́т	девятисо́тый
1,000.	ты́сяча	ты́сячный
1,001.	тысяча оди́н	ты́сяча пе́рвый, -ая, -ое
2,000.	две ты́сячи	двухты́сячный
5,000.	пять ты́сяч	пятиты́сячный
10,000.	де́сять ты́сяч	десятиты́сячный
100,000.	сто ты́сяч	сто ты́сячный
200,000	две́сти ты́сяч	две́сти ты́сячный
1,000,000.	миллио́н	миллио́нный
2,000,000.	два миллио́на	двухмиллио́нный
1,000,000,000.	миллиа́рд (биллио́н)	миллиа́рдный (биллио́нный)

§ 133. 순서수사의 형성과 용법

1) 순서수사는 개수사 어간에 형용사의 장어미 -ый, -ая, -ое (-ой, -ая, -ое)를 덧붙여서 형성된다.

пять　　пя́тый, -ая, -ое　　다섯 번째의

шесть　　шесто́й, -а́я, -о́е　여섯 번째의

а) 50부터 복합어를 이룬 순서수사에서는 첫 부분이 단수생격이 된다.

пятидеся́тый　제 50의

двухсо́тый　제 200의

그러나 девяно́стый는 예외이다.

б) 어떤 순서수사는 개수사의 어간과 전혀 다르거나 혹은 변형된 어간으로부터 형성되는 것도 있다.

один　пе́рвый

два　второ́й

четы́ре　четвёртый

семь　седьмо́й

во́семь　восьмо́й

сто　со́тый

2) 순서수사는 형용사의 경변화 형식을 따르며, 뒤에 오는 명사와 성·수·격에 있어 일치한다. 순서수사는 단어미를 가지지 않는다.

девя́тый год　제 9년

девя́тая зима́　9번째의 겨울

девя́тое окно́　9번째의 창문

а) тре́тий, тре́тья, тре́тье만은 연변화를 따른다:

성 / 격	남 성	여 성	중 성	복 수
주	тре́тий	тре́тья	тре́тье	тре́тьи
생	тре́тьего	тре́тьей	тре́тьего	тре́тьих
여	тре́тьему	тре́тьей	тре́тьему	тре́тьим
대	주 또는 생	тре́тью	тре́тье	주 또는 생
조	тре́тьим	тре́тьей	тре́тьим	тре́тьими
전	тре́тьем	тре́тьей	тре́тьем	тре́тьих

б) 합성수사가 순서수사로 될 때는, 맨 끝의 수사만이 형용사 어미처럼 변화하고 그밖의 것은 개수사의 형태를 그대로 가진다.

주	ты́сяча	девятьсо́т	семьдеся́т	пя́тый (제 1975의)
생	ты́сяча	девятьсо́т	семьдеся́т	пя́того
여	ты́сяча	девятьсо́т	семьдеся́т	пя́тому

§ 134. 분수

분수는 개수사를 분자로 하고 순서수사를 분모로 해서 이루어진다. 그 때 분모는 여성명사 часть(부분)의 정어적인 형용사 구실을 하게 된다.

따라서 분자가 1일 때에는 단수주격, 분자가 2 이상일 때에는 복수주격의 형태를 취한다. 그러나 часть는 보통 생략된다.

$\frac{1}{2}$ полови́на 또는 одна́ втора́я (часть)
$\frac{1}{3}$ (одна́) треть 또는 одна́ тре́тья (часть)
$\frac{2}{3}$ две тре́ти 또는 две тре́тьих (ча́сти)
$\frac{1}{4}$ (одна́) че́тверть 또는 одна́ четвёртая (часть)
$\frac{3}{4}$ три че́тверти 또는 три четвёртых (ча́сти)
$\frac{1}{5}$ одна́ пя́тая (часть)
$\frac{4}{5}$ четы́ре пя́тых (ча́сти)
$\frac{5}{9}$ пять девя́тых (часте́й)

1) Полови́на($\frac{1}{2}$), треть($\frac{1}{3}$), че́тверть($\frac{1}{4}$)는 각각 여성명사처럼 변화한다.
2) 주격 이외의 사격에서 분모(순서수사)는 часть와 일치한다. 이를테면 две пя́тых($\frac{2}{5}$), (생격) двух пя́тых, (여격) двум пя́тым
Я прочита́л о́коло двух пя́тых (часте́й) э́той кни́ги.
(나는 이 책의 약 $\frac{2}{5}$를 읽었다).

§ 135. 년·월·일의 표시

1) "X X X 년"은 순서수사+год(주격), "X X X년에"는 в+순서수사 +году(전치격)로 표시한다.

Како́й у нас тепе́рь год? 지금은 몇 년입니까?

Тепе́рь ты́сяча девятьсо́т се́мьдесят пя́тый год. 지금은 1975년 입니다.

В како́м году́ роди́лся ваш оте́ц? 당신의 아버지는 몇 년에 출생했습니까?

Он роди́лся в ты́сяча девятьсо́т три́дцать пе́рвом го́ду. 그는 1931년에 출생했습니다.

2) "XX 월"은 주격, "XX 월에"는 в+전치격:

Како́й ме́сяц? 몇 월? 어느 달?

Янва́рь, февра́ль, ма́рт...

В како́м ме́сяце? 몇 월에? 어느 달에?

В январе́, в феврале́, в ма́рте...

В апре́ле ты́сяча девятьсо́т пятьдеся́т пе́рвого го́да 1951년 4월에 ...

3) "X X 일"은 순서수사+число́(수·날짜)지만, 보통 число́는 생략되고 순서수사·중성만으로 사용된다. "XX 일에"는 순서수사·중성·생격을 쓴다.

Како́е число́ сего́дня? 오늘은 몇 일입니까?

Сего́дня пя́тое (5-ое) января́. 오늘은 1월 5일입니다.

Како́го числа́ вы бы́ли на вы́ставке? 며칠 날에 당신은 전람회에 갔었습니까?

Я был на вы́ставке два́дцать тре́тьего (23-го) а́вгуста. 나는 8월 23일에 전람회에 갔었습니다.

4) "~년 ~월 ~일에"는 순서수사가 모두 생격이 된다:

Я верну́лся пятна́дцатого а́вгуста ты́сяча девятьсо́т со́рок шесто́го го́да. 나는 1946년 8월 15일에 돌아왔다.

§ 136. 동사 быва́ть(다회체)

быва́ть는 быть의 다회체이다. 다회체란 반복되는 동작이나 상태를 나타내는 불완료체 동사이다. 다음 예문을 보라.

В э́то вре́мя го́да здесь быва́ет о́чень хо́лодно. 이 계절이면 이 곳은 매우 춥다.

Оте́ц быва́ет до́ма по вечера́м. 아버지는 저녁마다 집에 계신다.

Э́то с ним ре́дко быва́ет. 이것은 그에게서 드물게 보는 일이다.

Она́ у нас ча́сто быва́ет. 그 여자는 자주 우리 집에 오곤 한다.

§ 137. 동사 носи́ть와, нести́, вози́ть везти́

운동을 나타내는 동사 ходи́ть, идти́와 마찬가지로, 운반을 뜻하는 이들 동사들도 부정태, 정태의 두 불완료체를 가지며 при-, у-, от- 등의 접두사가 붙음으로써 각각 대응하는 불완료체와 완료체가 되고, 본래의 뜻이 더욱 구체성을 띠게 된다(제 20과, § 89 참조)

1) носи́ть [불완·부정태] –нести́ [불완·정태] (지니고·가지고 가다)
   приноси́ть [불완] - принести́ [완] (가지고 오다)
   уноси́ть [불완] - унести́ [완] (가져가 버리다)
   - Она́ прино́сит по́чту 그 여자가 우편물을 가지고 온다.
   - Она́ унесёт по́чту. 그 여자가 우편물을 가지고 갈 것이다.

2) вози́ть [불완·부정태] - везти́ [불완·정태]
   привози́ть [불완] - привезти́ [완] (운반해 오다)
   увози́ть [불완] - увезти́ [완] (운반해 가버리다)
   - Он привёз бага́ж. 그는 짐을 날라왔다(차로).
   - Он увёз бага́ж. 그는 짐을 날라가 버렸다(차로).

◆ Упражне́ния

1. Переведи́те по-ру́сски:

1) 그들은 16층에 살고, 우리는 23층에 살고 있다.
2) 김교수는 4월 19일에 미국에서 돌아왔다.
3) 1968년에 그는 거의 매주일 우리를 방문하곤 했었는데, 지금은 전혀 우리 집을 방문하지 않고 있다.
4) 도서관에서 집으로 돌아올 때, 나는 언제나 5권 내지 6권의 책을 가

져오곤 했지만, 오늘은 한 권만 집으로 가져왔다.
5) 30년 전에는 모두들 긴 스커트(skirt)를 입고 다녔다(носи́ть). 그런데 지금도 모두들 긴 스커트(skirt)를 입고 다닌다.
6) 나의 어머니는 1917년에 출생했고, 아버지는 1914년에 출생했다.
7) 러시아인들은 미국의 기술에 흥미를 느끼고 있다.
8) 당신은 몇 년에 출생했습니까? 나는 1956년에 태어났습니다.
9) 그 여자는 어느 달에 시골에 갔었습니까? 8월에 갔었습니다.
10) 어제는 며칠이었습니까? 12월 31일이었습니다.
11) 나의 아버지는 1961년 9월 25일에 유럽으로 떠났다.
12) 3월 1일과 8월 15일은 한국의 국경일(пра́здник Коре́и)이다.

2. Прочита́йте сле́дующие ци́фры и переведи́те по-коре́йски:

1) Я прочита́ла о́коло 3/4 э́того рома́на.
2) Моя́ сосе́дка купи́ла 1/2 буты́лку молока́.
3) Принеси́те мне 3/5 и́ли 4/10 ва́ших де́нег.
4) Вели́кий ру́сский компози́тор Пётр Ильи́ч Чайко́вский роди́лся в 1840 году́. У́мер в 1893 году́.
5) Анто́н Па́влович Че́хов роди́лся в 1860 году́. У́мер в 1904 году́. Ему́ бы́ло 44 го́да.
6) Макси́м Го́рький роди́лся 16 ма́рта 1868 го́да. У́мер в 1936 году́.
7) Вели́кий ру́сский поэ́т, Алекса́ндр Серге́евич Пу́шкин, роди́лся26 мая 1799 го́да. Он у́мер в 1837 го́ду.
8) 10 апре́ля 1870 го́да роди́лся Влади́мир Ильи́ч Ле́нин.
9) Русски́й компози́тор Шостако́вич написал 7 Симфо́нию в Ленингра́де в 1942 году́.
10) Константи́н Си́монов, ру́сский писа́тель, поэ́т и драмату́рг, был в США в 1946 году́.

3. Отве́тьте по-ру́сски:

1) Како́й сего́дня де́нь?
2) Како́е сего́дня число́?
3) Како́е вчера́ бы́ло число́ и како́е бу́дет за́втра.
4) Когда́ быва́ет о́чень хо́лодно?
5) Како́е вре́мя го́да са́мое жа́ркое?
6) Како́е вре́мя го́да са́мое холо́дное?
7) Когда́ вы́ехал геро́й расска́за?
8) Где живёт его́ семья́?
9) Когда́ он прие́дет в Ирку́тск, и че́рез ско́лько дней?
10) Что он везёт с собо́й и почему́?
11) Когда́ де́нь рожде́ния его́ ма́мы?
12) Кто из семьи́ приезжа́ет домо́й в декабре́?
13) Что де́лают все бра́тья и сёстры, когда́ собира́ются вме́сте?
14) Кому́ он дал свои́ лы́жи в Санкт-Петербу́рге?
15) Когда́ друг принёс ему́ лы́жи?
16) Когда́ его́ сестра́ написа́ла ему́ письмо́?
17) Когда́ он прие́дет домо́й?
18) Ско́лько лет его́ отцу́? Мла́дшей сестре́? Племя́ннику?
19) В како́м году́ роди́лся его́ оте́ц?
20) Почему́ он везёт племя́ннику коньки́ в пода́рок?
21) Кто его́ сосе́дки, ско́лько им лет и куда́ они́ е́дут?
22) В како́м году́ он верну́лся из Аме́рики?
23) На коко́й эта́ж он поднима́лся в "Э́мпайт Стэйт"?
24) На како́м этаже́ он жил в гости́нице в Нью-Йо́рке?
25) До кото́рого ча́са он разгова́ривал с сосе́дками в ваго́не?

31

Три́дцать пе́рвый уро́к

Жизнь Ната́ши

29-го ноября́, 1972 г.

Дорога́я Ири́на,

Прости́, что давно́ тебе́ не писа́ла, но я уже́ пя́тый день больна́, и не выхожу́ и́з дому. О́чень си́льно простуди́лась. У меня́ на́сморк и ка́шель, го́рло боли́т и голова́ боли́т.

Сего́дня мне уже́ лу́чше, но до́ктор говори́т, что выходи́ть ещё нельзя́. Ужа́стно ску́чно всё вре́мя сиде́ть до́ма. Хотя́ бы позвони́л кто-нибу́дь по телефо́ну. Я бы сама́ позвони́ла кому-нибу́дь, но все мои́ друзья́ рабо́тают до пяти́ часо́в и никого́ из них нет до́ма.

Я тепе́рь весь день одна́. Муж ухо́дит на рабо́ту в семь часо́в утра́ и возвраща́ется ве́чером без че́тверти шесть, уста́лый и голо́дный. На́ши сосе́ди и сосе́дки то́же рабо́тают до полови́ны шесто́го, так что днём почти́ ни кого́ нет до́ма.

Сего́дня муж обеща́л привести́ кого́-то к у́жину, но не сказа́л, кто э́то бу́дет, потому́ что хо́чет сде́лать мне прия́тный сюрпри́з. Он так же обеща́л купи́ть какую́-то ры́бу, кото́рую наш гость о́чень лю́бит и что-то вку́сное на десе́рт. Мне так хо́чется с кем-нибудь поговори́ть, что мне всё равно́ кого́ приведёт мой муж.

Уже́ два́дцать пя́ть мину́т шесто́го. Я смотрю́ на часы́ ка́ждые пять мину́т. Мне всё ка́жется, что мои́ часы́ отстаю́т. Как ме́дленно идёт вре́мя, когда́ сиди́шь до́ма и ничего́ не де́лаешь. Неде́лю тому́ наза́д мои́ очки́ упа́ли с комо́да и разби́лись, так что с тех пор я ничего́ не чита́ла. Моя́ подру́га Ка́тя привезла́ мне из Москвы́ журна́л "Огонёк", "Сове́тская же́нщина", "Крокоди́л", а я не могу́ их чита́ть. Ну́жно зако́нчить э́то письмо́, потому́ что без очко́в мои́ глаза́ ско́ро устаю́т. Кро́ме того́ наве́рно ску́чно чита́ть о мое́й жи́зни. Но ты хоте́ла знать, как я живу́ и что де́лаю. А тепе́рь и ты пиши́ мне по бо́льше о себе́. Целу́ю тебя́.

Твоя́ подру́га, Ната́ша.

◆ Слова́рь

Ири́на 이리이나(여자의 이름)

{ проща́ть (I)
  прости́ть (II)[완] (прощу́, прости́шь; -я́т) 용서하다

си́льно 강하게, 세차게, 심하게

{ просту́живаться (I)
  простуди́ться (II)[완] (простужу́сь, просту́дишься; -ятся) 감기에 걸리다

я си́льно простуди́лась 나는 심한 감기에 걸렸다

на́сморк 코감기

ка́шель[남] 기침

го́рло 목(구멍), 인후

у меня́ боли́т го́рло 나는 목이 아프다

мне лу́чше 나는 좀더 나아졌다(좋아졌다)

нельзя́ (+미정형) 못한다, 해서는 안 된다

ужа́сно 심하게, 무섭게; 무섭다

ску́чно 지루하게, 따분하게; 심심하다, 따분하다

хотя́ бы 비록 ~하더라도, ~만이라도 ~했으면(좋겠는데)

кто-нибу́дь 누구든지, 누군가

сам (-а́,-о́; са́ми) 자기, 자신

уста́лый 피로한, 지친

сосе́д 이웃 사람

полови́на шесто́го 다섯 시 반

{ води́ть (II)[부정] (вожу́, -о́дишь; -ят)
  вести́ (I)[정] (веду́, -ёшь; -у́т:과거 вёл, вела́, -о́; -и́) 데리고 가다, 연행하다, 안내하다, 이끌다

{ приводи́ть (II) (води́ть의 변화)
  привести́ (I)[완] (вести́의 변화) 데려오다, 이끌어오다

кто́-то 누군가, 그 누구

сюрпри́з 뜻밖의 일, 뜻밖의 선물

како́й-то 그 어떤

так что 그래서, 그렇기 때문에

ры́ба 물고기, 생선

го́сть[남] (단·생 гостя, 복·주 гости) 손님

что́-то 그 무엇, 무엇인가

вку́сный (단어미형 вку́сен, вкусна́, -о; ы)맛있는, 맛 좋은

на десе́рт 디저트(감)으로

мне всё равно́ 내게는 매한가지다

мне ка́жется 내게는 ~같이 생각된다(보인다)

мне всё ка́жется 내게는 줄곧 ~같이 생각된다

отста́вать (I) (отстаю́, ёшь; -ю́т)
отста́ть (I)[완] (отста́ну, -ешь; -у́т: 명령 отста́нь; -ньте) 뒤떨어지다, 늦어지다

часы́ отстаю́т 시계가 늦게 간다.

очки́[남·복] (복·생 очко́в) 안경

па́дать (I) (па́даю, -ешь; -ют)
упа́сть (I)[완] (упаду́, -ёшь; -у́т:과거 упа́л, -о; -и) 떨어지다, 넘어지다

комо́д 장롱, 옷장

разбива́ться (I)
разби́ться (I)[완] (разобью́сь, -бьёшься; -ю́тся:명령 разбе́йся; -тесь) 깨지다, 부서지다, 망가지다

с тех пор 그 때부터

“Огонёк” “등불”(잡지이름)

“Крокоди́л” “악어”(만화잡지)

глаз (단·생 гла́за; 복·주 глаза́) 눈

устава́ть (I) (устаю́, -ёшь; -ю́т)
уста́ть (I)[완] (уста́ну, -ешь; -у́т:명령 уста́нь; -те) 피로하다, 권태를 느끼다

кро́ме того́ 그 밖에도, 그 이외에

как живу́ (내가) 어떻게 사는지

целова́ть (I) (целу́ю, -ешь; -ют)
поцелова́ть (I)[완] 키스하다

◆ Грамма́тика

§ 138. 무인칭문

무인칭문이란 주어가 없거나 그 존재를 판단할 수 없는 문장을 말한다. 그러나 주어가 생략된 것은 무인칭문이 아니다. 다시 말하면 문법적 주어(주격)를 쓸 수 없는 문장을 말한다.

무인칭문의 술어에는 무인칭 동사와 술어적 부사의 두 가지가 있다. 무인칭문에서는 행동하는 인물이나 사물이 없이 어떤 행위·현상·상태가 저절로 일어나는 것처럼 표현되는 데 특징이 있다.

1) 무인칭 동사는 언제나 3인칭 단수(과거는 중성)만이 사용된다.

미정형:	**каза́ться**[불완]	**показа́ться**[완]
현재:	мне ка́жется	없음
과거:	мне каза́лось	мне показа́лось
미래:	мне бу́дет каза́ться	мне пока́жется
가정:	мне каза́лось бы	мне показа́лось бы

Мне каже́тся, что мои́ часы́ отстаю́т.
나의 시계가 늦은 것처럼 내게는 생각된다.

Студе́нту показа́лось, что он опозда́л на уро́к.
대학생에게는 그가 수업시간에 늦은 것처럼 생각되었다.

хоте́ться, захоте́ться[완] (хоте́ть의 변화) ~하고 싶어진다.

Мне о́чень хоте́лось пить. 나는 몹시 마시고 싶어졌다(목이 말랐다).
Ма́льчику хо́чется есть. 소년은 먹고 싶어한다(배가 고프다).

다음 문장과 비교하라:

Я о́чень хоте́л пить. 나는 몹시 마시고 싶다.
Ма́льчик хо́чет есть. 소년은 먹기를 원한다.

каза́ться, хоте́ться 이외에도 많은 무인칭 동사가 있는데, 이러한 무인칭 동사들은 자연현상·육체적, 심리적 상태·희망·가능·과부족 등을 나타낸다.

2) 술어적 부사의 대부분은 형용사 중성 단어미형과 같은 형태를 취한

다(урóк15, §83; урóк24, §107 참조). 술어적 부사도 역시 자연현상·육체적, 심리적 상태·희망·필요·가능 등을 나타낸다. 술어적 부사가 과거나 미래를 나타낼 때는 연사로서 бы́ло(과거), бу́дет(미래)를 첨가한다.

Мне хóлодно. 나는 춥다.

Емý бы́ло прия́тно. 그는 유쾌했다.

Студéнту нáдо говори́ть тóлько по-рýсски. 대학생은 러시아어로만 말할 필요가 있다.

3) 무인칭문에서 상태를 경험하는 주체는 여격이 된다(위의 예문들을 보라).

§ 139. 보편인칭문

주어를 가지지 않는 동사 2인칭단수 현재형은 일반적인 사실·관례·자기의 체험 등을 표현하는데 사용된다. 이러한 문장을 보편인칭문이라 한다.

Ти́ше éдешь, дáльше бýдешь. 조용히(천천히) 가는 자가 더 멀리 간다(가는 법이다).

На вас смóтришь, всё игрáете и пры́гаете. 너희들을 보니, (너희들은) 언제나 뛰놀고만 있구나.

Как мéдленно идёт врéмя, когдá сиди́шь дóма и ничегó не дéлаешь. 집에 앉아서 아무것도 하지 않고 있을 때는 참으로 시간이 느리게 간다.

보편인칭문에서 동사가 나타내는 동작은 누구에게도 통용될 수 있다. 즉 말하는 사람 자신일 수도 있고, 그 상대방일 수도 있으며, 제 3자나 개괄적 의미의 세상 사람일 수도 있다.

보편인칭문과 부정인칭문(урóк 5, §30 참조)은 무주어문이라고도 한다.

§ 140. мóжно와 нельзя́

мóжно(할 수 있다, 가능하다, 해도 된다)와 нельзя́(할 수 없다. 불가능하다, 해서는 안된다)는 무인칭문에서 미정형과 함께 사용되기도 하고 단독으로 사용되기도 한다. 이 때 의미상의 주어는 여격이 된다:

Мóжно разговáривать в клáссе? Нельзя́. 교실에서 이야기를 해도 됩

니까? 안됩니다.

Здесь нельзя́ кури́ть. 여기선 담배를 피워서는 안 된다.

Мне ещё нельзя́ выходи́ть. 나는 아직도 여기서 나가서는 안 된다.

В го́роде ничего́ нельзя́ бы́ло купи́ть. 시내에서는 아무것도 살 수 없었다.

§ 141. 부정의 뜻을 나타내는 -то와 -нибу́дь-

-то와 -нибу́дь는 의문대명사나 의문부사 뒤에 붙어, 그 의문사에 부정의 뜻을 부여한다.

1) -то는 일정하기는 하지만, 그것을 명확히 밝히지 않을 때:

кто́-то	누군가	что́-то	무엇인가
како́й-то	그 어떤	где́-то	어디선가
когда́-то	언젠가	ка́к-то	어떻게 해서인지
куда́-то	어디론가	че́й-то	그 누구의

Кто-то ходи́л по коридо́ру. 누군가 복도를 거닐고 있다.

Я кого́-то жду. 나는 누군가를 기다리고 있다.

Я что́-то принесу́. 나는 무엇인가를 가져오겠다.

Когда́-то он был офице́ром. 그는 언젠가(한때) 장교였다.

Куда́-то она́ ушла́. 그 여자는 어디론가 가버렸다.

Где-то жила́ его́ жена́. 어디선가 그의 아내는 살고 있었다.

2) –нибу́дь는 부정, 불명, 무차별, 무관심을 나타낼 때:

кто-нибу́дь	누구든지	что-нибу́дь	무엇이든지
како́й-нибу́дь	어떤 것이든지	где-нибу́дь	어디서든지
когда́-нибу́дь	언제든지	как-нибу́дь	어떻게 해서든지
куда́-нибу́дь	어디로든지	чей-нибу́дь	누구의 것이든지

Скажи́те кому́-нибу́дь. 누구에게든지 말하시오.

Мне хо́чется с кем-нибу́дь поговори́ть. 나는 누구하고든지 얘기를 좀 했으면 좋겠다(하고 싶다).

Я вам что-нибу́дь принесу́. 나는 당신에게 무엇이든지 가져오겠습니다.

Уйди́ куда́-нибу́дь. 어디로든지 가버려라.

Откро́йте чем-нибу́дь дверь. 무엇으로든지 문을 여십시오.

Да́йте мне чью-нибу́дь кни́гу. 누구의 책이든지 내게 주시오.

위에서 보는 바와 같이, -то나 -нибу́дь가 붙어서 이루어진 부정대명사는 격변화를 할 때, 대명사만이 변화하며 -то나 -нибу́дь는 변화하지 않는다.

§ 142. 시간의 표시

1) 시간의 표시에는 개수사와 순서수사가 사용된다.

а) 개수사:

час	1:00
три часа́	3:00
четы́ре часа́	4:00
пять часо́в	5:00
двена́дцать часо́в	12:00

б) 순서수사

пе́рвый час	제 1시(12시부터 1시 사이)
второ́й час	제 2시(1시부터 2시 사이)
тре́тий час	제 3시(2시부터 3시 사이)
четвёртый час	제 4시(3시부터 4시 사이)
пя́тый час	제 5시(4시부터 5시 사이)
двена́дцатый час	제 12시(11시부터 12시 사이)

2) Кото́рый тепе́рь час? (지금 몇 시 입니까?)

а) 개수사를 사용할 경우:

три часа́	3시
пять часо́в	5시
ро́вно де́сять часо́в	정각 10시
без пяти́ (мину́т) семь	7시 5분전
без трёх (мину́т) два	2시 3분전

без че́тверти оди́ннадцать	11시 15분전
без двадцати́ пяти́ во́семь	8시 25분전
четы́ре часа́ с полови́ной	4시 반

б) 순서수사를 사용하는 경우:

пять мину́т пе́рвого (ча́са)	제 1시(즉 12시) 5분
со́рок одна́ мину́та второ́го	1시 41분
че́тверть тре́тьего	2시 15분
два́дцать три мину́ты пя́того	4시 23분
полови́на деся́того	9시 반
три че́тверти оди́ннадцатого	10시 45분

идёт пе́рвый час 제 1시가 가고 있다.(12시가 지나고 있다.)

※ 순서수사와 함께 사용되거나 개수사가 생략되었을 때 час의 단수 생격은 часа́가 된다.

3) в кото́ром часу́? (몇 시에?)

в четы́ре часа́	4시에
в семь часо́в де́сять мину́т	7시 10분에
в че́тверть седьмо́го	6시 15분에
в полови́не восьмо́го	7시 반에
в шесто́м часу́	5~6시 사이에(5시가 지나서)

4) "오전", "오후"의 표시

а) 4:00-12:00 утра́ 아침의, 오전

в ше́сть часо́в утра́ 오전 6시에

б) 12:00-6:00 дня 낮의, 오후

в двена́дцать часо́в дня 낮 12시에

в) 6:00-12:00 ве́чера 저녁의, 오후

в во́семь часо́в ве́чера 저녁 8시에

г) 12:00-4:00 но́чи 밤의, 오전

в три часа́ но́чи 밤(오전) 3시에

5) 시간을 표시하는데 사용되는 전치사

без(+생격) без пяти́ шесть 6시 5분전

в(+대격) в два часа́ три мину́ты 2시 3분에

в(+전치격) в тре́тьем часу́ 제 3시에

на(+대격) Он опозда́л на пять мину́т. 그는 5분 늦었다.

через(+대격) че́рез час 한 시간 후

после(+생격) по́сле двух (часо́в) 두 시가 지나서

с, до(+생격) с шести́ до девяти́ 6시부터 9시까지

о́коло(+생격) о́коло семи́ часо́в 약 7시

за(+대격), до(+생격)

за три часа́ до нача́ла уро́ка 수업이 시작되기 3시간 전에

※ час는 시각과 시간의 두 가지 뜻으로 사용된다.

◈ Упражне́ния:

1. Напиши́те по-ру́сски:

1) 12:00 정각
2) 1:30
3) 2:15
4) 3:21
5) 오후 4:00
6) 오전 5:00
7) 6:30
8) 오후 7:45
9) 오전 4:00
10) 7시 8 분전
11) 9시 15분전
12) 10시 2분전
13) 2시 12분에
14) 8시, 반에
15) 오전 10시에
16) 11시 15분에
17) 2시간 후에
18) 3시간 지나서
19) 오전 9시부터 오후 5시까지
20) 작업 개시 2시간 전에

2. Переведи́те по-ру́сски:

1) 1974년에 서울은(에는) 지독히 추웠다.
2) 겨울이 몹시 추우면(추울 때), 여름에도 몹시 더울 것이라고들 자주 말한다.
3) 그의 여동생은 감기에 걸려서 의사한테 가지 않으면 안되었다.
4) 그 여자에게는 오늘 밤 늦게 남편이 집에 돌아올 것처럼 생각되었다.
5) 그들은 매우 춥고 배가 고팠다.
6) 교실 안에서 담배를 피워서는 안된다.
7) 들어가도 좋습니까? 안됩니다. 그는 지금 공부하고 있습니다.
8) 새벽 1시 30분에 어떤 사람이 나한테 전화를 걸어와서 나는 그 후 잠을 잘 수 없었다.
9) 누구든지 나의 물음에 대답하시오.
10) 어디선가 그녀는 나를 기다리고 있을 것처럼 생각된다.
11) 지금은 몇 시입니까? 내 시계로는(по мои́м часа́м) 지금 11시 15분입니다. 그러나 내 시계는 10분이 늦습니다.
12) 매일 기차는 10시 5분에 도착하곤 한다(прихо́дит). 그러나 오늘은 30분 늦게 도착할 것이다.
13) 수업은 8시부터 4시까지 계속될 것이다 (продолжа́ется).
14) 5시간이 지나면 우리는 러시아의 수도 모스크바에 도착할 것이다.
15) 나는 3시 이후에 집에 있을 것이다.
16) 음악회가 시작되기 한 시간 전에 그 여자는 어디론가 가버렸다.

3. Переведи́те по-коре́йски:

Сего́дня ра́но у́тром, ка́жется в полови́не седьмо́го, когда́ в до́ме все ещё спа́ли, позвони́л телефо́н. Я бы́стро вста́ла и пошла́ к телефо́ну. Звони́л друг моего́ му́жа, кото́рый прие́хал из Сиби́ри. Он позвони́л так ра́но, потому́ что прие́хал то́лько на не́сколько часо́в и до́лжен был е́хать куда́-то да́льше. Я попроси́ла его́ сейча́с же прие́хать к нам. Че́рез три че́тверти ча́са он был у нас и мы вме́сте пи́ли ко́фе и разгова́ривали. Мы давно́ его́ не ви́дели и бы́ли о́чень ра́ды поговори́ть с ним о его́ жи́зни в Сиби́ри и его́ рабо́те.

Наш гость привёз мно́го журна́лов из Сиби́ри и оста́вил их мне. Когда́ они́ с му́жем ушли́ я начала́ чита́ть их, но ка́ждые де́сять мину́т кто́-нибудь звони́л по телефо́ну. Пото́м ко мне зашла́ сосе́дка и разгова́ривала до тех пор, пока́ муж не верну́лся. Он принёс каку́ю-то ры́бу и что́-то о́чень вку́сное на десе́рт. Сейчас на́до пригото́вить у́жин, а мне хо́чется чита́ть все э́ти интере́сные журна́лы.

4. Отве́тьте по-ру́сски:

1) Почему́ Ната́ша давно́ не писа́ла И́рине?
2) Что у неё боли́т?
3) Лу́чше ли ей сего́дня, и что говори́т до́ктор?
4) Почему́ она́ не звони́т нико́му по телефо́ну?
5) В которо́м часу́ ухо́дит её муж на рабо́ту?
6) В кото́ром часу́ возвраща́ется её муж домо́й?
7) До кото́рого ча́са рабо́тают сосе́ди Ната́ши?
8) Что обеща́л сде́лать муж Ната́ши?
9) Хо́чет ли она́, что́бы муж привёл кого́-нибу́дь сего́дня ве́чером?
10) Как ча́сто она́ смо́трит на ча́сы?
11) Что ка́жется Ната́ше, когда́ она́ смо́трит на часы́?
12) Как идёт вре́мя, когда́ сиди́шь до́ма и ничего́ не де́лаешь?
13) Почему́ она́ ничего́ не чита́ет?
14) Как разби́лись её очки́?
15) Как зову́т подру́гу Ната́ши, кото́рой она́ пи́шет письмо́?
16) А как зову́т другу́ю подру́гу, кото́рая то́лько что прие́хала из Москвы́?
17) Что привезла́ Ка́тя из Москвы́?
18) Почему́ у Ната́ши так ско́ро уста́ли глаза́?
19) О чём она́ всё вре́мя писа́ла?
20) Что хоте́ла знать Ири́на?

32

Три́дцать второ́й уро́к

У́мная ко́шка

У меня́ больша́я хоро́шая ко́мната, и есть у меня́ краси́вая ко́шка. Прихожу́ оди́н раз с рабо́ты домо́й. Ви́жу, что моя́ ко́шка сиди́т под столо́м. Я посмотре́л под стол и ви́жу, что там лежи́т та́кже и кни́га. Я зна́ю, что я поста́вил э́ту кни́гу на по́лку. Как же она́ попа́ла под стол? Я взя́л кни́гу из-под стола́ и положи́л её на стол. Моя́ ко́шка посмотре́ла на меня́, вы́шла из-под стола́ и останови́лась о́коло две́ри. Пото́м она́ пры́гнула на стул. Со сту́ла без большо́го труда́, пры́гнула на шкаф. Я побежа́л за ней, а она́ спря́талась за шкаф. Я хоте́л её доста́ть из-за шка́фа, но не мог.

Я пошёл в другу́ю ко́мнату за па́лкой, а ко́шка за э́то вре́мя подошла́ к окну́. Я стал ме́жду столо́м и окно́м и хоте́л уда́рить ко́шку па́лкой, но она́ пры́гнула с окна́ че́рез меня́, пря́мо на стол, где стоя́л стака́н с водо́й. Стака́н упа́л и разби́лся, а вода́ потекла́ со стола́ на пол.

От окна́ до стола́ бы́ло далеко́. Я не понима́ю, как ко́шка могла́ так далеко́ пры́гнуть. Когда́ я подошёл к столу́, я уви́дел, что ко́шка берёт кни́гу в рот и та́щит её со стола́. Я ду́мал, что пе́редо мно́й бы́ло чу́до: ко́шка, кото́рая хо́чет чита́ть! Я хоте́л взять кни́гу, но ко́шка пры́гнула на пол, и начала́ цара́пать мне но́гу.

Моя́ ко́шка, ра́ди кото́рой я так ча́сто сиде́л до́ма, ко́шка для кото́рой я всегда́ покупа́л са́мое лу́чшее мя́со... и тепе́рь э́та ко́шка из-за кни́ги цара́пает меня́! Нет здесь что́-то не так. Я уда́рил ко́шку па́лкой, взял кни́гу и то́лько тепе́рь по́нял в чём де́ло: вся кни́га была́ в варе́нье. На по́лке о́коло э́той кни́ги стоя́ла ба́нка с варе́ньем, и каки́м-то о́бразом варе́нье из ба́нки попа́ло на кни́гу. Вот почему́ моя́ ко́шка хоте́ла чита́ть.

◈ Словарь

умный(단어미)умён, умна́, -о; -ы́ 현명한, 똑똑한, 영리한

и[접] 그리고, 또; ~도(뒤에 오는 낱말을 강조하는 뜻으로)

ста́вить (II)[불완] (ста́влю, ста́вишь; -ят)
поста́вить (II)[완] 세워놓다

попада́ть (I)[불완]
попа́сть (I)[완] (попаду́, -ёшь; -у́т:과거 попа́л, -а, -о; -и) 빠져들다, 떨어지다(우연히 어느 장소에)

как она́ попа́ла под стол? 어떻게 그것이(그녀가) 책상 밑으로 굴러들었을까?

из-под[전](+생격) 밑으로부터

класть (I) (кладу́, -ёшь; -у́т: 과거 клал, -а, -о; -и)

положи́ть (II)[완] (положу́, -о́жишь; -ат) 뉘어놓다

дверь[여] 방문(door)

пры́гать (I) 껑충 뛰다, 도약하다
пры́гнуть (I)[완] (пры́гну, -ешь; -ут)

труд 노동, 노력

без большо́го труда́ 별로 힘들이지 않고, 수월하게

шкаф 책장, 찬장

побежа́ть (II)[완] (побегу́, побежи́шь; -гу́т) 달리다, 달리기 시작하다

за [전] (+대격) 뒤로; ~을 위하여
(+조격) 뒤에, 넘어서

пря́таться (I)[불완] (пря́чусь,-ешься; -утся)
спря́таться (I)[완] 숨다, 자취를 감추다

достава́ть (I) (достаю́, -ёшь; -ю́т)
доста́ть (I)[완] (доста́ну, -ешь; -ут) 손에 넣다(입수), 꺼내다

из-за[전](+생격) 뒤로부터

за э́то вре́мя 그(이) 동안에

подходи́ть (II) (ходи́ть의 변화)
подойти́ (I)[완] (идти́의 변화) 가까이 가다, 접근하다, 다가가다

становиться (II)
стать (I)[완] (стану, -ешь; -ут) 서다, 위치하다, ~시작하다
между[전](+조격) ~ 사이에
ударять (I)
удaрить (II)[완] (ударю, -ишь; -ят) 때리다, 치다
прямо[부] 곧장, 곧바로; 직접, 솔직히
течь (I) (теку, течёшь; текут: 과거 тёк, текла, -о; -и)
потечь (I)[완] 흐르다
рот (단·생 рта) 입
таскать (I)[부정] 끌고가다
тащить (I)[정] (тащу, тащишь; -ат)
чудо (복수; чудеса, -дес, -десами) 기적, 놀라운 일
царапать (I) 할퀴다, 낚아채다; 긁적거리다
поцарапать (I)[완]
нога (단·생 ноги, 복·주 ноги) 발, 다리
ради[전](+생격) ~을 위하여
не так 그게 아니다, 그렇지 않다
что-то не так 무엇인가(어딘지) 이상하다
дело (복·주 дела) 일, 사업, 용무
в чём дело? 어찌된 일인가?
варенье 잼, 과일졸임
банка(통조림)통, 단지
образ (복·주 образы) 방식, 양식, 형상
каким-то образом 그 어떤 방법으로, 어찌된 것인지

◆ Грамматика

§ 143. 전치사의 정리

전치사는 주격을 제외한 모든 격을 지배한다. 대부분의 전치사는 한 격

만을 지배하지만, 어떤 전치사는 2개 내지 3개의 격을 지배하기도 한다.
다음에 전치사의 격지배를 정리해 보기로 한다.

1) 생격 (кого-чего)**지배 전치사:**

без (безо): без рабо́ты; без де́нег; без друзе́й.
(없이) 일 없이 돈 없이 친구 없이

близ: близ огоро́да; близ дере́вни.
(가까이) 채소밭 가까이 마을 가까이

вдоль: вдоль бе́рега; вдоль дли́нной у́лицы.
(따라) 강가(바닷가)를 따라 긴 거리를 따라(沿하여).

вме́сто: вме́сто отца́; вме́сто откры́тки.
(대신에) 아버지 대신에 엽서 대신에

внутри́: внутри́ вокза́ла; внутри́ избы́.
(내부에) 정거장 내부에(안에) 농가 안에.

вне: вне страны́; вне до́ма.
(밖에) 국외에 집 밖에.

во́зле: во́зле реки́; во́зле меня́.
(옆에) 강 옆에 내 옆에.

вокру́г: вокру́г го́рода; вокру́г них.
(주위에) 도시 주변에 그들 주위에.

для : обе́д для госте́й; трава́ для скота́.
(위한, 위해서) 손님들을 위한 식사 가축을 위한 풀.

до: до ста́нции; до ве́чера; до войны́.
(까지; 전의) 정거장까지 저녁때까지 전쟁 전의(전까지).

из (и́зо): письмо́ из Москвы́; и́зо всех сил.
(안으로부터) 모스크바로부터의 편지; 있는 힘을 다하여.
из ко́мнаты ; стол из де́рева
방안으로부터 나무로 만든 책상

из-за: из-за угла́; из-за плохо́й пого́ды
(뒤로부터, 때문에) 구석으로부터 나쁜 일기(날씨) 때문에.

из-под: Он взял па́лку из-под ковра́

(밑으로부터) 그는 양탄자 밑에서 막대기를 집어들었다.

кро́ме: Кро́ме бра́та, никто́ об э́том ничего́ не зна́ет.
(이외에) 형 이외에는 아무도 여기에 대해 모른다.

ми́мо: Мы прое́хали ми́мо музе́я.
(옆을 지나서) 우리는 박물관 옆을 지나서 왔다.

о́коло: Шкаф стои́т о́коло две́ри.
(가까이, 옆에) 책장이 문 옆에 서 있다.
(약) Конфе́ты стоя́т о́коло пяти́ рубле́й.
캔디는 약 5루블레이 이다.

от: недалеко́ от шко́лы; письмо́ от ма́мы.
(부터) 학교로부터 멀지 않은 곳에; 어머니로부터의 편지.

по́дле: Мо́жно сесть по́дле вас?
(곁에) 당신 곁에 앉아도 괜찮을까요?

позади́: позади́ до́ма; позади́ нас.
(뒤에) 집 뒤에 우리 뒤에.

посреди́: посреди́ пло́щади.
(한가운데에) 광장 한복판에.

по́сле: по́сле экза́мена; по́сле вас.
(후에, 다음에) 시험(이 끝난)후에 당신 다음에.

про́тив: Они́ жи́ли про́тив па́рка; я про́тив неё.
(반대편, 맞은편) 그들은 공원 맞은편에 살았다; 나는 그녀를 반대한다.

ра́ди: ра́ди страны́; ра́ди сы́на.
(위하여) 나라를 위하여; 아들을 위하여

среди́: среди́ друзе́й; среди́ гор Кавка́за.
(가운데에) 친구들 가운데; 까프까스의 산들 중에.

с (со): вы идёте с конце́рта; с утра́ до но́чи.
(부터) 당신은 음악회에서 오고 있다; 아침부터 밤까지.

у: У меня́ но́вые часы́; шкаф стоя́л у окна́.
(옆에, 에게) 내게는 새 시계가 있다; 책장은 창문 옆에 서 있다.

2) 여격 (кому́-чему́)**지배 전치사:**

к (ко):	внук бежи́т к ба́бушке;	любо́вь к му́зыке.
(쪽으로)	손자가 할머니에게 달려간다;	음악에 대한 사랑.
	Он вернётся к трём часа́м.	
(경에)	그는 3시경에 돌아올 것이다.	
по:	Мы шли по у́лице.	Он уда́рил меня́ по ноге́.
(표면을 따라서)	우리는 거리를 걸어갔다;	그는 내 발을 때렸다.
	Мы говори́ли по телефо́ну.	
(~마다, 의해서)	우리는 전화로 말했다.	
	по воскресе́ньям;	по ва́шему сове́ту.
(~에 따라)	일요일마다;	당신의 충고에 따라.

3) 대격 (кого́-что)**지배 전치사**

в (во):	она́ лети́т во Фра́нцию.	Он идёт в шко́лу.
(안으로)	그녀는 프랑스로 날아간다(비행기로);	그는 학교로 간다.
	в суббо́ту; в два часа́	
(~에)	토요일에; 두 시에.	
за:	Ко́шка побежа́ла за шкаф;	спаси́бо за ваш пода́рок.
(뒤로)	고양이는 책상 뒤로 달려갔다;	당신의 선물 고맙습니다.
	За два часа́ до отъе́зда.	
(~전에)	출발하기 2시간 전에.	
на:	Ко́шка пры́гнула на пол. Мы пошли́ на ста́нцию, (на ле́кцию); Он уе́дет на год.	
(위로)	고양이는 마루바닥으로 껑충 뛰었다; 우리들은 정거장 (강의실)으로 갔다; 그는 1년간 떠날 것이다.	
под:	Перо́ упа́ло под ковёр. Положи́те письмо́ под ковёр.	
(밑으로)	펜이 양탄자 밑으로 떨어졌다; 편지를 양탄자 밑에 놓아 두십시오.	
про:	Он говори́л про мою́ жену́. Ска́зка про коро́ву.	
(대하여)	그는 나의 아내에 대하여 말하고 있다; 암소에 대한 옛날 이야기.	

че́рез: Че́рез мост идёт трамва́й. Мы вхо́дим в гости́ную че́рез столо́вую.
(지나서, 넘어서) 전차가 다리를 지나간다; 우리는 식당을 지나서 응접실로 들어간다.
Я узна́л об э́том че́рез моего́ дру́га.
(통하여, 후에) 나는 나의 친구를 통해 이것을 알았다.
че́рез неде́лю.
한 주일 후에.

4) 조격 (кем-чем)지배 전치사:

за: Она́ сиди́т за столо́м. Он жил за Во́лгой.
(뒤에) 그녀는 식탁에 앉아 있다; 그는 볼가강 너머에 살았다.
Мы пойдём за ва́ми, так как мы не зна́ем доро́ги.
우리는 길을 모르기 때문에 당신 뒤를 따라가겠다.
(부르러) Мать пошла́ за до́ктором (за кни́гой).
(가지러) 어머니는 의사를 부르러 갔다(책을 가지러).
ме́жду: Ме́жду комо́дом и шка́фом была́ дверь.
(~사이에) 장롱과 책장 사이에 방문이 있었다.
Пусть э́то оста́нется ме́жду на́ми.
이것은 우리 사이의 문제만으로 남겨두자.
над (на́до): Над го́родом лета́ли самолёты.
(위에) 도시 위에(상공에) 비행기들이 날고 있었다.
Пе́ред(передо): Пе́ред до́мом большо́й сад;
(앞에) 집 앞에 큰 정원이 있었다;
Они́ пообе́дали пе́ред отъе́здом.
그들은 출발하기 전에 식사를 했다.
под: Перо́ лежа́ло под ковро́м. Соба́ка сиди́т под столо́м.
(밑에) 펜은 양탄자 밑에 누어있었다; 개는 식탁 밑에 앉아 있다.
с (со): С кем вы говори́ли? С мои́м дру́гом. ко́фе с молоко́м
(함께) 당신은 누구하고 말했습니까? 나의 친구하고; 우유를 탄 커피.

5) 전치격**(о ком-о чем) 지배 전치사**

в (во):	Мы бы́ли в саду́. Мы гуля́ли в па́рке.
(안에)	우리는 정원에 있었다. 우리는 공원에서 산책했다.
	В январе́ быва́ет о́чень хо́лодно.
(~에)	1월에는 몹시 춥다.
на:	Перо́ лежи́т на столе́. на со́лнце: на уро́ке;
(위에)	펜은 책상 위에 놓여 있다; 햇볕에; 수업 시간에;
	на по́чте; на ста́нции.
	우체국에; 정거장에
о (об,обо):	Не ду́майте о сы́не; Ду́майте об экза́менах.
(대하여)	아들에 대하여 생각하지 마시오; 시험에 대하여 생각하시오.
по:	По прие́зде до́ктора, ей ста́ло лу́чше.
(~한 후에)	의사가 도착한 후 그녀는 나아졌다.
	Ма́льчик скуча́л по отцу́(отце)
(를 생각하며)	소년은 아버지를 생각하며 그리워했다.
при:	Он сказа́л э́то при мне.
(있는데서)	그는 내가 있는 자리에서 이 얘기를 했다.
(부속되어)	При институ́те есть библиоте́ка. При Петре́ Вели́ком.
(시대에)	대학에 부속 도서관이 있다; 뾰뜨르대제 시대에

§ 144. 동사의 일회체

완료체동사 중에는 "순간적 동작 또는 일회의 동작"을 나타내는 것이 있다. 이러한 것을 일회체동사라 한다. 일회체동사는 미정형이 –нуть로 끝난다.

пры́гать (I) 뛰다, 도약하다 —— пры́гнуть (I)[완] 껑충 뛰다.
крича́ть (II) 소리 지르다 —— кри́кнуть (I)[완](버럭)고함치다.
плева́ть (I) 침을 뱉다 —— плю́нуть (I)[완] (퉤) 침을 뱉다.

◈ Упражне́ния

1. Переведи́те по-ру́сски:

1) 고양이는 책상으로부터 양탄자 위로 사뿐히(수월하게) 껑충 뛰었다.
2) 여름에 우리는 바다 근처의 별장에서 살았다.
3) 우리는 아름다운 보올가 강변을 따라 산책을 했다.
4) 아버지 대신 어머니가 오늘 시골에서 도착하였다.
5) 건물 밖에서 우리가 기다리고 있을 동안, 건물 안에서는 모두들 춤을 추고 있었다.
6) 나는 나의 딸을 위해서 이 책을 샀다.
7) 그는 모자도 외투도 없이 거리로 나갔다.
8) 병원 주위에는 병사들이 산책을 하고 있었다.
9) 우리는 6시까지 테니스를 쳤다.
10) 그녀는 자기 아비지한테서 편지를 받았다. 그 편지는 모스크바에서 온 것이었다.
11) 나는 책장 뒤에서(뒤로부터) 고양이를 꺼냈다.
12) 비가 와서(비 때문에) 나는 극장에 갈 수 없었다.
13) 젊은 처녀들이 도서관 옆을 지나갔다.
14) 딸이 아팠기 때문에, 어머니는 의사를 부르러 갔다.
15) 대학생들 가운데 러시아인이 하나 있었다.
16) 나는 이 도시에서 당신 이외에는 아무도 모른다.
17) 내일 오전 10시에 우리한테 들르십시오.
18) 나의 할머니가 계시는 앞에서는 극장에 대한 이야기를 하지 마시오.
19) 우리는 광장을 지나서 역 안으로 들어갔다.
20) 나의 형은 3년 후에 미국에서 돌아올 것이다.
21) 마을과 도시 사이에 큰 강이 흐른다.
22) 장교들은 저녁마다 트럼프(카드)놀이를 한다.

2. Переведи́те сле́дующие на коре́йский:

1) Они́ ушли́ домо́й без меня́.
2) Без него́ всегда́ ти́хо в кла́ссе.
3) Близ на́шего до́ма был большо́й парк.
4) Вдоль у́лицы стоя́ли высо́кие дома́.
5) Ка́тя была́ больна́ и я пошла́ в теа́тр вме́сто неё.
6) Внутри́ теа́тра бы́ло тепло́.
7) Ба́нка с варе́ньем была́ внутри́ шка́фа.
8) Мы жда́ли вне до́ма.
9) Ме́бель стоя́ла на у́лице вне зда́ния.
10) Библиоте́ка была́ во́зле на́шего до́ма.
11) Кака́я-то же́нщина се́ла по́дле меня́ и начала́ разгова́ривать.
12) Он поста́вил свой стул по́дле её сту́ла.
13) Вокру́г земли́ мо́жно тепе́рь лета́ть на самолёте.
14) Для того́, что́бы знать хорошо́ ру́сский язы́к, на́до мно́го учи́ться.
15) Для меня́ э́то не я́сно.
16) Для вас мы гото́вы всё сде́лать.
17) От Москвы́ до Санкт-Петербу́рга.
18) От Пу́шкина до на́ших дней.
19) До войны́ всё бы́ло деше́вле.
20) А́нна прие́хала из Москвы́.
21) Он взял из карма́на де́ньги.
22) Э́та ла́мпа сде́лана из де́рева.
23) Из-за угла́ вы́ехал автомоби́ль.
24) Э́то случи́лось из-за ва́шей сестры́.
25) Соба́ка вы́шла из-под стола́.
26) Кро́ме меня́ там бы́ли други́е студе́нты.
27) Кро́ме воды́ и молока́ она́ ничего́ не пьёт.
28) Я никому́ не говори́л, кро́ме вас.
29) Ми́мо нас прошли́ молоды́е де́вушки с пе́снями.

30) Кто стоя́л о́коло по́чты?

31) У меня́ есть о́коло двух рубле́й.

32) От шко́лы до до́ма я е́хал авто́бусом.

33) Позади́ меня́ кто́-то шёл и пел.

34) Посреди́ по́ля стоя́ло большо́е де́рево.

35) По́сле обе́да мы пошли́ гуля́ть.

36) Мы сиде́ли друг про́тив дру́га.

37) Я про́тив э́того.

38) Он до́лжен сде́лать э́то ра́ди отца́.

39) Среди́ нас есть хоро́шие студе́нты.

40) Среди́ пассажи́ров бы́ло мно́го англича́нок.

41) Лю́ди иду́т с собра́ния.

42) Наро́д идёт с вокза́ла.

43) У меня́ прекра́сные коньки́.

44) Ко́шка останови́лась у мои́х ног.

45) Они́ себя́ чу́вствуют у нас, как до́ма

46) Пойди́те к до́ктору, е́сли вы больны́.

47) Пое́дем к мо́рю: там так прохла́дно.

48) К понеде́льнику всё бу́дет гото́во.

49) К сожале́нию, у меня́ нет папиро́с.

50) Мы два часа́ ходи́ли по по́лю.

51) Он уда́рил па́лкой по столу́.

52) Они́ два го́да е́здили по Аме́рике.

53) Ребёнок бежа́л по доро́ге.

54) Приди́те в сре́ду в пять часо́в.

55) Спаси́бо за ва́ше ми́лое письмо́.

56) Я отвеча́ю за кварти́ру.

57) Соба́ка унесла́ мя́со под стол.

58) Про э́ту машини́стку мно́го говоря́т.

59) Я пошёл в ко́мнату за шля́пой.

60) Иди́те за мной.

61) Огоро́д нахо́дится ме́жду двумя́ дере́внями.

62) Наш гость не пьёт вина́ пе́ред обе́дом.

63) Пе́ред мавзоле́ем-широ́кая пло́щадь.

64) Над горо́й лете́ли пти́цы.

65) С мое́й сосе́дкой прия́тно разгова́ривать.

66) Поэ́т до́лго говори́л о приро́де.

67) При Екатери́не Вели́кой мно́го францу́зов е́здило в Росси́ю.

3. Отве́тьте по-ру́сски:

1) Кака́я у меня́ ко́шка?

2) Отку́да я оди́н раз пришёл?

3) Где сиде́ла ко́шка, когда́ я вошёл в ко́мнату?

4) Что лежа́ло под столо́м?

5) Куда́ я поста́вил э́ту книгу?

6) Отку́да я взял кни́гу и куда́ положи́л её?

7) Где ко́шка останови́лась, когда́ она́ вы́шла из-под стола́?

8) Куда́ она́ пры́гнула по́сле э́того?

9) Куда́ она́ спря́талась, когда́ я побежа́л за ней?

10) Почему́ я пошёл за па́лкой?

11) Почему́ стака́н с водо́й упа́л со стола́ и разби́лся?

12) Что потекло́ со стола́ на пол?

13) От окна́ до стола́ бы́ло далеко́ и́ли бли́зко?

14) Почему́ я ду́мал, что пе́редо мной бы́ло чу́до?

15) Почему́ ко́шка начала́ меня́ цара́пать?

16) Что я ча́сто де́лал ра́ди свое́й ко́шки?

17) Что я всегда́ покупа́л для неё?

18) Когда́ я по́нял почему́ ко́шка та́щит кни́гу со стола́?

19) Что стоя́ло на по́лке о́коло кни́ги?

20) Каки́м о́бразом варе́нье из ба́нки попа́ло на кни́гу?

33 Три́дцать тре́тий уро́к

Моско́вский Худо́жественный теа́тр.

Не́сколько дне́й тому́ наза́д мы бы́ли в Моско́вском Худо́жественном Теа́тре. (МХАТ). Ста́вили "А́нну Каре́нину" Л.Н. Толсто́го–наш люби́мый рома́н. Мы давно́ хоте́ли посмотре́ть э́ту пьесу, и коне́чно посети́ть МХАТ.

Биле́ты о́чень тру́дно бы́ло доста́ть, так как в Росси́и все о́чень лю́бят теа́тр. В ка́ссе теа́тра нам сказа́ли, что все биле́ты бы́ли уже́ давно́ про́даны, но к сча́стью, у одни́х из на́ших америка́нских знако́мых, купи́вших биле́ты уже́ давно́, бы́ло ва́жное собра́ние и они́ про́дали нам свои́.

Так как теа́тр нахо́дится недалеко́ от гости́ницы, в кото́рой мы останови́лись, то мы пошли́ туда́ пешко́м. Из до́ма мы вы́шли за полчаса́, и пришли́ в теа́тр за че́тверть часа́ до нача́ла спекта́кля–мы не лю́бим опа́здывать.

В теа́тре бы́ло уже́ мно́го наро́ду. Спеши́вшая пу́блика шуме́ла. Там и здесь, встреча́ющиеся друзья́, гро́мко приве́тствовали друг дру́га. Смею́щаяся молодёжь ве́село разгова́ривала. Мы се́ли на ку́пленные на́ми места́. Пе́ред на́ми был большо́й кра́сивый за́навес с лета́ющей бе́лой ча́йкой–эмбле́мой Худо́жественного теа́тра.

Спекта́кль начался́ в 8 часо́в. Игра́ арти́стов нам о́чень понра́вилась свое́й простото́й и свои́м высо́ким иску́сством.

Когда́ пе́рвый акт ко́нчился, мы вы́шли в фойе́ покури́ть. Среди́ куря́щих мы почти́ не ви́дели же́нщин. В Росси́и о́чень ма́ло же́нщин, кото́рые ку́рят сигаре́ты. На сте́нах мы уви́дели портре́ты арти́стов Худо́жественного теа́тра, и основа́телей теа́тра–Станисла́вского, написа́вшего кни́гу "Моя́ жи́знь в иску́сстве", и Немиро́вича–Да́нченко. Мы пошли́ да́льше по фойе́ ми́мо гуля́ющей пу́блики. Вот портреты Леонидова, Москвина, Качалова, Книппер-Чеховой и других знаменитых артистов–их имена знает вся страна России.

Но вот все уже идут на свои места. Через две минуты опять поднимается занавес. Нам кажется, что мы видим не пьесу, а настоящую жизнь. Никогда не забудем "Анну Каренину" и артистов, игравших в тот вечер.

◆ Словарь

Московский Художественный Театр 모스크바 예술 극장

ставить пьесу 희곡을 상연하다

любимый 사랑하는; 사랑 받는[피동형현재]

{ посещать (I)
  посетить (II)[완] (ещу, -етишь; -етят) 방문하다, 찾아가다

{ доставать (I) (-таю, -ёшь; -ют)
  достать(I)[완] (-тану, -ешь; -ут) 입수하다, 구득하다, 꺼내다

касса (현금) 출납구, 매표구

{ продавать (I) (давать의 변화와 같음)
  продать (불)[완] (дать의 변화와 같음) (과거형은 продал, -а, -о; -и) 팔다, 판매하다; 배반하다

проданный (단어미형 продан, -а -о; -ы) 팔린(피형과)

знакомый 안면 있는, 낯익은; [남] 지기, 아는 사람

купивший 산(賣)[능형과]

собрание 모임, 회의

{ находиться (II)[불완] (ходить의 변화와 같음)
  найтись (I)[완] (найти의 변화와 같음) 존재하다, 발견되다

за(+대격) полчаса до(+생격) ~하기 반 시간 전에

спектакль[남] 흥행(물), 구경거리, 연극

народ 인민, 민중, 민족

спешивший, -ая, -ее; -ие 서두르고 있던, 급히 가고 있던[능형과]

пу́блика 관중, 공중(公衆)

шуме́ть (II) (-млю́, -ми́шь; -мя́т)
нашуме́ть (II)[완] 떠들다, 웅성거리다

там и здесь 여기 저기(서)

встреча́ющиеся друзья́ 만나는(상봉하는) 친구들

приве́тствовать (I) (-ствую, -ствуешь; -ствуют) 인사를 하다, (반갑게) 맞다

смея́ться (I) (смею́сь, -ёшься; -ю́тся) 웃다
засмея́ться (I)[완] 웃기 시작하다

смею́щийся, -аяся, -ееся; -иеся 웃고 있는[능형현]

молодёжь[여] 청년, 남녀, 젊은이들

ку́пленный 구매된(購買)[피형과]

ме́сто 자리, 장소, 좌석

за́навес (무대의) 막, 장막, 커튼

лета́ть(I)[부정] 날다, 날이다니다
лете́ть (II)[정] (лечу́, лети́шь; -ят) 날아 가다(오다)

лета́ющий 날아다니는[능형현]

ча́йка 갈매기

эмбле́ма 상징, 표장(標章)

простота́ 소박, 단순함

иску́сство 예술, 기예(技藝)

кури́ть (II) (курю́, ку́ришь; -ят)
покури́ть (II) [완] 흡연하다, 담배 피우다

среди́(+생격) 가운데에, 속에

сигаре́та 담배

портре́т 초상(화)

гуля́ющий, -ая, -ее; -ие 거닐고(산책하고) 있는[능형현]

основа́тель[남] 설립자

Станисла́вский 인명

написа́вший, -ая, -ее; -ие 쓴, 저술한[능형과]

Немиро́вич-Да́нченко 인명

Леони́дов 인명
Москви́н 인명
Кача́лов 인명
Кни́ппер-Че́хова 인명(여자)
знамени́тый 유명한, 저명한
настоя́щий, -ая, -ее 진정한, 정말, 본(本)...
игра́вший, -ая, -ее; -ие 출연한, 놀고있던[능형과]
куря́щий, -ая, -ее; -ие 흡연하는[능형현]; [남·여] 흡연가

◆ Грамма́тика

§ 145. 형동사

형동사란, 동사와 형용사의 성질과 기능을 함께 가지는, 동사의 파생어이다. 즉 형동사는 동사와 마찬가지로, **현재·과거, 능동·피동, 완료체·불완료체**의 구별을 가지며, **보어**(목적어)를 지배하고, **부사를 취할 수 있다**. 또한 형용사와 마찬가지로, 관계하는 **명사와 성·수·격에 있어 일치**하며, 피동형동사만은 **단어미**를 가진다.

1) 능동형동사 현재:

능동형동사 현재는 **불완료체동사 현재형 3인칭 복수**로부터 만든다. 즉 어미의 -т를 떼어내고 남은 부분에 -щий(-щая, -щее)를 붙이면 된다.

미정형	3인칭·복수	능동형동사·현재	뜻
чита́ть	чита́ю-т	чита́ющий	읽는, 읽고 있는
говори́ть	говоря́-т	говоря́щий	말하는, 말하고 있는
писа́ть	пи́шу-т	пи́шуший	쓰는, 쓰고 있는
учи́ть	у́ча-т	уча́щий	가르치는, 가르치고 있는
одева́ться	одева́ю-т-ся	одева́ющийся	입는, 입고 있는

※ 재귀형동사는 모음 뒤에서도 -ся (-сь대신)를 취한다.
одева́ющая**ся**

2) 능동형동사 과거:

능동형동사 과거는 **불완료체동사와 완료체동사의 과거형 어간**에 **-вший** (-вшая, -вшее)또는 **-ший**(-шая, -шее)를 붙여서 만든다.(동사의 과거형 어간이 모음으로 끝나면 **-вший**를, 자음으로 끝나면 **-ший**를 붙인다.)

미 정 형	과거형 어간	능동형동사 과거	뜻
чита́ть	чита́л	чита́вший	읽던
прочита́ть	прочита́-л	прочита́вший	읽은
говори́ть	говори́-л	говори́вший	말하던
сказа́ть	сказа́-л	сказа́вший	말한
писа́ть	писа́-л	писа́вший	쓰던
написа́ть	написа́-л	написа́вший	쓴
одева́ться	одева́-л-ся	одева́вшийся	입던
нести́	нёс (нес-ла́)	нёсший	가지고 가던
принести́[완]	принёс (принес-ла́)	принёсший	가지고 온

※ 과거형 어간에서 탈락했던 자음 д, т가 형동사에서는 다시 끼어드는 것이 있다.

идти́ (итти́)—шё-л (иду́) — ше́дший (걸어)가던
вести́ — вё-л (веду́) — ве́дший 이끌어 가던
смести́ — смё-л(смету́) — смётший 쓸어버린

3) 피동형동사 현재:

피동형동사 현재는 **타동사인 불완료체 현재형 1인칭 복수**에 **-ый**(-ая,-ое)를 덧붙여서 만든다.

미 정 형	1인칭·복수	피동형동사 현재	뜻
чита́ть	чита́ем	чита́емый	읽히는
люби́ть	лю́бим	люби́мый	사랑받는 (사랑스러운)

4) 피동형동사 과거

피동형동사 과거는 **주로 타동사인 완료체 과거형 어간**에 -нный, -енный, -ённый, -тый 등을 붙여서 만든다.

(1) 과거 어간이 -а-, -е-, -я-로 끝나는 것은 -нный를 붙인다.

미 정 형	과거형 어간	피동형동사 과거	뜻
прочита́ть[완]	прочита́-л	прочи́танный	읽힌
уви́деть[완]	уви́де-л	уви́денный	발견된
потеря́ть[완]	потеря́-л	поте́рянный	상실된

(2) 과거 어간이 -и-로 끝나는 것은 -енный 또는 -ённый를 붙인다. (이때 -и-는 떼어버린다.)

получи́ть[완] — получ-и́-л — полу́ченный 접수된

реши́ть[완] — реш-и́-л — решённый 결정된

(3) 과거 남성형이 -л을 갖지 않는 것은 -ённый를 붙인다.

привезти́[완] — привёз — привезённый 실려온

(4) -нуть, -ыть, -нять형의 동사 및 그 밖에 약간의 예외적인 동사는 과거형 어간에 –тый를 붙인다.

тро́нуть[완] — тро́ну-л — тро́нутый 건들여진

заня́ть [완] — за́ня-л — за́нятый 점령된

мыть — мы-л — мы́тый 씻겨진

※ 예외적인 동사

нача́ть [완]	на́ча-л	на́чатый	시작된
оде́ть [완]	оде́-л	оде́тый	입혀진(입은)
спеть [완]	спе-л	спе́тый	노래 불리워진

※ 피동형동사 과거를 만들 때, 어간의 자음이 교체되는 경우도 간혹 있다.

бро́сить[완] — бро́с-и-л — бро́шенный 내던져진

купи́ть[완] — куп-и́-л — ку́пленный 사들여진

5) 형동사의 단어미:

피동형동사(현재·과거)만은 단어미를 가진다. 단어미를 만드는 방법은 형용사의 경우와 같다 (уро́к 24, §107 참조). (다만 -енный, -нный처럼 -н-이 두 개 겹친 것은 그 중 한 개를 떼어 낸다.)

사용 피동형동사 현재	люби́мый	люби́м
	люби́мая	люби́ма
	люби́мое	люби́мо
	люби́мые	люби́мы
피동형동사 과거	прочи́танный	прочи́тан
	прочи́танная	прочи́тана
	прочи́танное	прочи́тано
	прочи́танные	прочи́таны

※ 문장 속에서 장어미형은 정어로서 사용되며, 단어미형은 술어로서만 사용된다. 또한 단어미형은 быть의 과거 또는 미래형과 함께 사용되기도 한다.

6) 형동사의 용법:

형동사는 문장 속에서 형용사와 동일하게 사용된다. 그러나 형용사와는 달리 보어(목적어)를 가질 수 있다. 또한 형동사는 관계대명사 кото́рый의 구실을 겸할 수 있다. 아래 예문을 보라:

Учени́к, **чита́ющий** кни́гу, мой брат.=Учени́к, **кото́рый чита́ет** книгу́, мой брат. 책을 읽고 있는 학생은 나의 형(동생)이다.

У студе́нтов, **купи́вших** биле́ты уже́ давно́, бы́ло ва́жное собра́ние и они́ про́дали нам свои́.= У студе́нтов, **кото́рые купи́ли** биле́ты уже́ давно́, бы́ло ва́жное собра́ние и.... 이미 오래 전에 표를 샀던 대학생들에게는 중요한 회의가 있었다. 그래서 그들은 자기들의 것을 우리한테 팔았다.

Кни́га, **чита́емая студе́нтом**, о́чень интере́сна.=Кни́га, **кото́рую чита́ет студе́нт**, о́чень интере́сна. 대학생에 의해 읽히고 있는(대학생이 읽고 있는) 책은 아주 재미있다.

Прочи́танная ученико́м кни́га=Кни́га, **кото́рую прочита́л учени́к**. 학생에 의해 읽힌 책(학생이 읽은 책)

спе́тая мной (мно́ю) пе́сня= пе́сня, **кото́рую я спел**. 나에 의해 불린

노래(내가 부른 노래)

В полученных нами вчера **журналах** было много интересных. (**В журналах, полученных нами** вчера, было много интересных.) = **В журналах, которые мы получили** вчера, было много интересных. 어제 우리들에 의하여 수령된(우리가 받은) 잡지들 속에는 재미있는 것이 많이 있었다.

위의 예문에서 보는 바와 같이 형동사는 관계대명사의 구실을 할 경우에도 언제나 그가 관계하는 명사와 **성·수·격**에 있어 일치한다. 그러나 관계대명사 который는 선행사인 명사와 **성·수**만 일치하고, 격은 종속문에서의 위치에 따라 임의의 격을 취한다.

피동형동사가 나타내는 행위·동작의 **주체**는 **조격**으로 표시한다. 위의 예문의 учеником, мной, нами 등이 그것이다.

◆ Упражнения

1. Переведите на корейский язык:

1) Мы встретились в театре с человеком, говорившим только по-английски и не понимавшим ни слова по-русски.
2) Человек, написавший знаменитую книгу "Моя жизнь в искусстве", был основателем Московского Художественного Театра.
3) Моя подруга, увидевшая проходившего знакомого, остановила его, чтобы узнать который час.
4) Мы пошли к дереву, стоящему на площади.
5) Они говорили с девушкой, сидящей у окна.
6) Пьесы Чехова, идущие в Художественном театре, всем очень нравятся.
7) Мы сели в проходивший трамвай.
8) Принесите, пожалуйста, на собрание все полученные вами

сигаре́ты.

9) Костю́м, ку́пленный ва́ми вчера́–о́чень краси́вый. Наде́юсь доста́ть тако́й костю́м, е́сли все ещё не про́даны.

10) Скажи́те, пожа́луйста, где нахо́дится ка́сса теа́тра?

11) Они́ с удово́льствием вспомина́ют дни, проведённые в Москве́ с на́ми.

12) Когда́ полу́чим обе́щанные биле́ты, то пойдём на конце́рт.

13) Ме́жду вторы́м и тре́тьим а́ктом мы вы́шли в фойе́ покури́ть.

14) Приве́тствующий меня́ граждани́н, был мои́м люби́мым дру́гом де́тства.

15) Одна́ о́чень хорошо́ оде́тая да́ма, ве́дущая свою́ ма́ленькую дочь за руку, вдруг упа́ла и разби́ла свои́ очки́.

16) Дя́дя дал пла́чущему племя́ннику конфе́ту, но тогда молча́вшая племя́нница вдруг запла́кала.

17) Стари́к, ше́дший по у́лице и нёсший большо́й паке́т, был о́чень пло́хо оде́т.

18) Жи́вшие в э́той кварти́ре перее́хали в друго́й го́род, в своём неда́вно ку́пленном, но́вом автомоби́ле.

2. 아래 문장을 형동사를 써서 고쳐 만들라:

예: Челове́к, кото́рый написа́л э́ту кни́гу....

Челове́к, написа́вший э́ту кни́гу...

1) Америка́нцы, кото́рые приезжа́ют в Москву́, хотя́т сейча́с же посети́ть МХАТ.

2) Тури́сту, кото́рый посеща́ет Москву́, хо́чется всё ви́деть.

3) Арти́стка, кото́рая игра́ла А́нну Каре́нину, была́ са́мой знамени́той в Москве́.

4) Мы останови́лись в гости́нице, кото́рая нахо́диться в це́нтре го́рода.

5) Челове́к, кото́рый поднима́ется пешко́м на деся́тый эта́ж, о́чень устаёт.
6) Де́ти, кото́рые купа́лись, ве́село игра́ли в воде́.
7) Он ду́мает о де́вушке, кото́рая ему́ нра́вится.
8) Инжене́ры, кото́рые рабо́тали на заво́де, о́чень люби́ли лета́ть на самолёте.
9) За́навес, кото́рый наконе́ц подня́лся, откры́л пе́ред пу́бликой краси́вый сад.
10) Я забы́л фами́лию писа́теля, кото́рый написа́л э́тот интере́сный рома́н.

3. Отве́тьте по-ру́сски:

1) Где вы бы́ли не́сколько дней тому́ наза́д?
2) Что ста́вили в Моско́вском Худо́жественном Теа́тре?
3) Почему́ ва́ши америка́нские знако́мые, уже́ давно́ купи́вшие биле́ты, не пошли́ на спекта́кль?
4) Почему́ в Росси́и так тру́дно доста́ть биле́ты в теа́тр?
5) В како́й гости́нице в Москве́ вы останови́лись?
6) В кото́ром часу́ вы пришли́ в теа́тр?
7) Что де́лала спеши́вшая пу́блика?
8) Как встреча́ющиеся знако́мые приве́тствовали друг дру́га?
9) Что вы уви́дели пе́ред собо́й, когда́ се́ли на ку́пленные ва́ми места́?
10) В кото́ром часу́ начался́ спекта́кль?
11) Чем вам понра́вилась игра́ арти́стов?
12) Куда́ вы пошли́ по́сле пе́рвого а́кта?
13) Среди́ куря́щих бы́ло мно́го же́нщин? Почему́?
14) В Худо́жественном теа́тре мо́жно кури́ть во вре́мя спекта́кля?
15) Кто бы́ли основа́тели МХАТа?

16) Каку́ю кни́гу написа́л Станисла́вский?

17) Чьи портре́ты вы ви́дели на сте́нах фойе́?

18) Почему́ вам тру́дно бу́дет забы́ть арти́стов, игра́вших в тот ве́чер?

4. Переведи́те на ру́сский язы́к?

1) 당신은 유명한 장편소설 “Анна Каре́нина”를 **쓴** (그) 작가를 아십니까?
2) 소파(sofa)에 **앉아있는** 노인은 (한 때) 장교였었다.
3) 그들은 건물 옆에 **서 있는** 나무로 가까이 갔다.
4) 어제 **당신에 의하여 구입된**(당신이 산) 서적들을 전부 가져오십시오.
5) 우리들은 도심지(도시 중앙)에 **있는**(존재하는) 큰 극장에 갔었다(있었다).
6) 그 때 방안에서 **옷을 입고 있던** 소녀는 나의 누이였다(누이다).
7) 어세 나와 러시아어로 **말하던** 사람은 미국인이었디(미국인이다).
8) **대학생들에 의하여 읽혀지고 있는**(대학생들이 읽고 있는) 책은 똘스또오이의 장편소설이다.
9) **담배를 피우던 사람들** 가운데서 우리는 여자 대학생들을 거의 볼 수 없었다.
10) 유감스럽게도 입장권은 이미 다 **팔렸다**.

34

Три́дцать четвёртый уро́к

Из де́тства вели́кого композито́ра, Чайко́вского

Пётр Ильи́ч Чайко́вский-знамени́тый компози́тор. Его́ му́зыку зна́ет весь мир. Он роди́лся в 1840-о́м году́ в Во́ткинске, среди́ лесо́в Ура́ла. Оте́ц его́, Илья́ Петро́вич, был дире́ктором заво́да в Во́ткинске.

Ве́чер. Илья́ Петро́вич Чайко́вский, придя́ домо́й, отдыха́ет. В до́ме тепло́ и ую́тно. В э́тот ве́чер собра́ли́сь друзья́ послу́шать му́зыку и пе́ние. У Алекса́ндры Андре́евны, жены́ Ильи́ Петро́вича, краси́вый го́лос. Среди́ взро́слых слу́шают и де́ти: Никола́й, Ли́дия и ма́ленький Пе́тя–бу́дущий компози́тор. Пе́тя си́дя в большо́м кре́сле, с любо́вью смо́трит на мать. Она́ поёт его́ люби́мую пе́сню. Ма́льчик, слу́шая, вообража́ет, что он в по́ле ра́но у́тром и ви́дит пе́рвые лучи́ со́лнца. Ему́ хоте́лось бы слу́шать без конца́: Го́сти про́сят Алекса́ндру Андре́евну петь ещё. Но вдруг Пе́тя , подня́вшись, побежа́л в де́тскую и запла́кал.

-Что с тобо́й?- спроси́л его́ прибежа́вший Никола́й.

- О, э́та му́зыка, му́зыка!.. Она́ не даёт мне поко́я, она́ у меня́ вот зде́сь – отвеча́л ма́льчик, пока́зывая на го́лову.

До́лго не мог Пе́тя засну́ть в э́ту ночь.

Утром, когда́ ста́ршие, собра́вшись на прогу́лку, ушли́, Пе́тя, подойдя́ к фортепиа́но, на́чал игра́ть слы́шанные ве́чером мело́дии. Его́ заста́вили уйти́ от фортепиа́но, но он, ду́мая о мело́дии, продолжа́л высту́кивать её па́льцами на столе́, на сту́ле, на стене́. Этот слу́чай заста́вил роди́телей обрати́ть внима́ние на любо́вь Пе́ти к му́зыке, и они́ пригласи́ли ему́ учи́тельницу. Пе́те бы́ло в э́то вре́мя о́коло пяти́ лет.

Ста́ршие де́ти занима́лись с гуверна́нткой, и Пе́те то́же о́чень хоте́лось учи́ться. Одна́жды, подойдя́ к ма́тери, он запла́кал: "Опя́ть они́ без меня́...я то́же хочу́ учи́ться". Алекса́ндра Андре́евна сейча́с же повела́ сы́на к гуверна́нтке и предста́вила ей но́вого ученика́.

Пе́тя о́чень хорошо́ занима́лся. Когда́ ему́ бы́ло шесть лет, он уже́ свобо́дно чита́л по-францу́зски и да́же писа́л сочине́ния. Никто́ из дете́й не мог лу́чше Пе́ти сочиня́ть расска́зы и ска́зки. Сочиня́я э́ти ска́зки и расска́зы, его́ воображе́ние рабо́тало так же, как и пото́м в му́зыке.

◆ Слова́рь

Во́ткинск 지명
дире́ктор 지배인
придя́ 와서[부동·과]
ую́тный 기분 좋은, 아늑한
пе́ние 노래, 성악
го́лос 목소리, 음성
бу́дущий, -ая, -ее 미래의
си́дя 앉아서, 앉은채[부동·현]
любо́вь[여](단·생 любви, 단·조 любовью) 사랑, 애정
слу́шая 들으면서[부동·현]
луч 빛, 광선
подня́вшись 일어나서[부동·과]
де́тская[여] 아이들 방
Что с тобо́й? 너 왜 그러니(무슨 일이 있었니)?
поко́й 안정, 평온
　не даёт поко́я 안정을 주지 않는다
пока́зывая 가리키면서[부동·현]
пока́зывая на го́лову 머리를 가리키면서
засну́ть (I)[완] (засну́, -ёшь; -у́т) 잠들다
собра́вшись 모여서[부동·과]

прогу́лка 산책

на прогу́лку 산책을 하러

подойдя́ 가까이 가서, 다가가서[부동·과]

фортепиа́но[중·불변] 피아노

мело́дия 멜로디, 선율

заставля́ть (I)[불완](+미정형) ~하지 않을 수 없게 하다

заста́вить (II)[완] (-влю, -вишь; -ят)

ду́мая 생각하면서[부동·현]

продолжа́ть (I) 계속하다

продо́лжить (II)[완](-жу, -ишь; -ат)

высту́кивать (I) 두드려 장단을 맞추다

вы́стукать (I)[완]

па́лец (단·생 па́льца) 손가락

слу́чай 사건; 기회, 경우

обраща́ть (I) (방향을) 돌리다, 향하다

обрати́ть (II)[완] (-ащу́, -ати́ть; -я́т)

внима́ние 주의

обраща́ть (обрати́ть) внима́ние 주의를 돌리다

гуверна́нтка(여자) 가정교사

воображе́ние 상상, 공상

приглаша́ть (I) 초대·초청하다

пигласи́ть (II)[완] (-ашу́, -аси́шь; -ася́т)

одна́жды[부] 언젠가, 어느 날, 하루는

повести́ (I)[완] (-еду́, -ёшь; -у́т:과거 повёл, -ла́, -ло́; -ли́) 데리고 가다

сын 아들

представля́ть (I) 제시하다; 소개·추천하다

предста́вить (II)[완] (ста́вить의 변화와 같음)

сочине́ние 작문; 작품

сочиня́ть (II) 저작·작사·작곡하다; 글을 짓다

сочини́ть(I)[완]

◆ Грамма́тика

§ 146. 부동사

부동사란, 동사와 부사의 성질 및 기능을 함께 가지는, 동사의 파생어이다. 즉 부동사는 동사와 마찬가지로 **완료체·불완료체의 구별**이 있고 **보어**(목적어)를 가질 수 있다. 또한 부사와 마찬가지로 술어(동사)를 수식한다.

부동사는 동사처럼 변화하지 않는다.

1. 불완료체 부동사(부동사현재)

불완료체 부동사는 주문의 동사가 나타내는 동작과 동시에 일어나는 부차적 동작을 나타낸다. (때문에 부동사 현재라고도 한다.)

불완료체 부동사는 불완료체동사의 현재형 3인칭 복수어간에 **-я** 또는 **-а**를 붙여서 만든다. (-а는 상악음 **ж, ш, ч, щ** 뒤에서만 쓴다.)

미 정 형	3인칭 복수	불완료체부동사	뜻
чита́ть	чита́-ют	чита́я	읽으면서
говори́ть	говор-я́т	говоря́	말하면서
слы́шать	слы́ш-ат	слы́ша	들으면서
пла́кать	пла́ч-ут	пла́ча	울면서

그러나 **-авать**형인 동사는 미정형 어간에 **-я** 를 붙인다.

дава́ть	да-ю́т	дава́я	주면서
встава́ть	вста-ю́т	встава́я	일어나면서

※ быть (미래형 бу́д-ут)의 부동사는 예외적으로 бу́дучи이다.

불완료체 부동사는 술어(동사)의 시제(**вре́мя**)에는 관계 없이, 그 술어(동사)가 나타내는 동작과 동시에 이루어지는 동작을 나타낸다.

Пе́тя **сиди́т** у окна́, **чита́я** кни́гу. (현재)

Пе́тя **сиде́л** у окна́, **чита́я** кни́гу. (과거)

Пе́тя **бу́дет сиде́ть** у окна́, **чита́я** кни́гу. (미래)

재귀동사의 부동사는 -я, -а뒤에 -сь를 붙인다. (형동사에서는 -ся)

занима́ться	занима́-ют-ся	занима́ясь	공부·일하면서
ложи́ться	лож-а́т-ся	ложа́сь	누우면서

2. 완료체 부동사 (부동사과거)

완료체 부동사는 주문의 동사가 나타내는 동작에 **선행하여 일어난 동작**을 나타낸다. (때문에 부동사 과거라고도 한다.)

완료체 부동사는 완료체동사의 과거형 어간에 **-в** 또는 **-вши**를 붙여서 만든다.

미 정 형	과거형 어간	완료체 부동사	뜻
прочита́ть[완]	прочита́-л	{ прочита́в прочита́вши	읽고 나서
поговори́ть[완]	поговори́-л	{ поговори́в поговори́вши	잠시 말하고 나서
собра́ться[완]	собра́-л-ся	собра́вшись	모여서

※ 재귀동사의 경우에는 -в는 쓰지 않고 -вши(сь)만을 쓴다.

그러나 과거남성형이 -л을 가지지 않는 동사는 과거형 어간에 -ши를 붙인다.

принести́[완] — принёс — принёсши 가지고 와서

привезти́[완] — привёз — привёзши 싣고 와서

약간의 완료체동사는 미래형 어간에 -я또는 -а(상악음 뒤에서)를 붙인다. (특히 идти́에서 파생한 동사에 많다.)

미 정 형	3인칭 복수	완료체부동사	뜻
прийти́[완]	прид-у́т	придя́	와서, 도착해서
подойти́[완]	подойд-у́т	подойдя́	가까이 와서
уви́деть[완]	уви́д-ят	уви́дя	보고서
услы́шать[완]	услы́ш-ат	услы́ша	듣고서

완료체부동사는 술어(동사)의 시제에는 관계 없이, 그 술어(동사)가 나타내는 동작에 선행하여 일어난 동작을 나타낸다.

Написа́в письмо́, я иду́ на по́чту. (현재)

Написа́в письмо́, я пошёл на по́чту. (과거)

Написа́в письмо́, я пойду на по́чту. (미래)

◆ Упражне́ния

1. Переведи́те на коре́йский язы́к:

1) Он шёл, не обраща́я внима́ния на дождь.
2) Ма́ленький Пу́шкин засну́л, си́дя у отца́ в библиоте́ке и чита́я кни́гу.
3) Получи́в портре́т ма́тери, сын с любо́вью поцелова́л его́.
4) Услы́шав пе́ние в саду́, Пе́тя положи́л кни́гу на стол и вы́шел из де́тской.
5) Написа́в сочине́ние, я о́тдал его́ учи́тельнице.
6) Останови́вшись в гости́нице, мы умы́лись, оде́лись и по́шли в го́род.
7) Слуша́я му́зыку, Чайко́вский забыва́л обо всём.
8) Пообе́дав в рестора́не, мы пошли́ в МХАТ.
9) Услы́шанная мело́дия не дава́ла ему́ поко́я.
10) Гуверна́нтка ушла́, оста́вив дете́й одни́х.
11) Рассказа́в дире́ктору о слу́чае на заво́де, де́вочка засмея́лась.
12) Забы́тые часы́ лежа́ли на комо́де.
13) Высту́кивая па́льцами мело́дию, он ду́мал о свое́й ста́рой гуверна́нтке.
14) Собра́вшись в гости́нной, го́сти жда́ли вели́кого компози́тора.
15) Пу́блика шуме́ла и крича́ла, приве́тствуя арти́стов.
16) Бу́дучи в Нью-Йо́рке, мы пригласи́м на́ших ста́рых знако́мых

посети́ть на́шу да́чу.

17) Изучи́в ру́сский язы́к, господи́н Ким на́чал переводи́ть рома́ны Толсто́го.

18) Бу́дущий компози́тор два часа́ игра́л на фортепиа́но, не встава́я с ме́ста и не говоря́ ни сло́ва.

19) Гуля́я по па́рку, мы вдруг услы́шали краси́вый голос, пе́вший каку́ю-то печа́льную пе́сню.

20) Принёсши бага́ж и положи́в его́ в у́гол, я сейча́с же подошёл к телефо́ну.

2. 다음 동사의 불완료체 부동사를 사용하여 임의의 문장을 만들라:

1) стуча́ть
2) вести́
3) стоя́ть
4) чу́вствовать
5) учи́ться
6) пла́кать
7) вози́ть
8) узнава́ть
9) интересова́ться
10) жить

3. 다음 동사의 완료체 부동사를 사용하여 임의의 문장을 만들라:

1) да́ть
2) умы́ться
3) случи́ться
4) продо́лжить
5) пригласи́ть
6) взя́ть
7) пригото́виться
8) заста́вить
9) предста́вить
10) обрати́ть

4. 다음 동사의 능동형동사(현재), 피동형동사(현재) 및 (불완료체) 부동사를 만들라:

1) продолжа́ть
2) обраща́ть
3) люби́ть
4) ви́деть
5) слу́шать

5. 다음 동사의 능동형동사(과거), 피동형동사(과거) 및 (완료체) 부동사를 만들라:

1) купи́ть
2) прода́ть
3) нача́ть
4) сде́лать
5) получи́ть

6. Отве́тьте по-ру́сски:

1) Кто был Пётр Ильи́ч Чайко́вский?
2) В каки́х стра́нах зна́ют му́зыку Чайко́вского?
3) Где роди́лся Пётр Ильи́ч?
4) Кем был оте́ц Петра́ Ильича́?
5) Что де́лал Илья́ Петро́вич, придя́ домо́й по́сле рабо́ты?
6) Как бы́ло в до́ме у Чайко́вских?
7) Кто была́ Алекса́ндра Андре́евна Чайко́вская?
8) Како́й был го́лос у Алекса́ндры Андре́евны Чайко́вской?
9) Что де́лали собра́вшиеся друзья́ Чайко́вских в тот ве́чер, о кото́ром мы говори́м?
10) Что чу́вствует ма́ленький Пе́тя, смотря́ на ма́му и слу́шая, как она́ поёт?
11) Что сде́лал вдруг Пе́тя во вре́мя пе́ния Алекса́ндры Андре́евны?
12) Что сде́лал Пе́тя ра́но у́тром, подойдя́ к фортепиа́но?
13) Ско́лько ему́ тогда́ бы́ло лет?
14) Что сде́лала его́ ма́ма, поня́в его́ любо́вь к му́зыке?
15) С кем занима́лись де́ти?
16) Пе́тя хорошо́ занима́лся?
17) Что́ Пе́тя люби́л сочиня́ть?
18) Како́е воображе́ние ма́ленький Чайко́вский показа́л в свои́х расска́зах?

부 록

1. 명사의 격변화

[정자법 규칙]

후음	상악음	
г, к, х	ж, ч, ш, щ	ц
ы → и	ы → и ю → у я → а ь → ~*	и → ы ю → у я → а

* ь는 남성일 때 제외되지만 여성일때는 보존된다.
예: ключ(남); ноч-ь(여)

[명사의 성]

성	경변화	연변화	특수변화
남 성	~	-ь -й	
여 성	-а	-я	-ь
중 성	-о	-е	-мя

예: 1. 남성활동체 студе́нт 학생 прия́тел-ь 친구 геро́-й 영웅
남성불활동체 стол 책상 слова́р-ь 사전 трамва́-й 전차

2. 여성활동체 же́нщин-а 여자 ня́н-я 유모 ло́шад-ь 말(馬)
여성불활동체 стен-а́ 벽(壁) земл-я́ 땅 степ-ь 광야(廣野)

3. 중성활동체 лиц-о́ 인물
중성불활동체 окн-о́ 창문 мо́р-е 바다 вре́-мя 시간

[명사의 격변화]

1. 여성

수	격 \ 변화 / 어미	경 변 화	연 변 화	
		-а	-я	-ия
단수	주	шко́л**а**	неде́л**я**	фами́л**ия**
	생	шко́л**ы**	неде́л**и**	фами́л**ии**
	여	шко́л**е**	неде́л**е**	фами́л**ии**
	대	шко́л**у**	неде́л**ю**	фами́л**ию**
	조	шко́лой (**ою**)	неде́лей (**ею**)	фами́лией (**ею**)
	전	о шко́л**е**	о неде́л**е**	о фами́л**ии**

수	격 \ 변화	경 변 화	연 변 화	
복수	주	шко́л**ы**	неде́л**и**	фами́л**ии**
	생	школ	неде́л**ь**	фами́л**ий**
	여	шко́л**ам**	неде́л**ям**	фами́л**иям**
	대	шко́л**ы**	неде́л**и**	фами́л**ии**
	조	шко́л**ами**	неде́л**ями**	фами́л**иями**
	전	о шко́л**ах**	о неде́л**ях**	о фами́л**иях**

[여성특수변화]

수	격 \ 변화	-ь	-жь, -чь, -шь, -щь
단수	주	двер**ь**	вещ**ь**
	생	две́р**и**	ве́щ**и**
	여	две́р**и**	ве́щ**и**
	대	двер**ь**	вещ**ь**
	조	две́р**ью**	ве́щ**ью**
	전	о две́р**и**	о ве́щ**и**

복수	주	две́р**и**	ве́щ**и**
	생	двер**е́й**	вещ**е́й**
	여	две́р**ям**	вещ**а́м**
	대	две́р**и**	ве́щ**и**
	조	двер**я́ми**	вещ**а́ми**
	전	о двер**я́х**	о вещ**а́х**

2. 남성

	변화 / 어미 / 격	경 변 화	연 변 화	
		-자음	-ь	-й
단수	주	стол	слова́р**ь**	трамва́**й**
	생	стол**а́**	словар**я́**	трамва́**я**
	여	стол**у́**	словар**ю́**	трамва́**ю**
	대	стол	слова́р**ь**	трамва́**й**
	조	стол**о́м**	словар**ём**	трамва́**ем**
	전	о стол**е́**	о словар**е́**	о трамва́**е**

	변화 / 격	경 변 화	연 변 화	
복수	주	стол**ы́**	словар**и́**	трамва́**и**
	생	стол**о́в**	словар**е́й**	трамва́**ев**
	여	стол**а́м**	словар**я́м**	трамва́**ям**
	대	стол**ы́**	словар**и́**	трамва́**и**
	조	стол**а́ми**	словар**я́ми**	трамва́**ями**
	전	о стол**а́х**	о словар**я́х**	о трамва́**ях**

3. 중성

	변화 어미 / 격	경 변 화	연 변 화	
		-o	-e	-ие
단수	주	сло́в**о**	по́л**е**	упражне́н**ие**
	생	сло́в**а**	по́л**я**	упражне́н**ия**
	여	сло́в**у**	по́л**ю**	упражне́н**ию**
	대	сло́в**о**	по́л**е**	упражне́н**ие**
	조	сло́в**ом**	по́л**ем**	упражне́н**ием**
	전	о сло́в**е**	о по́л**е**	об упражне́н**ии**

	변화 / 격	경 변 화	연 변 화	
복수	주	слов**а́**	пол**я́**	упражне́н**ия**
	생	слов	пол**е́й**	упражне́н**ий**
	여	слов**а́м**	пол**я́м**	упражне́н**иям**
	대	слов**а́**	пол**я́**	упражне́н**ия**
	조	слов**а́ми**	пол**я́ми**	упражне́н**иями**
	전	о слов**а́х**	о пол**я́х**	об пражне́н**иях**

2. 형용사의 격변화

경변화

1. (-ый, -ая, -ое)

격 \ 수·성	단 수			복 수 (남·여·중)
	남 성	여 성	중 성	
주	но́в**ый**	но́в**ая**	но́в**ое**	но́в**ые**
생	но́в**ого**	но́в**ой**	но́в**ого**	но́в**ых**
여	но́в**ому**	но́в**ой**	но́в**ому**	но́в**ым**
대	но́вый 또는 но́в**ого**	но́в**ую**	но́в**ое**	но́в**ые** 또는 но́в**ых**
조	но́в**ым**	но́в**ой (ою)**	но́в**ым**	но́в**ыми**
전	о но́в**ом**	о но́в**ой**	о но́в**ом**	о но́в**ых**

2. (-ой, -ая, -ое)

격 \ 수·성	단 수			복 수 (남·여·중)
	남 성	여 성	중 성	
주	молод**о́й**	молод**а́я**	молод**о́е**	молод**ы́е**
생	молод**о́го**	молод**о́й**	молод**о́го**	молод**ы́х**
여	молод**о́му**	молод**о́й**	молод**о́му**	молод**ым**
대	молод**о́й** 또는 молод**о́го**	молод**у́ю**	молод**о́е**	молод**ы́е** 또는 молод**ы́х**
조	молод**ы́м**	молод**о́й (о́ю)**	молод**ы́м**	молод**ы́ми**
전	о молод**о́м**	о молод**о́й**	о молод**о́м**	о молод**ы́х**

연변화 (-н+ий; -н+яя; -н+ее)

수 / 성 / 격	단 수			복 수
	남 성	여 성	중 성	(남·여·중)
주	си́ний	си́няя	си́нее	си́ние
생	си́него	си́ней	си́него	си́них
여	си́нему	си́ней	си́нему	си́ним
대	си́ний 또는 си́него	си́нюю	си́нее	си́ние 또는 си́них
조	си́ним	си́ней (ею)	си́ним	си́ними
전	о си́нем	о си́ней	о си́нем	о си́них

혼합변화 (1) (-г, -к, -х+ий, ая, ое)

수 / 성 / 격	단 수			복 수
	남 성	여 성	중 성	(남·여·중)
주	ру́сский	ру́сская	ру́сское	ру́сские
생	ру́сского	ру́сской	ру́сского	ру́сских
여	ру́сскому	ру́сской	ру́сскому	ру́сским
대	ру́сский 또는 ру́сского	ру́сскую	ру́сское	ру́сские 또는 ру́сских
조	ру́сским	ру́сской (ою)	ру́сским	ру́сскими
전	о ру́сском	о ру́сской	о ру́сском	о ру́сских

혼합변화(2) (-ж, -ч, -ш, -щ+ий, ая , ее)

수 / 성 / 격	단 수			복 수
	남 성	여 성	중 성	(남·여·중)
주	хоро́ший	хоро́шая	хоро́шее	хоро́шие
생	хоро́шего	хоро́шей	хоро́шего	хоро́ших
여	хоро́шему	хоро́шей	хоро́шему	хоро́шим
대	хоро́ший 또는 хоро́шего	хоро́шую	хоро́шее	хоро́шие 또는 хоро́ших
조	хоро́шим	хоро́шей (ею)	хоро́шим	хоро́шими
전	о хоро́шем	о хоро́шей	о хоро́шем	о хоро́ших

혼합변화 (3) (-г, -к, -х; -ж, -ч, -ш, -щ +ой, ая, ое)

수 / 성 / 격	단 수			복 수
	남 성	여 성	중 성	(남·여·중)
주	дорог**о́й**	дорог**а́я**	дорог**о́е**	дорог**и́е**
생	дорог**о́го**	дорог**о́й**	дорог**о́го**	дорог**и́х**
여	дорог**о́му**	дорог**о́й**	дорог**о́му**	дорог**и́м**
대	дорог**о́й** 또는 дорог**о́го**	дорог**у́ю**	дорог**о́е**	дорог**и́е** 또는 дорог**и́х**
조	дорог**и́м**	дорог**о́й** (**о́ю**)	дорог**и́м**	дорог**и́ми**
전	о дорог**о́м**	о дорог**о́й**	о дорог**о́м**	о дорог**и́х**

[인명과 지명의 격변화]

-ин (-ын), ов (-ев)로 끝나는 인명과 지명

수 / 격	단 수				복 수
	남성		여 성	중 성	남·여
	인명	지명	인 명	지 명	인 명
주	Кали́нин, Ивано́в		-ин-а, -ов-а	-ин-о, -ов-о	-ин-ы, -ов-ы
생	-а		-ой	-а	-ых
여	-у		-ой	-у	-ым
대	-а	-	-у	-о	-ых
조	-ым	-ом	-ой	-ом	-ыми
전	-е		-ой	-е	-ых

수 / 성 / 격	단 수		복 수
	남 성	여 성	(남·여·중)
주	Петро́в	Петро́в**а**	Петро́в**ы**
생	Петро́в**а**	Петро́в**ой**	Петро́в**ых**
여	Петро́в**у**	Петро́в**ой**	Петро́в**ым**
대	Петро́в**а**	Петро́в**у**	Петро́в**ых**
조	Петро́в**ым**	Петро́в**ой**	Петро́в**ыми**
전	о Петро́в**е**	о Петро́в**ой**	о Петро́в**ых**

3. 대명사의 격변화

[물주대명사]

격 \ 수·성	단수 남성	단수 여성	단수 중성	복수 (남·여·중)
주	**мой**	**моя**	**моё**	**мои́**
생	**моего́**	**мое́й**	**моего́**	**мои́х**
여	**моему́**	**мое́й**	**моему́**	**мои́м**
대	**мой** 또는 **моего́**	**мою́**	**моё**	**мои́** 또는 **мои́х**
조	**мои́м**	**мое́й (е́ю)**	**мои́м**	**мои́ми**
전	**о моём**	**о мое́й**	**о моём**	**о мои́х**
주	**наш**	**на́ша**	**на́ше**	**на́ши**
생	**на́шего**	**на́шей**	**на́шего**	**на́ших**
여	**на́шему**	**на́шей**	**на́шему**	**на́шим**
대	**наш** 또는 **на́шего**	**на́шу**	**на́ше**	**на́ши** 또는 **на́ших**
조	**на́шим**	**на́шей (ею)**	**на́шим**	**на́шими**
전	**о на́шем**	**о на́шей**	**о на́шем**	**о на́ших**

主) твой와 свой는 мой와 동일하게 변화한다.
ваш는 наш와 동일하게 변화한다.

[의문대명사 чей, 부정대명사 ничей]

격 \ 수·성	단수 남성	단수 여성	단수 중성	복수 (남·여·중)
주	**чей**	**чья**	**чьё**	**чьи**
생	**чьего́**	**чьей**	**чьего́**	**чьих**
여	**чьему́**	**чьей**	**чьему́**	**чьим**
대	**чей** 또는 **чьего́**	**чью**	**чьё**	**чьи** 또는 **чьих**
조	**чьим**	**чьей (е́ю)**	**чьим**	**чьи́ми**
전	**о чьём**	**о чьей**	**о чьём**	**о чьих**

[의문대명사]

кто, что

주	кто	что
생	**кого́**	**чего́**
여	**кому́**	**чему́**
대	**кого́**	что
조	**кем**	**чем**
전	о **ком**	о **чём**

[부정대명사]

никто́, ничто́

주	никто́	ничто́
생	ни**кого́**	ни**чего́**
여	ни**кому́**	ни**чему́**
대	ни**кого́**	ничто́
조	ни**ке́м**	ни**че́м**
전	ни о **ком**	ни о **чём**

주) 전치사와 함께 쓰일 때 ни는 분리되어 전치사 앞에 놓인다.
예) ни у кого́; ни к чему́

[정대명사]

격 \ 성 \ 수	단수			복수 (남·여·중)
	남성	여성	중성	
주	сам	сама́	само	са́ми
생	само**го́**	само́**й**	само**го́**	сами́**х**
여	само**му́**	само́**й**	само**му́**	сами́**м**
대	само**го**	само**ё**	само́	сами́**х**
조	сами́**м**	само́**й** (о́**ю**)	сами́**м**	сами́**ми**
전	о само́**м**	о само́**й**	о само́**м**	о сами́**х**

격 \ 성 \ 수	단수			복수 (남·여·중)
	남성	여성	중성	
주	**весь**	**вся**	**всё**	**все**
생	**всего́**	**всей**	**всего́**	**всех**
여	**всему́**	**всей**	**всему́**	**всем**
대	**весь** 또는 **всего́**	**всю**	**всё**	**все** 또는 **всех**
조	**всем**	**всей** (**е́ю**)	**всем**	**все́ми**
전	о **всём**	о **всей**	о **всём**	о **всех**

[인칭대명사]

수 \ 격 (인칭)		1 인칭	2 인칭	3 인칭 남성·중성	3 인칭 여성
단수	주	я	ты	он оно	она́
	생	меня́	тебя́	его́ (него́)*	её (неё)*
	여	мне	тебе́	ему́ (нему́)*	ей (ней)*
	대	меня́	тебя́	его́ (него́)*	её (неё)*
	조	мной (о́ю)	тобо́й (о́ю)	им (ним)*	ей, ею (ней, нею)*
	전	обо мне	о тебе́	о нём	о ней
복수	주	мы	вы	они́	
	생	нас	вас	их (них)*	
	여	нам	вам	им (ним)*	
	대	нас	вас	их (них)*	
	조	на́ми	ва́ми	и́ми (ни́ми)*	
	전	о нас	о вас	о них	

주) 3인칭 인칭대명사가 전치사와 함께 사용될 때 [*]표와 같이 앞에다 н-을 덧 붙인다.

[지시대명사]

этот, тот

격 \ 수·성	단수 남성	단수 여성	단수 중성	복수 (남·여·중)
주	э́тот	э́т**а**	э́т**о**	э́т**и**
생	э́т**ого**	э́т**ой**	э́т**ого**	э́т**их**
여	э́т**ому**	э́т**ой**	э́т**ому**	э́т**им**
대	э́тот 또는 э́т**ого**	э́т**у**	э́т**о**	э́т**и** 또는 э́т**их**
조	э́т**им**	э́т**ой (ою)**	э́т**им**	э́т**ими**
전	об э́т**ом**	об э́т**ой**	об э́т**ом**	об э́т**их**

주	тот	та	то	те
생	того́	той	того́	тех
여	тому́	той	тому́	тем
대	тот 또는 того́	ту	то	те 또는 тех
조	тем	той (о́ю)	тем	те́ми
전	о том	о той	о том	о тех

[재귀대명사]

주	생	여	대	조	전
—	себя́	себе́	себя́	собо́й (собо́ю)	о себе́

4. 수사의 격변화

	개 수 사 **Cardinal**	순서수사 **Ordinal**
1.	оди́н, одна́, одно́	пе́рвый,-ая,-ое
2.	два, две	второ́й, -а́я,-о́е
3.	три	тре́тий, тре́тья,-ье
4.	четы́ре	четвёртый, -ая,-ое
5.	пять	пя́тый,-ая,-ое
6.	шесть	шесто́й,-а́я,-о́е
7.	семь	седьмо́й, -а́я,-о́е
8.	во́семь	восьмо́й,-а́я,-о́е
9.	де́вять	девя́тый,-ая,-ое
10.	де́сять	деся́тый,-ая,-ое
11.	оди́ннадцать	оди́ннадцатый
12.	двена́дцать	двена́дцатый
13.	трина́дцать	трина́дцатый

14.	четы́рнадцать	четы́рнадцатый
15.	пятна́дцать	пятна́дцатый
16.	шестна́дцать	шестна́дцатый
17.	семна́дцать	семна́дцатый
18.	восемна́дцать	восемна́дцатый
19.	девятна́дцать	девятна́дцатый
20.	два́дцать	двадца́тый
21.	два́дцать оди́н, одна́, одно́	два́дцать пе́рвый,-ая,-ое
22.	два́дцать два, две	два́дцать второ́й,-а́я,-о́е
23.	два́дцать три	два́дцать тре́тий,-ья,-ье
30.	три́дцать	тридца́тый
40.	со́рок	сорокво́й
50.	пятьдеся́т	пятидеся́тый
60.	шестьдеся́т	шестидеся́тый
70.	се́мьдесят	семидсся́тый
80.	во́семьдесят	восьмидеся́тый
90.	девяно́сто	девяно́стый
100.	сто	со́тый
101.	сто оди́н	сто пе́рвый,-ая,-ое
140.	сто со́рок	сто сороково́й
200.	две́сти	двухсо́тый
300.	три́ста	трёхсо́тый
400.	четы́реста	четырёхсо́тый
500.	пятьсо́т	пятисо́тый
600.	шестьсо́т	шестисо́тый
700.	семьсо́т	семисо́тый
800.	восемьсо́т	восьмисо́тый
900.	девятьсо́т	девятисо́тый
1,000.	ты́сяча	ты́сячный
1,001.	ты́сяча оди́н	ты́сяча пе́рвый,-ая,-ое
2,000.	две ты́сячи	двухты́сячный
5,000.	пять ты́сяч	пятиты́сячный
10,000.	де́сять ты́сяч	десятиты́сячный

100,000.	сто ты́сяч	сто ты́сячный
200,000.	две́сти ты́сяч	две́сти ты́сячный
1,000,000.	миллио́н	миллио́нный
2,000,000.	два миллио́на	двухмиллио́нный
1,000,000,000.	миллиа́рд 또는 (биллио́н)	миллиа́рдный (биллио́нный)

[개수사의 격변화]

개수 격	50, 60, 70	80
주	шестьдеся́т	во́семьдесят
생	шести́десяти	восьми́десяти
여	шести́десяти	восьми́десяти
대	шестьдеся́т	во́семьдесят
조	шестью́десятью	восемью́десятью
전	о шести́десяти	о восьми́десяти

개수 격	40	90	100
주, 대	со́рок	девяно́сто	сто
생, 여, 조, 전	сорока́	девяно́ста	ста

개수 격	200	300	400	500~900
주	две́сти	три́ста	четы́реста	пятьсо́т
생	двухсо́т	трёхсо́т	четырёхсо́т	пятисо́т
여	двумста́м	трёмста́м	четырёмста́м	пятиста́м
대	две́сти	три́ста	четы́реста	пятьсо́т
조	двумяста́ми	тремяста́ми	четырьмяста́ми	пятьюста́ми
전	о двухста́х	о трёхста́х	о четырёхста́х	о пятиста́х

один(1)의 격변화

수 성 / 격	단 수			복 수 (남·여·중)
	남 성	여 성	중 성	
주	один	одн**а́**	одн**о́**	одн**и́**
생	одн**ого́**	одн**о́й**	одн**ого́**	одн**и́х**
여	одн**ому́**	одн**о́й**	одн**ому́**	одн**и́м**
대	один 또는 одн**ого́**	одн**у́**	одн**о́**	одн**и́** 또는 одн**и́х**
조	одн**и́м**	одн**о́й**	одн**и́м**	одн**и́ми**
전	об одн**о́м**	об одн**о́й**	об одн**о́м**	об одн**и́х**

2, 3, 4의 격변화

개수 / 격	2	3	4	+ 명사
주	два(남,중), две(여)	три	четы́р-**е**	ма́льчик**а**
생	дв-**ух**	тр-**ёх**	четыр-**ёх**	ма́льчик**ов**
여	дв-**ум**	тр-**ём**	четыр-**ём**	ма́льчик**ам**
대	주 또는 생 две(여)	주 또는 생	주 또는 생	ма́льчик**ов**
조	дв-**умя́**	тр-**емя́**	четыр-**ьмя́**	ма́льчик**ами**
전	дв-**ух**	тр-**ёх**	четыр-**ёх**	ма́льчик**ах**

개수 / 격	5, 6, 7, 9, 10	8	11~20, 30	+명사
주	пять	во́семь	пятна́дцать	ма́льчик**ов**
생	пяти́	восьми́	пятна́дцати	ма́льчик**ов**
여	пяти́	восьми́	пятна́дцати	ма́льчик**ам**
대	пять	во́семь	пятна́дцать	ма́льчик**ов**
조	пятью́	восемью́	пятна́дцатью	ма́льчик**ами**
전	о пяти́	о восьми́	о пятна́дцати	ма́льчик**ах**

сто(100)의 격변화

격 / 수	주	생	여	대	조	전
단수	сто	ста	ста	сто	ста	о ста
복수	ста	сот	стам	ста	ста́ми	о стах

집합수사의 격변화

격 \ 성	남·여·중	남·여·중	남·여	여
주	дво́е	че́тверо	о́ба	о́бе
생	двои́х	четверы́х	обо́их	обе́их
여	двои́м	четверы́м	обо́им	обе́им
대	дво́е 또는 двои́х	че́тверо 또는 четверы́х	о́ба 또는 обо́их	о́бе 또는 обе́их
조	двои́ми	четверы́ми	обо́ими	обе́ими
전	о двои́х	о четверы́х	об обо́их	об обе́их

ско́лько, сто́лько, мно́го의 격변화

격 \ 뜻	얼마만큼, 얼마	그만큼, 그쯤	많 이	+명사
주	ско́льк-о	сто́льк-о	мно́г-о	столо́в
생	ско́льк-их	сто́льк-их	мно́г-их	столо́в
여	ско́льк-им	сто́льк-им	мно́г-им	стола́м
대	주 또는 생	주 또는 생	주 또는 생	столо́в
조	ско́льк-ими	сто́льк-ими	мно́г-ими	стола́ми
전	ско́льк-их	сто́льк-их	мно́г-их	стола́х

주) не́сколько, ско́лько와 동일하게 변화한다.

[분 수]

$\frac{1}{2}$	одна́ втора́я	$\frac{2}{3}$	две́ тре́тьих
$\frac{1}{3}$	одна́ тре́тья	$\frac{3}{4}$	три́ четвёртых
$\frac{1}{4}$	одна́ четвёртая	$\frac{1}{7}$	одна́ седьма́я
$\frac{1}{100}$	одна́ со́тая	$\frac{7}{10}$	семь деся́тых
$\frac{61}{100}$	шестьдеся́т одна́ со́тая	$\frac{1}{1000}$	одна́ ты́сячная
$1\frac{1}{2}$	одна́ це́лая одна́ втора́я одна́ и одна́ втора́я	$5\frac{1}{6}$	пять це́лых одна́ шеста́я пять и одна́ шеста́я

5. 동사

불완료체동사와 완료체동사

불완료체	완료체
бежа́ть (II) 정태 бегу́, бежи́шь; бегу́т, беги́; -и́те	побежа́ть (II) прибежа́ть (II)
боя́ться (II) (+생격) бою́сь,-и́шься;-я́тся бо́йся; -тесь	
брать беру́,-ёшь;-у́т бра́л,-а́,-о;-и бери́;-и́те	взять (I) возьму́,-ёшь;-у́т взял,-а́, -о; -и возьми́; -и́те
быва́ть(I)	
быть (不)	
везти́ (I) (정태) везу́,-ёшь;-у́т вёз, везла́,-о́;-и́	повезти́ (I)
вести́ (I)(정태) веду́,-ёшь;-у́т вёл, вела́,-о́; -и́	повести́ (I)
ви́деть (II) ви́жу, ви́дишь; ят 명령형은 사용하지 않는다.	уви́деть (II)
води́ть (II) (부정태) вожу́, во́дишь;-ят	
возвраща́ться (I)	верну́ться (I) верну́сь, вернёшься; -у́тся
вози́ть (II) (부정태) вожу́, во́зишь;-ят	
вообража́ть (I)	вообрази́ть (II) воображу́, вообрази́шь;-я́т

불완료체	완료체
вспомина́ть (I)	вспо́мнить (II) вспо́мню, -ишь; -ят
встава́ть (I) встаю́, -ёшь; -ю́т	встать (II) вста́ну, вста́нешь; -ут встань; вста́ньте
встреча́ться (I)	встре́титься (II) встре́чусь, встре́тишься;-ятся встре́ться; встре́тьтесь
входи́ть (II) вхожу́, вхо́дишь; -ят	войти́ (I) войду́, войдёшь; -у́т вошёл, вошла́, -о́; -и́ войди́; войди́те
въезжа́ть (I)	въе́хать (I) въе́ду, -е́шь; -ут въезжа́й; -а́йте (不)
выбира́ть (I)	вы́брать (I) вы́беру, вы́берешь;-ут вы́брал,-а,-о;-и вы́бери;-ите
выезжа́ть (I)	вы́ехать (I) вы́еду, вы́едешь; -ут выезжа́й; -а́йте (不)
высту́кивать	
выходи́ть (II) выхожу́, выхо́дишь; -ят	вы́йти (I) вы́йду, -ешь; -ут вы́шел, вы́шла, -о; -и
говори́ть (II) говорю́, -и́шь; -я́т	поговори́ть (II) сказа́ть (I) скажу́, ска́жешь; -ут
гото́виться (II) гото́влюсь, гото́вишься;-ятся гото́вься; гото́вьтесь	пригото́виться (II)
греть (I)	
гуля́ть (I)	погуля́ть (I)

불완료체	완료체
дава́ть (I) даю́, даёшь; даю́т	дать (不) дам, дашь, даст; дади́м, дади́те, даду́т дал, дала́, -о; -и дай; дайте
де́лать (I)	сде́лать (I)
держа́ть (II) держу́, де́ржишь; -ат	подержа́ть (II)
доезжа́ть (I)	дое́хать (I) дое́ду, -ешь;-ут доезжа́й; -а́йте (不)
достава́ть (I) достаю́, -ёшь; -ю́т	доста́ть (I) доста́ну, -ешь; -ут доста́нь; доста́ньте
доходи́ть (II) дохожу́, дохо́дишь; -ят	дойти́ (I) дойду́, дойдёшь; -у́т дошёл, дошла́, -о́; -и́ дойти́; -и́те
ду́мать (I)	поду́мать (I)
дуть (I)	поду́ть (I)
е́здить (II) е́зжу, е́здишь; -ят	
есть (不) ем, ешь, ест; еди́м, еди́те, едя́т ел, е́ла, -о;-и ешь; е́шьте	пое́сть (不)
е́хать (I) (정태) е́ду, -едешь; -ут поезжа́й; -а́йте (不)	пое́хать (I) поезжа́й –а́йте (不)
жале́ть (I)	пожале́ть (I)
ждать (I) жду, ждёшь; -ут ждал, -а́, -о; -и	подожда́ть(I)
жить (I)	

불완료체	완료체
живу́, живёшь; -у́т жил, -а́, -о; -и	
забыва́ть (I)	забы́ть (I) забу́ду, -ешь; -ут забу́дь; забу́дьте
за́втракать (I)	поза́втракать
загова́ривать (I)	заговори́ть (II) заговорю́, -и́шь; -я́т
задава́ть (I) задаю́, -ёшь; -ю́т	зада́ть (不) зада́м, зада́шь, зада́ст; задади́м, задади́те, зададу́т зада́л, -а́, -о; -и зада́й; -а́йте
заезжа́ть (I)	зае́хать (I) зае́ду, -е́шь; -ут заезжа́й; -а́йте (不)
закрыва́ть (I)	закры́ть (I) закро́ю, -ешь; -ют
занима́ться (I)	
заставля́ть (I)	заста́вить (II) заста́влю, заста́вишь; -ят заста́вь; -заста́вьте
засыпа́ть (I)	засну́ть (I) засну́, -ёшь; -у́т
заходи́ть (II) захожу́, захо́дишъ; -ят	зайти́ (I) зайду́, -ёшь; -у́т зашёл, зашла́, -о́; -и́
зва́ть (I) зову́, -ёшь; -у́т звал, -а́, -о; -и	позва́ть (II)
звони́ть (II) звоню́, -и́шь; -я́т	позвони́ть (II)
знако́миться (II) знако́млюсь, знако́мишься; -ятся	познако́миться (II)

불완료체	완료체
знать (I)	
зна́чить (II) зна́чу, -ишь; -ат	
игра́ть (I)	поигра́ть (I)
идти́ (I) (또는 итти́) (정태) иду́,-ёшь; -у́т шёл, шла,-о; -и иди́; -и́те	пойти́ (I) пойду́, -ёшь; -у́т пошёл, -а́, -о́; -и́ пойди́; -и́те
извиня́ть (I)	извини́ть (II) извиню́, -и́шь; -я́т
изуча́ть (I)	изучи́ть (II) изучу́, изу́чишь; -ат
интересова́ться (I) интересу́юсь, -ешься; -ются интересу́йся; -у́йтесь	заинтересова́ться (II)
каза́ться (I) ка́жется каза́лось	показа́ться (I)
ката́ться (I)	проката́ться (I)
класть (I) кладу́, -ёшь; -у́т клал, -а́, -о; -и клади́; -и́те	положи́ть (II) положу́, поло́жишь; -ат
конча́ть (I)	ко́нчать (II) ко́нчу, -ишь: -ат ко́нчи: -ите
крича́ть (II) кричу́, -и́шь; -а́т	кри́кнуть (I) кри́кну, -ешь; -ут
купа́ться (I)	выкупаться (I)
кури́ть (II)	покури́ть (II)
ку́шать (I)	поку́шать (I)
лежа́ть (II) лежу́, -и́шь; -а́т	полежа́ть(II)

불완료체	완료체
лета́ть (I) (부정태)	
лете́ть (II) (정태) лечу́, лети́шь; -я́т	
люби́ть (II) люблю́, лю́бишь; -ят	полюби́ть (II)
меня́ть (I)	перемени́ть (II) переменю́, переме́нишь; -ят
молча́ть (II) молчу́, -и́шь; -а́т	замолча́ть (II)
мочь (I) могу́, мо́жешь; мо́гут мог, могла́, -о́; -и́	смочь (I) 명령형은 사용하지 않는다.
мыть (I) мо́ю, -ешь; -ют	помы́ть (I)
наде́яться (I)	понаде́яться (I)
наступа́ть (I)	наступи́ть (II) наступлю́, насту́пишь; -ят
находи́ть (II) нахожу́, нахо́дишь; -ят	найти́ (I) найду́, -ёшь: -у́т нашёл, нашла́, -о́; -и́
начина́ть (I)	нача́ть (I) начну́, -ёшь; -у́т на́чал, -а́, -о; -и
нести́ (I) (정태) несу, -ёшь; -у́т нёс, несла́, -о́; -и́	
носи́ть (II) (부정태) ношу́, но́сишь; -ят	
нра́виться (II) нра́влюсь, нра́вишься; -ятся	понра́виться (II)
обе́дать (I)	пообе́дать (II)
обеща́ть (I)	пообеща́ть (I)
обраща́ть (I)	обрати́ть (II) обращу́, обрати́шь; -я́т

불완료체	완료체
объясня́ть (I)	объясни́ть (II) объясню́, -и́шь; -я́т
одева́ть (I)	оде́ть (I) оде́ну, -е́шь; -ут оде́нь; оде́ньте
опа́здывать (I)	опозда́ть (I)
оставля́ть (I)	оста́вить (II) оста́влю, оста́вишь; -ят оста́вь; оста́вьте
остана́вливаться (I)	останови́ться (II) остановлю́сь, остано́вишься; -ятся
отвеча́ть (I) 불완, 완+여격 또는 на+대격	отве́тить (II) отве́чу, отве́тишь; -ят отве́ть; отве́тьте
отдава́ть (I) отдаю́,-ёшь; -ют	отда́ть (不) отда́м, отда́шь, отда́ст; отдади́м, отдади́те, отдаду́т о́тдал, -а́, -о; -и отда́й; отда́йте
отдыха́ть (I)	отдохну́ть (I) отдохну́, -ёшь; -у́т
открыва́ть (I)	откры́ть (I) откро́ю, -ешь; -ют
отстава́ть (I) отстаю́, -ёшь: -ю́т	отста́ть (I) отста́ну, -ешь: -ут отста́нь: отста́ньте
отходи́ть (II) отхожу́, отхо́дишь; -ят	отойти́ (I) отойду́, ёшь: -у́т отошёл, отошла́ , -о́; -и́
па́дать (I)	упа́сть (I) упаду́, -ёшь; -у́т упал, -а, -о; -и упади́; -и́те
переводи́ть (II)	перевести́ (I)

불완료체	완료체
перевожу́, перево́дишь; -ят	переведу́, -ёшь; -у́т перевёл, перевела́, -о́; -и́
передава́ть (I) передаю́, -ёшь; -ю́т	переда́ть (I) (不) переда́м, -да́ть, -да́ст; -дади́м, -дади́те, -даду́т
переезжа́ть (I)	перее́хать (I) перее́ду, -е́шь; -ут переезжа́й; -а́йте (不)
петь (I) пою́, поёшь; пою́т пел, -а, -о́; -и пой; по́йте	спеть (I)
писа́ть (I) пишу́, пи́шешь; -ут	написа́ть (I)
пить (I) пью, пьёшь; пьют пил, -а́, -о; -и пей; пе́йте	вы́пить (I)
пла́кать (I) пла́чу, пла́чешь; -ут плачь; пла́чьте	запла́кать (I)
повторя́ть (I)	повтори́ть (II) повторю́, -и́шь; -я́т
поднима́ться (I)	подня́ться (I) подниму́сь, -ни́мешься; -утся подня́лся, -ла́сь, -ло́сь; -ли́сь поднимись; подними́тесь
подходи́ть (II) подхожу́, подхо́дишь; -ят	подойти́ (I) подойду́, -ёшь; -у́т подошёл, подошла́, -о́; -и́ подойди́; -и́те
пожива́ть (I)	
пока́зывать (I)	показа́ть (I) покажу́, пока́жешь; -ут
покупа́ть (I)	купи́ть (II)

불완료체	완료체
	куплю́, ку́пишь; -ят
получа́ть (I)	получи́ть (II) получу́, полу́чишь; -ат
по́льзоваться (I) (조격과) по́льзуюсь, -ешься; -ются	воспо́льзоваться (I)
по́мнить (II) по́мню, -ишь; -ят	
понима́ть (I) 과거와 미래로는 별로 사용하지 않는다.	поня́ть (I) пойму́, -ёшь; -у́т по́нял, -а́, -о; -и пойми́; -и́те
попада́ть (I)	попа́сть (I) попаду́, -ёшь; -у́т попа́л, -а, -о; -и
посеща́ть (I)	посети́ть (II) посещу́, посети́шь; -я́т
появля́ться (I)	появи́ться (II) появлю́сь, появи́шься; -ятся
пра́вить (II) пра́влю, пра́вишь; -ят	
предпочита́ть (I)	предпоче́сть (I) предпочту́, -ёшь; -у́т предпочёл, предпочла́, -о́; -и́
представля́ть (I)	предста́вить (II) предста́влю, предста́вишь; -ят предста́вь; предста́вьте
приве́тствовать (I) приве́тствую, -ешь; -ют	
приводи́ть (II) привожу́, приво́дишь; -ят	привести́ (I) приведу́, -ёшь; -у́т привёл, привела́, -о́; -и́ приведи́; -и́те
привози́ть (II) привожу́, приво́зишь; -ят	привезти́ (I) привезу́, -ёшь; -у́т

불완료체	완료체
	привёз, привезла́, -о́; -и́
приглаша́ть (I)	пригласи́ть (II) приглашу́, пригласи́шь; -я́т
приготовля́ть (I)	пригото́вить (II) пригото́влю, пригото́вишь; -ят пригото́вь; пригото́вьте
приезжа́ть (I)	прие́хать (I) прие́ду, -ёшь; -ут приезжа́й; -а́йте (不)
принадлежа́ть (II) принадлежу́, -и́шь; -а́т	
приноси́ть (II) приношу́, прино́сишь; -ят	принести́ (I) принесу́, -ёшь; -у́т принёс, принесла́, -о́; -и́
присыла́ть (I)	присла́ть (I) пришлю́, пришлёшь; -ю́т
приходи́ть (II) прихожу́, прихо́дишь; -ят	придти́ (I) (또는 прийти́) приду́, -ёшь; -у́т пришёл, пришла́, -о́; -и́
причёсываться (I) причёсываюсь, -ешься; -ются	причеса́ться (I) причешу́сь, приче́шешься; -утся причеши́сь; причеши́тесь
проводи́ть (I) провожу́, прово́дишь;-ят	провести́ (I) проведу́, -ёшь; -у́т провёл, провела́, -о́; -и́
продава́ть (I)	прода́ть (不) прода́м, -да́шь, -да́ст, -дади́м, -дади́те, -даду́т про́дал, -а́, -о; -и прода́й; -а́йте
продолжа́ть (I)	продо́лжить (II) продо́лжу, -ишь; -ат
проезжа́ть (I)	прое́хать (I) прое́ду, -ешь; -ут

불완료체	완료체
	проезжа́й; -а́йте (不)
проси́ть (II) прошу́, про́сишь; -ят проси́л, -а, -о; -и проси́; -и́те	попроси́ть (II)
простужа́ться (I)	простуди́ться (II) простужу́сь, просту́дишься; -ятся
проходи́ть (II) прохожу́, прохо́дишь; -ят	пройти́ (I) пройду́, -ёшь; -у́т прошёл, прошла́, -о́; -и́ пройди́; -и́те
проща́ть (I)	прости́ть (II) прощу́, прости́шь; -я́т
пры́гать (I)	пры́гнуть (I) пры́гну, -ешь;-ут
пря́таться (I) пря́чусь, пря́чешься; -утся пря́чься; пря́чьтесь	спря́таться (I)
рабо́тать (I)	порабо́тать (I)
разбива́ться (I)	разби́ться (I) разобью́сь, разобьёшься; -ю́тся разбе́йся ; -е́йтесь
разгова́ривать (I)	
расска́зывать (I)	рассказа́ть (I) расскажу́, расска́жешь; -ут расскажи́; -и́те
реша́ть (I)	реши́ть (II) решу́, -и́шь; -а́т
рожда́ться (I)	роди́ться (II) рожу́сь, роди́шься; -я́тся роди́лся, -ла́сь,-лось; -лись роди́сь; -и́тесь
сади́ться (II) сажу́сь, сади́шься; -я́тся	сесть (I) ся́ду, ся́дешь; -ут

불완료체	완료체
	сел, се́ла,-о;-и сядь; ся́дьте
свети́ть (II) свечу́, све́тишь; -ят	
сиде́ть (II) сижу́, сиди́шь; -я́т	посиде́ть (II)
случа́ться (I) (무인칭동사)	случи́ться (II) (무인칭동사)
слу́шать (I)	послу́шать(I)
слы́шать (II) слы́шу, слы́шишь; -ат	услы́шать (II)
смея́ться (I) смею́сь, смеёшься; -ю́тся сме́йся; сме́йтесь	засмея́ться (I)
смотре́ть (II) смотрю́, смо́тришь ; -ят	посмотре́ть (II)
снима́ть (II)	снять (I) сниму́, сни́мешь; -ут
собира́ться (I)	собра́ться (I) соберу́сь, -ёшься; -у́тся собра́лся , -ла́сь, -ло́сь: -ли́сь собери́сь: -и́тесь
сочиня́ть (I)	сочини́ть (II) сочиню́, -и́шь: -я́т
спать (II) сплю, спи́шь; спят спал, спала́, -о; -и спи; спи́те	поспа́ть (II)
спеши́ть (II) спешу́, -и́шь; -а́т	поспеши́ть (II)
спра́шивать (I)	спроси́ть (II) спрошу́, спро́сишь; -ят
ста́вить (II) ста́влю, ста́вишь; -ят ставь; сита́вьте	поста́вить (II)
станови́ться (II)	стать (I)

불완료체	완료체
становлю́сь, стано́вишься; -ятся	ста́ну, -ешь; -ут стал, -а, -о; -и стань; ста́ньте
сто́ить (II) сто́ю, -ишь; -ят 명령형은 사용하지 않는다.	
стоя́ть (II) стою́, -и́шь; -я́т	постоя́ть (II)
стуча́ть (I) стучу́, -и́шь; -а́т	постуча́ть (I)
счита́ть (I)	сосчита́ть (I)
танцева́ть (I) танцу́ю, -ешь; -ют	потанцева́ть(I)
таска́ть (I) (부정태)	
тащи́ть (II) (정태) тащу́, та́щишь; -ат	
та́ять (I) та́ю, -ешь; -ют	раста́ять (I)
течь (I) теку́, течёшь; теку́т тёк, текла́, -о́; -и́	поте́чь (I)
угова́ривать (I)	уговори́ть (II) уговорю́, -и́шь; -я́т
ударя́ть (I)	уда́рить (II) уда́рю, -ишь; -ят уда́рь; уда́рьте
уезжа́ть (I)	уе́хать (I) уе́ду, уе́дешь; -ут уезжа́й; -а́йте(不)
у́жинать (I)	поу́жинать (I)
узнава́ть (I) узнаю́, -ёшь; -ю́т	узна́ть (I) узна́ю, -ешь; -ют
уме́ть (I)	суме́ть (I)
умыва́ться (I)	умы́ться (I) умо́юсь, умо́ешься; -ются

불완료체	완료체
	умы́лся, -лась, -лось; -лись умо́йся; умо́йтесь
уноси́ть (II) уношу́, уно́сишь; -ят	унести́ (I) унесу́, -ёшь; -у́т унёс, унесла́, -о́; -и́
устава́ть (I) устаю́, -ёшь; -ю́т	уста́ть (I) уста́ну, -ешь; -ут уста́нь; уста́ньте
уходи́ть (II) ухожу́, ухо́дишь; -ят	уйти́ (I) уйду́, -ёшь; -у́т ушёл, ушла́, -о́; -и́ уйди́; -и́те
учи́ть (II) учу́, у́чишь; -ат	научи́ть (II)
ходи́ть (II) (부정태) хожу́, хо́дишь; -ят	
хоте́ть (不) хочу́, хо́чешь, хо́чет; хоти́м, хоти́те, хотя́т	захоте́ть (不)
цара́пать (I)	поцара́пать (I)
целова́ть (I) целу́ю, -ешь; -ят целу́й; -у́йте	поцелова́ть (I)
чи́стить (II) чи́щу, чи́стишь; -ят	почи́стить (II)
чита́ть (I)	прочита́ть (I) почита́ть (I)
чу́вствовать (I) чу́вствую, -ешь; -ют чу́вствуй; -уйте	почу́вствовать(I)
шуме́ть (II) шумлю́, шуми́шь; -я́т шуми́; -и́те	нашуме́ть(II)

РУССКО-КОРЕЙСКИЙ СЛОВАРЬ

-А-

а [접] 그러나, 그런데, ~지만(가벼운 대립)
абажу́р (램프의) 갓
а́вгуст 8월
Австра́лия 호주
авто́бус 버스
автомоби́ль[남] 자동차, 승용차
а́дрес 주소
А́зия 아시아(주)
акаде́мия 아카데미, 한림원
акт 연극의(막)
Аме́рика 아메리카(주), 미국
америка́нец [남] 미국인
америка́нка [여] 미국인
америка́нский 미국의
англи́йский 영국의, 영어의, 영국인의
англича́нин [남] 영국인
англича́не (복·주)
англича́н (복·생)
англича́нка [여] 영국인
апре́ль [남] 4월
а́рмия 육군, 군(軍)
арти́ст [남] 배우
арти́стка [여] 배우
А́фрика 아프리카(주)
ах [감탄] 아아!

-Б-

ба́бушка 할머니
бага́ж (단·생 багажа́) (여객의)짐, 소화물, 수화물
ба́нка 통(통조림), 단지
бе́дный (бе́ден, бедна́, бе́дно) 가난한
бежа́ть (II)(정)(бегу́, бежи́шь; бегу́т)[불완] 뛰어가다
прибежа́ть (II)[완] 뛰어(달려)오다
побежа́ть (II)[완] 달려나가다
без (+생) 없이, 없는
бе́лый (бел, бела́, бе́ло) 흰, 백색의
бе́рег (복·주 берега́) 바닷가, 강가
библиоте́ка 도서관, 도서실, 서고(書庫)
биле́т 입장권, 표(券)
биллио́н 10억
близ (+생) 가까이, 옆에, 곁에
бли́зко 가까이; 가깝다
блока́да 봉쇄
блу́зка 블라우스(blouse)
бога́тый 돈많은, 풍부한
бо́лее [부] 더욱, 더
бо́лен (больно́й의 단어미)
боли́т, боля́т (무인칭동사) 아프다
больно́й (бо́лен, больна́, -о́; -ы́) 병든
бо́льше [부] 더욱 크게, 보다 많이
бо́льше всего́ 제일~, 가장 많이, 무엇보다도 더
большо́й 큰, 대단한 (вели́к, -а́, -о́; -и́) большо́е спаси́бо 매우 고맙습니다.
боя́ться (II) (+생) 두려워하다, 무서워하다,겁내다.
брат 형, 동생
брать (I) (беру́, берёшь; беру́т)[불완]
взять(I)[완](возьмёшь; возьму́т) 쥐다, 집다, 가지다

бу́дущее [중] 미래, 장래
в бу́дущем 미래에, 장차
бу́дущий 미래의, 다음의
бума́га 종이, 서류
буты́лка (술)병
быва́ть (I) (때로, 가끔, 종종) 있다
бы́стро 빨리; 빠르다
быть (I)[불완] (бу́ду, бу́дешь: бу́дут, был, была́, бы́ло, бы́ли) 있다,~이다.

-В-

в, во (+대) 안으로; (+전) 속에
ваго́н 차량(기차의)
ва́жный (ва́жен, важна́, ва́жно; ва́жны) 중요·중대한
варе́нье 잼(jam), 과일절임
ваш, ва́ша, ва́ше; ва́ши 당신의, 당신들의
Вашингто́н 와싱톤(Washington)
вдоль (+생) ~을 따라(沿하여)
вдруг [부] 갑자기, 별안간, 문득
везде́ [부] 도처에, 가는 곳마다
везти́ (I) [정] (везу́, везё-шь, -у́т. вёз, везла́, -о́; -и́) 운반하다, 실어나르다
вели́кий 위대한
верну́ться (I)[완] 돌아오다, 복귀하다
возвраща́ться(I)[불완]
верши́на 꼭대기, 정점
верхо́м [부] 말을 타고
весёлый (ве́сел, -а, -о)명랑한, 즐거운,
ве́село 명랑하다, 유쾌하다
(比) веселе́е
весна́ 봄
вести́ (I)[완][정] (веду́, ведёшь; веду́т; вёл, -а́, -о́; -и́) 데리고 가다, 이끌다 води́ть (II)[불완][부정]
весь, вся, всё; все 모든, 전(全)...
весьма́ [부] 심히, 극히
ве́тер 바람
ве́чер 저녁
ве́чером [부] 저녁에
вечери́нка 야회(놀기 위한 모임)
ве́чный (ве́чен, ве́чна, -о; -ы) 영구, 영원한
ве́чное перо́ 만년필
вещь [여] 물건, 사물, 의복
взро́слый 성년의, 어른의; [명] 어른, 성년
взять (I) (брать의 완)
ви́деть (II)
(ви́жу, ви́дешь) 보다, 보이다
ви́деться (II) 보다, 보이다, 만나다
уви́деть (II)[완]
ви́лка 포크(fork)
вино́ 포도주, 술
витри́на 진열장, 쇼윈도우
вку́сный (вку́сен, вкусна́, -о; -ы) 맛있는
Владивосто́к 블라지보스또오끄(지명)
вме́сте [부] 함께, 더불어
вме́сто (+생) 대신에
вне (+생) 밖에, 외부에
внима́ние 주의, 배려
внук 손자
внутри́ (+생) 내부에
во (=в)
во вре́мя (+생) ~할 때에, ~시(時)에
во́-время 제때에, 때마침
вода́ 물

води́ть (II)[불완][부정] (вожу́, -о́дишь, -о́дит; -о́дят) 데리고 가다, 이끌다, 조종하다
возвраща́ться (I) (верну́ться의 불완)
во́здух 공기, 허공
вози́ть (II)[불완][정] (вожу́, -о́зишь, -о́зит; -о́зят) 운반하다, 실어나르다
война́ 전쟁
войти́ (I) (входи́ть (II)의 완)
вокза́л 정거장(주요한), 역(驛)
вокру́г (+생) 주위에, 둘레에
Во́лга 볼가강(江)
вообража́ть (I)
вообрази́ть (II)[완] 상상하다
воображе́ние 상상(력), 공상
вопро́с 문제, 질문, 물음
восемна́дцать 18
во́семь 8
во́семьдесят 80
восемьсо́т 800
воскресе́нье 일요일
вот 아 저기, 여기, 이것이
вре́мя 때, 시간
вре́мя го́да 계절, 철
за после́днее вре́мя 최근에, 요사이
все 모두; 모든[복]
всё 모든것, 모든[중]
мне всё равно́ 나에게는 매일반이다
всегда́ [부] 항상, 언제나
вспомина́ть (I)회상하다, 상기하다
вспо́мнить (II)[완]
встава́ть (I) (встаю́,-ёшь;-ю́т) 일어나다, 일어서다
вста́ть (I)[완] (вста́ну,-а́нешь;-а́нут)
встреча́ться (I) 만나다, 상봉하다
встре́титься (II)[완] (встре́чусь, -е́тишься; -е́тятся)
вто́рник 화요일
входи́ть (II)[불완]
войти́ (I)[不] 들어가다
вчера́ [부] 어제
въезжа́ть (I)[불완]
въе́хать (I)[완] (въе́ду, въе́дешь) (타고) 들어가다
вы 당신, 당신들, 너희들
выбира́ть (I)[불완]
вы́брать(I)[완] (вы́беру,-берешь) 선택하다, 골라내다
выезжа́ть (I)[불완]
вы́ехать (I)[완] (вы́еду, -едешь) 출발하다
вы́йти (I)[완] (выходи́ть의 완)
выраста́ть (I)[불완] 발육, 성장하다, 어른이 되다
вы́расти (I)[완] (вы́расту,-растешь)
высо́кий (высо́к, -а́, -о́; -и́) 높은, 고등의
высоко́ 높이; 높다
вы́ставка 전람회(장)
высту́кивать (II)[불완] 뚜드려 박자를 맞추다
выходи́ть (II)[불완] (выхожу́, -хо́дишь) 나가다
выходно́й день 휴일

-Г-

газе́та 신문
гало́ша 덧신, 오버슈즈
где [부] 어디에
где бы…ни 어디서 ~하더라도

геро́й [남] 영웅, 주인공
гла́вный 주요한
глаз (단생 гла́за; 복주 глаза́) 눈(眼)
глубоко́ 깊이, 깊게; 깊다
говори́ть (II) 말하다
поговори́ть (II)[완] 잠시 말하다, 의논하다
сказа́ть (I)[완]
год 행(年)
голова́ 머리
голо́дный 굶은, 굶주린, 기아의 (го́лоден, голодна́, го́лодно; го́лодны)
го́лос 목소리, 음성
гора́ 산(山)
ходи́ть по гора́м 산을 오르내리다
го́рло 목구멍, 인후
го́род 도시 (복·주 города́)
за́ городом 시외·교외에
горя́чий, -ая, -ее; -ие 뜨거운
го́спиталь [남] 병원
господи́н 씨, 님, 신사(복·주; господа́)
госпожа́ 여사
гости́ная [여] 응접실
гости́ница 여관, 호텔
гость (단·생 го́стя; 복·주; го́сти) 손님
гото́виться (II)[불완] (-влюсь; -вишься) 준비하다
пригото́виться (II)[완] ~к экза́мену 시험준비를 하다
гото́вый 준비, 각오가 되어 있는 (гото́в, -а, -о; -ы)
граждани́н 시민, 공민(복·주; гра́ждане)
гражда́нка 여자시민, 여자공민
грамма́тика 문법
греть(I)[불완] 따뜻하게 해주다, 열을 보유하다
гро́мко 큰 소리로
гру́ппа 그룹, 집단(group)
гуверна́нтка 여자 가정교사
гуля́ть (I)[불완] 산책하다, 거닐다
погуля́ть (I)[완]

-Д-

да 네, 그렇소; [접] 그리고, 그러나
дава́й, дава́йте (+미정형) 주시오
дава́ть (I) (даю́, даёшь, даст; дади́м, дади́те, даду́т)주다, 내주다, 베풀다
дать (불)[완](дам, дашь, даст; дади́м, дади́те, даду́т)
дава́ть пье́су 희곡을 상연하다.
давно́ [부] 오래 전부터, 오래 전에, 오랫동안
да́же [부] 조차, 까지도
далеко́ 멀리; 멀다
да́ма 귀부인(lady)
дари́ть (II) 선사하다
подари́ть(II)[완]
дать(불)[완] (дам, дашь, даст; дади́м, дади́те, даду́т) дава́ть (I) 주다
да́ча 별장
два 2
два́дцать 20
двена́дцать 12
дверь [여] 문, 방문
две́сти 200
дво́е 두개, 두사람
де́вочка 소녀, 계집아이

де́вушка 처녀, 아가씨
девяно́сто 90
девятна́дцать 19
де́вять 9
девя́тый 제 9의
девятьсо́т 900
дека́брь [남] 12월
де́лать (I) 하다, 만들다 ;
сде́лать[완]
де́ло 일, 사업 (복·주 дела́)
в чём де́ло? 어찌된 노릇이요?
день [남] 날, 낮, 요일
днём [부] 낮에
в день 하루에
де́ньги(복) 돈, 금전 (복·생; де́нег)
дереве́нский 시골의, 마을의
дере́вня 시골, 마을
де́рево 나무 (복·주; дере́вья)
держа́ть (II)[불완] (держу́, де́ржишь)
подержа́ть (II)[완] 보유하다
десе́рт 디저트(dessert)
де́сять 10
де́ти (дитя́ 의 복수) 아이들
де́тская [여] 아이들 방, 육아실
де́тство 유년시대
дешёвый 값싼, 저렴한 (дёшев,
дешева́, дёшево; дешевы)
дива́н 소파(sofa)
ди́ктовка 받아쓰기
ди́ректор 지배인, 교장
длина́ 길이, 연장(延長)
дли́нный 긴, 기다란 (дли́нен,
длинна́, дли́нно; дли́нны)
для (+생) 위하여, ~에게는
до (+생) 까지, 이르기까지
от... до, ~부터 ~까지
до свида́ния 안녕! (good bye)
до́брый (добр, добра́, добро́; добры́)
착한, 선량한, 좋은
дово́льный (дово́лен, дово́льна,
дово́льно; дово́льны) 만족한, 흡
족한, 충분한
доезжа́ть (I)[불완] ~까지 타고가다,
도달하다
дое́хать (I)[완] (дое́ду, -е́дешь)
дождеви́к 비옷(raincoat)
дождь [남] 비(雨)
идёт дождь 비가 오다
дойти́ (I)[완] (дойду́, дойдёшь)
(доходи́ть의 완)
до́ктор (복·주; доктора́) 의사
до́лго 오랫동안
до́лжен, должна́, должно́; должны́
(+미정형) 하지 않으면 안된다
до́ллар (복·주; до́ллары) 딸라(弗)
дом 집
дом культу́ры 문화의 집, 문화궁전
до́ма [부] 집에
из до́ма, и́з дому 집 안으로부터
домо́й [부] 집으로
доро́га 길, 도로
в доро́ге 도중에, 여행중
дорого́й (до́рог, -а́, -о; -и) 값비싼,
고가의, 귀중한
доска́ 흑판, 칠판
достава́ть (I)[불완] (достаю́, -таёшь)
доста́ть (I) [완] (доста́ну, -ешь; -ут)
꺼내다, 손에 넣다, 입수하다
доходи́ть (II)[불완] (дохожу́, -
хо́дишь)까지 가다, 도달하다

дойти́ (I)[완]
дочь[여] 딸
друг 친구, 벗
друг дру́га 서로(들)
друг дру́гу 서로(에게)
друг о дру́ге 서로에 관하여
друго́й 다른, 별개의
ду́мать (I)[불완] 생각하다
поду́мать (I)[완]
дуть (I)[불완]
поду́ть (I)[완] (바람이) 불다
дуэ́т 이중주, 이중창
дя́дя[남] 아저씨

-Е-

Евро́па 유럽(Europe)
европе́йский 구라파의
е́здить (II)[불완] (е́зжу, -е́зд-ишь; -ят) 타고 다니다, 여행하다
е́здить верхо́м 말을 타고 다니다
е́здить на автомоби́ле 자동차로 다니다
е́здить на трамва́е 전차로 다니다
е́сли[접] 만일, 만일 ~이라면
е́сть(不) (ем, ешь, ест; еди́м, еди́те, едя́т, 과거형 ел, е́ла, е́ло) 먹다
съесть(不)[완]
е́хать (I)(정)[불완] (е́ду, е́дешь) (타고) 가다
пое́хать (I)[완]
ещё [부] 아직, (그리고) 또
ещё раз 또 한번, 다시 한번
что ещё? 또 무엇이냐?

-Ж-

жале́ть (I)[불완] 가엾이 여기다, 슬퍼하다, 애석히 여기다
пожале́ть (I)[완]
жаль 애석하다, 유감스럽다
жар 열(熱)
жа́рко 뜨겁게, 열렬하게; 뜨겁다
ждать (I) (жду, ждёшь) 기다리다
же (앞의 말을 강조하는 소사)
жена́ 아내
же́нщина 여자, 부녀자, 여성
Же́ня (Евге́ния의 애칭)
жизнь[여] 생활, 생애, 생명
жить (I) (живу́, живёшь) 살다
журна́л 잡지

-З-

за (+대) 뒤로; (+조) 뒤에
за(+대)...до ~하기 ~전에
за́ город 시외, 교외로
за́ лето 여름동안(에)
за э́то вре́мя 이(그) 동안(에)
забыва́ть (I)[불완]
забы́ть (I)[완] (забу́ду, забу́дешь) 잊다
заво́д 공장(주로 중공업의)
за́втра [부] 내일
за́втрак 조반, 아침식사
заговори́ть (II)[완]
загова́ривать (I)[불완] 말을 꺼내다, 입을 열다
за́втракать (I)[불완] 아침을 먹다
поза́втракать (I)[완]
задава́ть (I) (задаю́, задаёшь) 부과,

부여하다
задáть(불)[완] (변화=дать)
задáть вопрóс 문제를 내다
заезжáть (I)[완]
заéхать (I)[완] (заéду, -éдешь) 들르다, 들러서 가다
заинтересовáться (I)[완] (-сýюсь, -сýешься; -сýются) 관심을 갖다
зайти́ (I)[완] (зайдý, зайдёшь) (заходи́ть의 완)
закрывáть (I) 덮다, 닫다, 씌우다
закры́ть (I)[완] (-рóю, -рóешь; -рóют)
зал 홀, 강당
замечáтельный (-телен, -тельна, -тельно;-тельны) 놀랄만한, 아주 훌륭한
замолчáть (II)[완]
молчáть (II) 입을 다물어 버리다, 잠잠해지다
зáнавес (무대의) 막, 장막
занимáться (I) 공부하다, 종사하다
заня́тия 일, 학업, 과업, 직업
заплáкать (I)[완] (-плáчу, -чешь; -чут) 울음을 터뜨리다, 울기 시작하다
плáкать (I)[불완]
засмея́ться (I)[완] (-мею́сь, -еёшься; -мею́тся) 웃음을 터뜨리다, 웃기 시작하다
смея́ться(I)[불완]
заснýть (I)[완] (заснý, заснёшь) (засыпáть의 완)
заставля́ть (+미정형) ~하지 않을 수 없게 하다
застáвить (II)[완]
засыпáть (I)
заснýть [완] 잠들다
затó [접] 그 대신에
заходи́ть (II)
зайти́ (I) [완] 들르다
захотéть(혼합) [완] (-очý, -óчешь, -óчет; -оти́м, -оти́те, -отя́т) (хотéть의 완)
зачéм [부] 무엇 때문에, 무슨 목적으로
звать (I) (зовý, зовёшь;-вýт)
позвáть (I)[완] 부르다, 칭(稱)하다
звони́ть (II) 종, 벨을 울리다
позвони́ть (II)[완]
позвони́ть по телефóну 전화를 걸다
здáние 건물
здесь [부] 여기, 이곳에, 여기 있어서
здорóвый (здорóв, -а, -о; -ы) 건강한, 굳센, 건전한
здрáвствуйте 안녕하십니까(?)
зелёный 녹색의, 초록빛의
земля́ 토지, 육지, 땅
зимá 겨울
зимóй [부]
всю зи́му 온 겨울을, 겨우내
знакóмиться (II) (знакóмлюсь, -кóмишься)
познакóмиться [완] 서로 사귀다, 지면이 되다.
знакóмый 낯익은, 안면있는, 잘 아는
знамени́тый (-ни́т, -а, -о; -ы) 유명한, 저명한
знать (I) 알다, 알고 있다.
знáчить (II) 의미하다, 뜻하다

- И-

и [접] ~와(과), 그리고, 그래서, ~도
  и...и ~도 ~도
игра́ 놀음, 연기
игра́ть 놀다, 연주, 연기하다
  поигра́ть (I)[완]
  игра́ть в ка́рты 트럼프놀이를 하다
  игра́ть в мяч 공을 치며 놀다
  игра́ть в те́ннис 정구를 치다
  игра́ть на роя́ле 피아노를 치다
  игра́ть на скри́пке 바이올린을 켜다
идти́ (I)[정] (иду́,идёшь) 걸어가다
  пойти́ (I) (-йду́, -йдёшь)
  идёт дождь 비가오다
  идёт карти́на 영화가 상영되고 있다.
из (+생) 안으로부터
из-за (+생) 뒤로부터
из-под (+생) 밑으로부터
изба́ 오막살이집, 농가
извиня́ть (I)
  извини́ть (II)[완] 용서하다
изуча́ть (I) 연구하다
  изучи́ть (II)[완] (изучу́, изу́чишь)
и́ли[접] 혹은, 또는, 아니면
и́мя[중] 이름
инжене́р 기사(技師)
иногда́ [부] 때때로, 가끔, 간혹
институ́т (단과)대학, 연구소
инстру́ктор 교관, 지도교사
интере́сный (интере́сен, - сна, -сно; -сны) 흥미있는, 재미있는
интересова́ться (I) (интересу́юсь, -су́ешься) 흥미, 관심을 갖다
Ирку́тск 이르꾸우츠크(시베리아도 시명)
иску́сство 예술, 예술성
испа́нец 스페인 사람(Spaniard)
испа́нский 스페인의(Spanish)
исто́рия 역사, 내력, 이야기
итти = идти́
их (они́의 생·대) 그들의
ию́ль [남] 7월
ию́нь [남] 6월

-К-

к (+여) 쪽으로, 무렵까지
Кавка́з 까프까즈 지방(Caucasus)
ка́ждый 하나 하나의, 각자의, 매(每)
ка́жется ~처럼 보인다, ~같이 생각 된다
  каза́лось 처럼 보였다, 인것 같았다
  мне каза́лось 나에게는 ~같이 생각되었다
как [부] 어떻게, [접] 처럼, 로서
  как то́лько ~하자마자
како́й 어떠한
  како́й-то 그 어떤
кани́кулы (복) 방학
каранда́ш 연필
карма́н 호주머니
ка́рта 지도, 트럼프(카드)
  игра́ть в ка́рты 트럼프(카드)놀이를 하다
карти́на 그림, 영화
ка́сса 금전 출납구, 매표구, 금고
ката́ться (I) 타고 돌아다니다, 굴다
  проката́ться (I)[완]
  — на конька́х 스케이트를 타다
  — на лы́жах 스키를 타다
ка́шель [남] 기침

квартúра 주택(아파트 형식의)
Кúев 끼이예프(Kiev)
киломéтр 킬로미터(km)
кинó 영화, 영화관
кинотеáтр 영화관
класс 교실, 클라스
класть (I) (-адý,-адёшь;-адýт)
положúть (II)[완] (뉘어)놓다, 넣어 두다
клуб 구락부, 클럽(club)
кнúга 책, 서적
кнúжный 책의
ковёр 양탄자
когдá [부] 언제; [접] ~할때
колхóз 집단농장
колхóзник 집단농장원(남)
колхóзница 집단농장원(여)
Кóля (Николáй의 애칭)
комбáйн 자동식 수확기(Combine)
кóмната 방
комóд 장롱, 옷장
композúтор 작곡가
конвéрт 봉투
конéц 끝, 종말
конéчно [부] 물론
континéнт 대륙
контóра 사무소
конфéта 알사탕, 캔디(candy)
концéрт 음악회, 연주회
кончáть (I)
кóнчить (II)[완] –ся 끝나다
конькú (복) 스케이트
катáться на конькáх 스케이트를 타다
копéйка 꼬뻬에이까(화폐단위) (복·생; копéек)
коридóр 복도
корóва 소, 암소
корóткий (корóток, короткá, короткó; короткú) 짧은
костю́м 복장, 의상, 양복(상하 한벌의)
котóрый 어느쪽의, 몇번째; [관계대] ~하는 그~
кóфе [중] [불변] 커피
кóшка 고양이
крáй 지방, 변방
красúвый 아름다운
крáсный (крáсен, краснá,-о;-ы) 붉은
Крéмель[남] 크레믈린 궁전
крéсло 안락의자
кричáть (I) 소리치다, 고함치다
крúкнуть (I)[완]
Крокодúл 잡지 명(악어)
крóме (+생) 이외에
кругóм[부] 주위에, 사면에
Крым 끄리임지방(Crimea)
кстáти[부] 알맞은 때에, ~하는 김에
кто 누구
кудá [부] 어디로
кýкла 인형
культýра 문화
Дом культýры 문화회관, 문화궁전
купáться (I) 목욕하다
вы́купаться(I) [완]
купúть (I)순[완] (куплю́, кýпишь)사다(買) (покупáть의 완)
курúть (I) (курю́, кýришь)
покурúть(II)[완] 담배를 피우다
курс 과정, 코오스, 학년
кýшать(I) 먹다, 잡수시다

-Л-

лаборато́рия 실험실, 연구실
ла́мпа 램프, 전등
лёгкий (лёгок, легка́, -о́; -и́)가벼운
лежа́ть (II) (лежу́, лежи́шь)
полежа́ть(II)누워있다, 놓여있다
ле́кция 강연, 강의
Ле́на (Еле́на의 애칭)
лени́вый (лени́в, -а, -о; -ы) 게으른, 태만한
лес (복·주; леса́) 숲, 임야, 산림
лет (ле́та, год의 복·생)
лета́ть (I)[부정] 날아다니다
лете́ть (II)[정] (лечу́, лети́шь)
ле́то 여름
за́ лето 여름동안
на всё ле́то 여름내(온 여름을)~하려고
ле́том[부] 여름에
ли́ния 선(線), 선로, 진로
лист (복·주; ли́стья) 나뭇잎, 종이(장)
литерату́ра 문학
литерату́рный 문학의, 문학적
ло́жка 숟가락, 스푼
ло́шадь[여] 말(馬)
луч 빛, 광선
лу́чше [比] 보다 훌륭히, 더욱 잘; 보다 좋다
лу́чший [최상] 가장 훌륭한, 보기 좋은
люби́мый [피형현] 사랑하는, 친애하는
люби́ть (II) (люблю́, лю́бишь)
полюби́ть (II)[완] 사랑하다
любо́вь [여](단·생; любви́) 사랑, 애정
любопы́тный (любопы́тен, -тна, -тно; -тны)호기심 많은
лю́ди (челове́к의 복·생) 사람들, 인간들, 세상사람들
лы́жи 스키이
ката́ться на лы́жах 스키이를 타다

-М-

мавзоле́й 묘(廟), 능(陵)
магази́н 상점
май 5월
ма́ленький 작은
ма́ло 적게, 작게, 적다
ма́льчик 소년, 사내아이
ма́ма 어머니, 엄마
март 3월
ма́сло 버터, 기름
мать [여] 어머니, 모친
маши́на 기계; 자동차, 타이프라이터
машини́стка 타이피스트(여)
маши́но-тра́кторная ста́нция 기계, 트랙터스테이션, 농기계임경소(МТС)
ме́бель[여] 가구(家具)
ме́дленно 천천히, 느리게; 느리다
ме́жду(+조) ~사이에, 간(間)에
мел 백묵, 분필
мело́дия 멜로디, 곡(曲)
ме́нее[比] 보다 적게, 보다 덜
меня́ть (I) 바꾸다, 변경하다, 교환하다
перемени́ть (II)[완] 변경하다, 갈아대다
ме́ньше[比] 보다 적게, 보다 덜; 보다 적다
ме́сто 장소, 자리, 좌석
ме́сяц 월(1월, 2월의), 달(한달, 두달)
метро́ [중](불변) 지하철

миллиа́рд 10억
миллио́н 100만
ми́лый (мил, -á, -о; -ы́) 귀여운, 사랑스러운, 그리운
ми́мо(+생) 옆을 지나서
мину́та 분(分)
мир 세계; 평화
мне(여) (я)의 여격
мно́гие (복·명) 많은 사람들
мно́го 많이; 많다
мной, мно́ю (я의 조격)
мо́жет быть 아마도, 어쩌면 ~일는지 모른다
не мо́жет быть 설마, 있을 수 없다.
мо́жно(+미정형) ~할 수 있다, 해도 좋다
мой, моя́, моё; мои́ 나의
молодёжь[여] 청년층, 청년 남녀, 젊은이들
молодо́й (мо́лод, -á, -о; -ы) 젊은
молоко́ 우유
молча́ть (II)(молчу́, молчи́шь)
замолча́ть (II)[완] 침묵하다, 잠잠하다
мо́ре 바다
Москва́ 모스크바(Moscow)
моско́вский 모스크바의
мочь (I) (могу́, мо́жешь; мо́гут) 할 수 있다
муж 남편
мужчи́на [남] 남자, 남성, 사나이
музе́й 박물관
Политехни́ческий музе́й 공학기술 박물관
Литерату́рны музе́й 문학 박물관
му́зыка 음악
мы 우리들
мыть (I) (мо́ю, мо́ешь)씻다, 닦다
помы́ть (I)[완]
мя́со 고기, 육류
мяч 공(ball)
игра́ть в мяч 공을 치며 놀다

-Н-

на (+대) 으로, 위로; ~만큼(정도) (+전) 에, 뒤에
наве́рно[부] 필시, 아마도, 틀림없이
над(+조) 위에(공간을 사이에 두고)
наде́яться (I)
понаде́яться (I)[완] 기대하다, 바라다
на́до 필요하다, 필요로하다, 해야한다
найти́ (I)[완] (найду́, найдёшься) (находи́ть의 완)
найти́сь (I) (найду́сь, найдёшься) (находи́ться의 완)
наконе́ц [부] 마침내, 드디어, 마지막에
написа́ть (I)[완] (напишу́,-шешь) (писа́ть의 완)
напи́ток 음료(수)
наприме́р 예를들면
как наприме́р 예를들면
наро́д 인민, 군중, 민중, 민족
наро́дный 인민의, 민중의, 민족의
на́сморк 코감기
наступа́ть (I)(때가) 도래하다, 다가오다, 공격하다
наступи́ть (II)[완] (наступлю́, -у́пишь)
находи́ть (II)[불완] (변화 нахожу́, нахо́дишь)

найти́ (I)[완] 찾다, 발견하다
находи́ться (II) (변화=ходи́ть)
найти́сь(I)[완] 있다, 존재하다
нача́ло[중] 시작, 기원, 시초
начина́ть (I) 시작하다, ~ся 시작되다
нача́ть (I)[완] (начну́, начнёшь)
наш, на́ша, на́ше; на́ши 우리들의
нашуме́ть (II)[완]
(шуме́ть의 완)
не ~이 아니다, 아니~
не так 그렇지(이렇지) 않다
не́бо 하늘
небоскрёб 마천루
неда́вно[부] 얼마전, 최근에
недалеко́ 가까이; 가깝다, 멀지 않다
неде́ля 주[週], 주일
недово́льный (недово́лен, -льна, -льно;-ны)불만스런, 만족치 못한
нездоро́вый (нездоро́в, -а, -о; -ы) 건강치 못한, 병든
нельзя́ (+미정형) 못한다, 하면 안된다
немно́го 약간, 조금
неохо́тно [부] 마지 못해서, 싫은 것을 억지로
неприя́тно 불쾌하게; 불쾌하다
не́сколько 약간의, 몇 개의
нести́ (I)[정] (несу́, несёшь)
носи́ть[불완] 가지고, 지니고 가다
нет 아니다, 없다
ни...ни... ~도 ~도 (부정문)
ни ра́зу не 한번도 ~없다
никогда́ 절대로, 한번도 결코(부정문에서)
ничего́ 아무것도; 괜찮다
но[접] 그러나
но́вый (но́в, -а́, -о; -ы) 새로운, 새
что но́вого? 뭐 새로운 소식 있습니까?
нога́ (단·생 ноги́; 복·주 но́ги) 발, 다리
но́мер 번호, (아파트, 호텔의)방
носи́ть (I)[부정] (ношу́, но́сишь)
нести́[정] 가지고, 지니고 다니다
носово́й плато́к 손수건
носо́к (복·주 носки́) 양말(짧은)
ночь[여] 밤
но́чью[부] 밤에
всю ночь 밤새도록, 온 밤을
ноя́брь[남] 11월
нра́виться (II)[불완] (нра́влюсь, -вишься)
понра́виться (II)[완] 마음에 들다
ну 자, 그럼, 뭐
ну так что же? 그래서 대체 어쨌다는 거요?
ну́жно 필요하다
всё что ей ну́жно 그 여자에 필요한 모든 것
ну́жный (ну́жен, нужна́, ну́жно; нужны́) 필요한
Нью-Йо́рк 뉴이오르끄(New York)
ня́ня 유모, 보모

-O-

о, об, обо (+전) 대하여, 관하여
оба́ [남, 중], о́бе[여] 쌍방의, 양쪽의
обе́д 식사(정식), 점심
обе́дать (I) 식사하다, 점심을 먹다
пообе́дать (I)[완]
обеща́ть (I) 약속하다

поoбещáть (I)[완]
óбраз (복·주; óбразы) 모양, 형상, 방법
какúм-то óбразом 그 어떤 방법으로
обрáтно[부] 다시(되), 제자리로
обращáть (I) 향하다, 방향을 돌리다
обратúть (II)(치)[완]
обращáть внимáние 주의를 돌리다(기울이다)
объяснять (I)
объяснúть (II)[완] 해석하다, 설명하다, 변명하다
обыкновéнно[부] 보통의 경우, 통상
обы́чно[부] 보통의 경우, 어느때는
обязáтельно[부] 반드시, 꼭, 필히
Огонёк 잡지명(등불)
огорóд 채소밭
огрóмный (огрóмен, -мна, -мно; -мны) 거대한, 방대한
одевáть (I) 옷을 입히다, ~ся 옷을 입다
одéть (I)[완] (одéну, одéнешь)
одéжда 의복, 의류
одúн, однá , однó; однú 하나의, 유일한, 어떤, 다만...
одúн раз 한번(은), 언젠가
одúннадцать 11
однáжды[부] 어느날, 언젠가
окнó (복주 óкна; 복생 óкон) 창문
óколо (+생) 가까이, 근처에, 약(約)
октя́брь[男] 10월
он, онá, онó; онú 인대(人代)의 3인칭
опáздывать (I) (시간에) 늦다, 지각하다
опоздáть (I) [완]
óпера 오페라, 가극(opera)
óпытный (óпытен, óпытна, -о; -ы)경험많은, 노련한
опя́ть[부] 다시, 다시금, 또 다시
óсень[여] 가을
óсенью[부] 가을에
основáтель[남] 창설자, 설립자
оставля́ть (I)
остáвить (II)[완] (остáвлю, вишь) 남기다, 남겨두고 떠나다
останáвливаться (I)
остановúться (II)[완] 멈춰서다, 정지하다, 머물다
~ в гостúнице 호텔에 투숙하다
от(+생) 부터; ~로 해서, 때문에(원인)
от..до ~부터 ~까지
отвéт 대답, 회답
отвечáть (I) 대답하다
отвéтить (II)[완] (отвéчу, -вéтишь)
отдавáть (I) (отдаю́, отдаёшь)
отдáть(불) (변화=дать) 내주다, 양도하다
óтдых 휴식
отдыхáть (I) 휴식하다, 쉬다
отдохну́ть (I)[완]
отéц (단·생; отцá) 아버지, 부친
открывáть (I)
откры́ть (I)[완] (открóю, -крóешь) 열다, 개시하다
отойтú (I)[완] (отойду́, -йдёшь) (отходúть의 완)
óтпуск 휴가
отставáть (I) (отстаю́, отстаёшь)
отстáть (I)[완] (변화=стать) 뒤떨어지다
часы́ отстáют 시계가 늦다
отсю́да[부] 여기로부터

отту́да[부] 거기로부터
отходи́ть (II·치) (отхожу́, отходи́шь)
отойти́ (I)[완] 물러가다, 물러서다
отъе́зд 출발
охо́тно[부] 기꺼이
о́чень[부] 매우, 몹시, 대단히
очки́ (복) (복·생; очко́в) 안경

-П-

па́дать (I) 떨어지다, 넘어지다
упа́сть (I)[완]
паке́т 봉지, 꾸러미
па́лец (단·생; па́льца) 손가락
па́лка 막대기, 지팡이
пальто́ [중] (불변) 외투
папиро́са 궐련(담배)
пара́д 열병, 시위행진
па́рк 공원
пассажи́р 승객, 여객
пе́ние 노래, 성악
пе́рвый 제 1의, 첫
в пе́рвый раз 처음으로
перево́д 번역물, 번역
переводи́ть (II) (-вожу́, -во́дишь)
перевести́ (I)[완] (변화=вести́) 옮기다
пе́ред(+조) ~앞에, 눈앞에
передава́ть (I) (-даю́, -даёшь)
переда́ть (불)[완](변화=дать) 전달하다
переезжа́ть (I) 건너가다, 옮겨다가, 이사하다
перее́хать(I)[완] (-е́ду, -е́дешь)
перемени́ть (II)[완]
меня́ть (I) 변경하다, 갈아대다, 바꾸다
перо́ (복·주; пе́рья) 펜(pen)
ве́чное перо́ 만년필
пе́сня 노래
петь (I) (пою́, поёшь) 노래하다
печа́льный (печа́лен, -льна, -льно; -льны) 슬픈, 서글픈, 비애의
пешко́м [부] 걸어서, 도보로
пи́во 맥주
пикни́к 피크니크, 소풍
пионе́р (공산) 소년단원
писа́тель [남] 작가, 문사(文士)
писа́ть (I) (пишу́, пи́шешь)(편지, 소설 등을) 쓰다
написа́ть(I)[완]
пи́сьменный 필기용, 필기를 위한
пи́сьменный стол 책상
письмо́ (복·주; пи́сьма) 편지
пить (I) (пью, пьёшь) 마시다, 건배하다
вы́пить(I) [완]
пла́кать (I) (пла́чу, пла́чешь) 울다
запла́кать (I)[완]
племя́нник 조카
племя́нница 조카딸, 질녀(姪女)
пло́хо[부] 나쁘게, 잘못; 나쁘다
плохо́й (плох, -а́, -о; -и́) 나쁜, 불량한, 좋지못한
пло́щадь[여] 광장, 면적
по(+여) ~을 따라(표면을), ~마다, ~씩
по-англи́йски 영어로(in English)
побежа́ть (побегу́, побежи́шь) (бежа́ть의 완)
побоя́ться (II) (побою́сь, побои́шься)두려워하다 (боя́ться의 완)

повести́ (I) (поведу́, поведёшь)
(вести́의 완)
повторя́ть (I)
повтори́ть (II)[완] 되풀이 하다, 반복하다, 복습하다
поговори́ть (II) [완] 말하다, 의논하다
говори́ть (II)[불완]
пого́да 날씨, 일기
погуля́ть (I)[완] (гуля́ть의 완)
под (+대) 밑으로(방향)
(+조) 밑에(장소)
подари́ть (II)[완]
(дари́ть의 완)
пода́рок 선물
подержа́ть (II)[완] (подержу́, -де́ржишь)
(держа́ть의 완)
по́дле(+생) 곁에, 바로곁에
поднима́ться (I)
подня́ться (I)[완](-нимусь, -ни́мешься) 올라가다, 일어나다
подойти́ (I)[완] (подойду́, -йдёшь)
(подходи́ть의 완)
подру́га 여자친구
поду́мать (I)[완]
(ду́мать의 완)
поду́ть (I)[완]
(дуть의 완)
подходи́ть(II) (подхожу́,-хо́дишь)
подойти́ (I)[완] 가까이 가다, 접근하다
по́езд 기차, 열차
пое́сть(불)[완] (변화=есть)(조금) 먹다, 다 먹어버리다
пое́хать (I)[완] (пое́ду, пое́дешь)
(е́хать의 완)
пожале́ть (I)[완]
(жале́ть의 완)
пожа́луйста 제발(please), 어서
пожива́ть (I) 지내다, 살다
Как вы пожива́ете? 어떻게 지내십니까?
поза́втракать (I)[완]
(за́втракать의 완)
позади́ [부] 뒤에, 배후에, 지나서
позва́ть (I) (позову́, позовёшь) (звать의 완)
позвони́ть (II)[완] (звони́ть의 완)
~ по телефо́ну 전화를 걸다
по́здно[부] 늦게; 늦다
познако́миться (II)[완] (-млюсь, -мишься) (знако́миться의 완)
по-испа́нски 스페인어로
пойти́ (I)[완] (пойду́, -дёшь; -у́т)
(идти́의 완)
пока́[부] ~하는 동안(은), 지금 같아서는
пока́зывать (I)
показа́ть (I)[완] (покажу́, -ка́жешь) 보여주다, 제시하다, 가리키다
~ на го́лову 머리를 가리키다
поко́й 안정, 평온
не даёт поко́я 귀찮게 굴다
покупа́ть (I)
купи́ть (II)[완] 사다(買), 매입하다
покури́ть (II)[완](잠시) 담배를 피우다
(кури́ть의 완) (курю́, ку́ришь)
поку́шать (I)[완]
(ку́шать의 완)
пол 마루(바닥), 방바닥

по́ле 들, 벌판, 밭
полежа́ть (II)[완] (полежу́,
полежи́шь) (лежа́ть의 완)
политехни́ческий 공학의, 기술의
поли́тика 정치, 정책, 정략
по́лка 선반, 책꽂이, 서가(書架)
полови́на 반(半), 1/2
положи́ть (II)[완] (положу́, поло́жишь)
(класть의 완)
получа́ть (I)
получи́ть (II)[완] (получу́,
полу́чишь) 받다, 얻다
полчаса́ 반시간
за полчаса́ до(+생) ~하기 반시간
전에
по́льзоваться (I) (-зуюся, -зуешься)
사용하다, 이용하다
по́мнить (II) 기억하고 있다
помы́ть (I)[완] (-мо́ю, -мо́ешь;
-мо́ют) (мыть의 완)
понеде́льник 월요일
понима́ть (I)
поня́ть (I)[완] (пойму́, поймёшь;
пойму́т) 이해하다, 알다
понра́виться (II) (-влюсь, -вишься;
-вятся) (нра́виться의 완)
пообе́дать (I)[완] (обе́дать의 완)
попада́ть (I) 굴러들다, (어떤 상태
에) 빠져들다
попа́сть (I)[완] (-аду́, -адёшь; -аду́т)
попроси́ть (II)[완] (попрошу́, -
про́сишь) (проси́ть의 완)
порабо́тать (I)[완] (잠시, 조금) 일하다
рабо́тать(I)
портре́т 초상, 초상화
по-ру́сски 러시아어로, 러시아식으로
посеща́ть (I)
посети́ть (II)[완] (посещу́, -ети́шь:
-тят) 방문하다, 찾아가다
посиде́ть (II)[완] (посижу́, -сиди́шь)
(сиде́ть의 완)
по́сле(+생) ~후에, 끝난 다음에, 뒤에
после́дний, -яя, -ее; -ние 마지막의
за после́днее вре́мя 요사이, 최근에
послу́шать (I)[완]
(слу́шать (I)의 완)
посмотре́ть (I)[완] (смотре́ть의 완)
поспа́ть (II)[완] (посплю́, -спи́шь)
(спать의 완)
посреди́ (+생) 한가운데, 가운데
поста́вить (II)[완] (-ста́влю, - ста́вишь)
(ста́вить의 완)
посте́ль 잠자리, 침구
постоя́ть (II)[완]
(стоя́ть의 완)
посу́да 식기
поте́чь (I)[완] (потеку́, -течёшь)
(течь의 완)
потоло́к 천장
пото́м[부] (그)다음에, 후에
потому́ что 왜냐하면
поу́жинать (I)[완]
(у́жинать의 완)
по-францу́зски 프랑스어로
поцара́пать (I) 할퀴다
(цара́пать의 완)
поцелова́ть (I)[완](-лу́ю, -лу́ешь)
(целова́ть의 완)
почему́ 왜, 어째서
почи́стить (II)[완] (почи́щу, -и́стишь)

(чи́стить의 완)
по́чта 우편(물), 우체국
почти́[부] 거의
почу́вствовать (I)[완] (-чу́вствую, -чу́вствуешь) (чу́вствовать의 완)
поэ́т 시인(詩人)
поэ́тому(부) 그렇기(이렇기) 때문에, 그래서
появля́ться (I) 나타나다, 출현하다
появи́ться (II)[완] (-влю́сь, -я́вишься)
пра́вда 진실, 진리; 정말로, 옳다
пра́вильно 옳게, 정확하게; 옳다, 정확하다
пра́вило [중] 규칙, 법칙, 원칙
пра́вильный 옳은, 정확한, 규칙적인
пра́вить (II) (пра́влю, пра́вишь) 운전하다, 조종하다
пра́вый(прав, -á, -о; -ы) 우측의, 올바른, 정당한, 공정한
пра́здник 경축일, 휴일
пра́ктика 실습, 실무
предпочита́ть (I) ~쪽을 (더) 좋아하다
предпоче́сть (I) (-почту́, -чтёшь)
представля́ть (I)
предста́вить (II)[완] (-ста́влю, -вишь) 제출, 제시하다, 소개하다
прекра́сно[부] 썩잘, 아주 훌륭히
прекра́сный (прекра́сен, -сна, -сно; -сны) 썩좋은, 아주 아름다운
при(+전) 부속되어, 있는데서, 시대에
прибежа́ть[완] (변화=бежа́ть) 달려오다
привести́ (I)[완] (приведу́, -ведёшь) (проводи́ть의 완)
приве́т 인사(말); 환영사
приве́тствовать (I) (-вую, -вуешь) 인사하다, 환영하다
приводи́ть (II) (привожу́, -во́дишь,)
привести́ (I)[완]
привози́ть (II) (приво́жу, -во́зишь)
привезти́ (I)[완] (-везу́, -везёшь)
приглаша́ть (I)
пригласи́ть (II)[완] (-глашу́, -си́шь) 초대하다, 초청하다
приготовля́ть (ся) (I)
пригото́вить (ся) (II)[완] 준비하다
придти́=прийти (I)[완] (приду́, придёшь) (приходи́ть의 완)
прие́зд 도착(차를 타고)
приезжа́ть (I)
прие́хать (I)[완] (прие́ду, -е́дешь) (타고)오다, 도착하다
приле́жный (приле́жен, -жна, -жно; жны) 근면한, 부지런한
принадлежа́ть (II) ~에 속해있다, ~의 소유이다
приноси́ть (II) (приношу́, -но́сишь)
принести́ (I)[완] (принесу́,-сёшь) 가져오다
приро́да 자연, 천성, 본성
присыла́ть (I) 보내오다, 보내다, 송부하다
присла́ть (I)[완] (пришлю́, -шлёшь)
приходи́ть (II)
прийти́ (I)[완] 오다
причёсывать (ся) (I) 머리를 빗겨주다(빗다)
прия́тный (прия́тен, -я́тна, -я́тно; -я́тны) 유쾌한, 기분좋은, 즐거운

про (+대) ~에 대하여
проводи́ть (II)
провести́ (I)[완] 보내다
прогу́лка 산책, 소풍
на прогу́лку 산책을 하러
продава́ть (I) (변화=дава́ть)
прода́ть(불)[완] (변화=дать)
팔다(賣)
продолжа́ть (I)
продо́лжить(II)[완] 계속하다
проду́кты(복) 식료품
проезжа́ть (I) (타고) 통과하다, 지나가다
прое́хать(I)[완]
произноше́ние 발음
пройти́ (I)[완]
(проходи́ть의 완)
проката́ться (I)[완]
(ката́ться의 완)
~ на конька́х 스케이트를 타다
~ на лы́жах 스키이를 타다
проси́ть (II) 청(請)하다
попроси́ть(II)[완]
простота́ 솔직(함), 소박(함), 단순(함)
простужа́ться (I)
простуди́ться (II)[완] 감기에 걸리다
си́льно~ 심한 감기에 걸리다
про́тив(+생) 반대하여, 맞서서, 맞은편에
профе́ссор 교수
прохла́дно 신선하게; 신선하다, 상쾌하다
проходи́ть (II) (прохожу́, -хо́дишь)
пройти́ (I)[완] 통과하다, 지나가다
прочита́ть (I)[완]
(чита́ть의 완)
про́шлый 과거의
в про́шлом году́ 작년에
проща́й, проща́йте 안녕히 계십시오
проща́ть (I) 용서하다
прости́ть (II)[완] (прощу́, -сти́шь)
пры́гать (I) 뛰어오르다, 도약하다, (껑충)뛰다
пры́гнуть(I)[완]
пря́мо 곧바로, 곧장
пря́таться (I) (пря́чусь, -чишься)
숨다. с~ [완]
пти́ца 새, 조류
пу́блика 관중, 세상(사람들)
путь(+동사 3인칭현재) ~하게 하다
пье́са 희곡, 각본
дава́ть пье́су } (희곡을) 상연하다
ста́вить пье́су }
пятиле́тка 경제개발 5개년 계획
пятна́дцать 15
пя́тница 금요일, в~ 금요일에
пять 5
пятьдеся́т 50
пятьсо́т 500

-Р-

рабо́та 일, 작업, 노동
рабо́тать (I) 일하다, 작업하다, 연구하다
порабо́тать[완] (조금) 일하다
рад (-а,-о;-ы) 기쁘다, 반갑다
ра́ди(+생) ~을 위하여
раз (한)번, (일)회
не раз 한두번이 아니라, 여러 번
ни ра́зу не 한번도 ~없다

разбива́ться (I)
разби́ться (I)[완] 부서지다, 깨지다
разбо́рчивый (разбо́рчив, -а, -о; -ы) 까다로운, (보는 눈이) 높은
ра́зве [부] 과연 ~인가, 정말 ~인가
разгова́ривать (I) 이야기하다, 담소하다
разгово́р 회화, 대화
ра́зный 여러가지의, 각종의
ра́но 일찍이; 이르다
ра́ньше[比] 더 일찍이; (그)정에
расска́зывать (I) 이야기를 하다
рассказа́ть (I)[완]
раста́ять (I)[완] (та́ять의 완)
ре́дко 드물게, 더러; 드물다
река́ (복·주; ре́ки) 강(江)
ремо́нт 수리, 수선
рестора́н 요리점, 식당, 음식점
реша́ть (I) 결정, 결심하다, 해결하다
реши́ть (II)(완)
роди́тели[복] 양친, 부모
роди́ться (II)[완] 태어나다, 출생하다
рожда́ться (I)[불완]
родно́й 친(어머니의, 형 등의), 혈연의, 고향의
рожде́ние 출생, 탄생, 해산
день рожде́ния 생일(生日)
рома́н 장편소설
рот (단·생; рта) 입(口)
роя́ль[남] 그랜드 피아노
игра́ть на роя́ле 피아노를 연주하다
руба́шка 루바아쉬까, 러시아풍의 셔츠
рубль[남] 루우불리(러시아의 화폐단위)
рука́(복·생; ру́ки) 손, 팔
ру́копись [여] 원고, 초고
ру́сский 러시아의, 러시아인의
[남명] 러시아인
ры́ба 물고기, 생선

-С-

с, со(+생) ~부터, 위로부터; (+조)함께, ~와 더불어
с тех пор 그때부터
сад 정원, (소)공원
сади́ться (II) 앉다
се́сть (I)[완]
сам, сама́, само́; са́ми 자기, 자신; 바로 그, 그 자체
самолёт 비행기
са́мый 바로 그; (+형) 가장~
сэндвич 샌드위치
са́ни(복) (복·생; сане́й) 썰매
свети́ть (II) 빛나다
свида́ние 면회, 상면, 밀회
до свида́ния (헤어질 때의 인사)
до ско́рого свида́ния (")
свобо́дно[부] 자유롭게, 마음대로
свобо́дный (свобо́ден, -дна, -дно; -дны) 자유로운, 한가한, 비어있는
свой, своя́, своё, свои́ 자기, 자신의, 독특한
сде́лать (I)[완]
(де́лать의 완)
себя́ 자기·자신을
сего́дня [부] 오늘
сейча́с [부] 지금, 금방, ~же 즉각
секре́т 비밀, 비결
семна́дцать 17

семь 7
се́мьдесят 70
семьсо́т 700
семья́ 가족, 가정
сентя́брь[남] 9월
се́рый (сер, -á, -о; -ы) 잿빛의, 회색의
сестра́ 누이, 자매
сесть (I)[완]
(сади́ться의 완)
сиде́ть (II) 앉아있다
(посиде́ть의 완)
~ до́ма 집에 (앉아)있다
си́льно[부] 심히, 몹시, 강하게, 세차게
си́льный (силён, -льна́, -льно; -льны́)
си́ний (синь, синя́, си́не; си́ни) 푸른(靑)
сказа́ть (I)[완]
(говори́ть의 완)
ска́зка 옛날이야기, 이야기
ско́лько 얼마, 몇 개, 얼마만큼
ско́лько уго́дно 실컷, 마음껏
ско́ро 곧, 이내, 빨리
ско́рый (скор, -á, -о; -ы) 빠른, 신속한, 급한
скот 가축
скри́пка 바이얼린
игра́ть на скри́пке 바이얼린을 켜다(연주하다)
ску́чно 재미없다, 지루한, 심심한
сле́дующий (-ая, -ее; -ие) 다음의, 다음과 같은
сли́шком[부] 너무 지나치게, 과도하게
слова́рь[남] 어휘, 사전
сло́во 낱말, 단어, 말
слу́чай 사건, 기회, 경우
случа́ться (I) (일이)일어나다, 발생하다, (일을)당하다
случи́ться (II)[완]
слу́шать (I) 듣다, 경청하다
послу́шать (I)[완]
слы́шать (II) 듣다, 들리다
услы́шать (II)[완]
смех 웃음
смея́ться (I) 웃다
засмея́ться (I)[완]
смотре́ть (II) 바라보다, 보다, 주목하다
посмотре́ть(II)[완]
смочь (I)[완]
(мочь의 완)
снача́ла [부] 우선, 처음에
снег 눈
снима́ть (I) 벗기다, (사진을)찍다
снять (I)[완] 세(貰)내다
снять но́мер, кварти́ру 셋방(셋집)을 얻어들다
соба́ка 개(犬)
собира́ться (I) 모이다, 할 차비를 하다
собра́ться (I)[완]
собра́ние 회의, 모임; 수집
сове́тский 쏘베트의(Soviet)
Сове́тский Сою́з 쏘베트 연방
совсе́м [부] 전혀, 전연, 완전히
сожале́ние 유감
к сожале́нию 유감스럽게도
солда́т 병사, 병정, 군인
со́лнце 태양, 해
сон 잠, 꿈
ви́деть сон 꿈을 꾸다
со́рок 40
сосе́д[남] 이웃사람, (복)(сосе́ди)

сосéдка[여] 이웃여자
сосчитáть (I)[완] (считáть의 완)
сóтня 100
сочинéние 저술, 작문, 저작
сочинять (I) 글을 쓰다, 작문하다, 글을 짓다, 작곡하다
сочинúть (II)[완]
спасúбо 고맙소
спать (II) 잠자다
поспáть (II)[완]
спектáкль[남] 흥행(물), 연극, 구경거리
специáльный 특수한, 전문적인
спешúть (II) 급히하다, 서두르다
поспешúть (II)[완]
спокóйно[부] 조용히, 평온하게, 태연하게
спрáшивать (I) 묻다, 질문하다
спросúть (II)[완]
спрятаться (I)[완] 숨다
(прятаться의 완)
средá 수요일
в срéду 수요일에
средú (+생) 한가운데, 중앙에, 가운데
СССР(Союз Совéтских Социалистúческих Респýблик) 쏘련(쏘베트 사회주의 공화국 연맹)
стáвить (II) 세워놓다
постáвить (II)[완]
~ пьéсу 희곡(연극)을 상연하다
стакáн 컵(glass). 잔
Сталингрáд 스탈린그라드
становúться (II) 서다, ~이 되다
стать (I)[완]
стáнция 정거장(station)
старúк 노인
стáрый (стар, -á, -о; -ы́) 늙은, 낡은, 옛날의, 고대의
стать(I)[완]
(становúться의 완)
стенá 벽, 장벽 (복·주; стéны)
стенографúстка 여자 속기사
сто 100
стóить (II) 값이 있다, 값이 나가다
Скóлько э́то стóит? 이것은(값이) 얼마입니까?
стол 책상, 탁자, 식탁, 상
столúца 수도(首都)
столóвая [여] 식당
стóлько 그 만큼, ~만큼
сторонá (복·주; стóроны) ~쪽, 面, 방면(方面)
стоять (II) 서있다.
постоять (II)[완]
странá 나라, 국가
стрáнный, (-áнен, -аннá, -áнно) 기이한, 괴상한, 기묘한
студéнт 대학생
студéнтка 여자 대학생
стул 상, 책상, 식탁
стучáть (II) 뚜드리다
постучáть (II)[완]
сумéть (I)
(умéть의 완)
суп 스프(soup)
счастлúвый (счáстлив, -а, -о; -ы) 행복한, 운이 좋은
счáстье 행복
к счáстью 다행이도
считáть (I) 수(數)를 세다, 계산하

다, 셈하다
США (Соеденённые Шта́ты Аме́рики의 약어) 아메리카 합중국
сын (сыновья́, сынове́й, сыновья́м, -е́й, -ья́ми, -ья́х) 아들, 후예
сыр 치즈(cheese)
сюда́ [부] 이리로
сюрпри́з 뜻밖의 일, 뜻밖의 선물

-Т-

так [부] 그렇게, 그처럼; 매우, 아주
так давно́ 아주 오래 되었다
так же..как ~와 똑같이(그렇게)
так как 왜냐하면, ~하기 때문에, 그런고로
так...как ~처럼 그렇게
так ча́сто 매우 자주
не так 그렇지 않다, 그게 아니다
та́кже[부] 역시, 또한
тако́й 그러한, 이러한
такси́ 택시(taxi)
там[부] 저기, 저곳에, 그곳에
та́нец 댄스(dance)
танцева́ть(I) 무용하다, 춤추다
потанцева́ть (I)[완]
таре́лка 접시
таска́ть[부정] 끌고다니다, 끌어내다
тащи́ть[정] (тащу́, та́щишь)
та́ять (I) (та́ю, та́ешь) 녹다, 사라지다
раста́ять(I)[완]
т.е. = то есть 즉, 다시 말하면
теа́тр 극장, 연극
текст 텍스트(text), 본문
телефо́н 전화
звони́ть (позвони́ть) по телефо́ну 전화를 걸다
те́ннис 테니스, 정구
тепе́рь[부] 지금, 이제, 현제는
те́плый (тёпел, тепла́, -о́; -ы́) 따스한
тетра́дь[여] 공책, 노오트
тётя 아주머니(叔母)
те́хника 기술
те́хникум 직업 기술학교
течь (I) (теку́, течёшь)
потёчь(I)[완] 흐르다
ти́хий (тих, -а́, -о; -и) 고요한, 조용한
то[접] 그러면, 그때는, 혹은
то есть =т.е. 즉, 다시 말하면
кро́ме того́ 그 밖에(도)
с тех пор 그 때부터
това́рищ 동지, 동무, 친구
тогда́ [부] 그때, 그 당시; 그렇다면
то́же[부] 역시, 또한
то́лько[부] 다만, 오직 ~뿐
то́лько что 방금
как то́лько ~하자마자
тому́ наза́д ~전(前)에
трава́ 풀(草)
тра́ктор 트랙터(tractor)
трамва́й 전차
три 3
три́дцать 30
трина́дцать 13
три́ста 300
тротуа́р 보도(步道)
труд 노동, 일
с трудо́м 간신히, 겨우
тру́дный (тру́ден, -дна́, -дно; -дны́) 어려운, 곤란한
туда́ [부] 저리로, 그곳으로

турист 관광객, 유람객
тут[부] 여기, 그때, 이때
туфли(복) 단화, 실내와, 운동화
ты 너, 그대
тысяча 1000
с тремя тысячами офицеров 3000 명의 장교와 함께
тысячный 제 1000의, 천번째의

-У-

у(+생) 옆의, 곁에; 에게(소유의 뜻으로)
у вас, меня, нас, неё, них
у нас 우리에게는 ~이 있다(가지고 있다)
у них 그들에게는 ~이 있다
увидеть (II)[완]
(видеть의 완)
уговаривать (I) 설득하다, 설복하다, 타이르다
уговорить (II)[완]
угол (단·생 угла, 전 углу) 구석, 모퉁이, 귀퉁이
ударить (II) 때리다, 치다
ударять (I)[불완]
удобный (удобен, -бна, -бно; -бны) 편리한, 기분이 좋은
удовольствие 만족, 즐거움, 쾌락
уезжать (I) 떠나가다, 출발하다
уехать (I)[완]
ужасно 무섭게; 무섭다, 심하다
уже[부] 이미, 벌써
ужинать (I) 저녁을 먹다 по-[완]
узкий (узок, узка, - о; -и) 좁은, 협소한
узнавать (I) 알아보다
узнать (I)[완]
уйти (I)[완]
(уходить의 완)
улица 한길, 거리, 가(街)
уметь (I) 할 줄 알다, ~할 능력이 있다
суметь(I)[완]
умный (умён, умна, -о; -ы) 현명한, 똑똑한, 지혜있는
умывать (ся) (I) 세수를 시켜주다(세수하다)
умыть (ся) (I)[완]
университет 대학교, 종합대학
уносить (II) 가져가 버리다
унести (I)[완]
упасть (I)[완] 떨어지다, 빠지다
(падать의 완)
упражнение 연습(문제), 실습
ура! 만세!
Урал 우랄지방(Urals)
урок 수업, 학과, 과목
уставать (I) 피로하다, 지치다
устать (I)[완]
усталый (устал, -а, -о; -ы) 피로한, 지친
утро 아침, [부] 아침에
уходить(II) 가버리다, 떠나가다
уйти (I)[완]
учебник 교과서
ученик 생도(남)
ученица 생도(여)
учитель[남] 선생, 스승
учительница 여선생
учить (II)
научить (II)[완] 가르치다

учи́ться (II)
научи́ться (II)[완] 배우다
ушёл, ушли́ (уйти́의 과거)
ую́тный (ую́тен, ую́тна, -тно; -тны)
쾌적한, 아늑한, 기분좋은

-Ф-

фами́лия 성(姓)
февра́ль[남] 2월
флаг 기(旗)
фойе́ (극장의) 복도, 휴게실(lobby)
фортепиа́но 피아노
францу́з 프랑스인
францу́зский 프랑스의
фро́нт 전선(戰線), 전방, 정면
фру́кты(복) 과일
фура́жка(차양이 달린) 모자
футбо́л 축구
футболи́ст 축구선수

-Х-

Хаба́ровск 하바아로프스크(시베리아 동부지방의 도시)
хлеб 빵, 곡물
ходи́ть (II)[부정] (걸어)다니다
ходи́ть пешко́м 걸어서(도보로) 다니다
~ за кем 뒤를 따라 다니다
хо́лодно 차갑게, 차게; 춥다, 차갑다
мне хо́лодно 나는 춥다
холо́дный (хо́лоден, -дна́, -дно; -дны́) 추운, 찬
хоро́ший (хоро́ш, -а́, -о́; -и́) 좋은, 훌륭한
хорошо́ 잘, 훌륭히; 좋다
хоте́ть (хочу́, хо́чешь, хо́чет; хоти́м, хоти́те, хотя́т)
захоте́ть[완] 원하다,~하고 싶어하다
хотя́ [접] 그렇다 하더라도, 비록 ~해도
хотя́ бы 비록 ~하다 하더라도
хо́тется(+미정형) ~하고 싶다
худо́жественный 예술의, 미술의

-Ц-

цара́пать (I) 할퀴다, 낚아채다
поцара́пать (I)[완]
цвет 빛깔, 색, (복·주; цвета)
како́го цве́та? 무슨(어떤) 색입니까?
целова́ть (I) (целу́ю, целу́ешь; -ют) 입맞추다, 키스하다
поцелова́ть(I)[완]
центр 중앙, 중심(지), 센터
Центра́льный Телегра́ф 중앙전신국

-Ч-

чай 차(茶)
ча́йка 갈매기
час 시(時), 시간
в час дня 오후 1시에
часо́в(час의 복·생)
ча́сто[부] 자주, 종종
часы́[복] 시계
чей, чья, чьё; чьи 누구의
челове́к (복·주; лю́ди) 인간, 사람, 사나이
чем [접]~보다
че́рез(+대) 넘어서, 건너서, 경유하여

чéрез недéлю 일주일 후에
Чёрное мóре 흑해(黑海)
чёрный (чёрен, чернá, -о; -ы) 검은, 어두운
четвéрг 목요일
в четвéрг 목요일에
чéтверть 1/4, 15분
четы́ре 4
четы́реста 400
четы́рнадцать 14
чикáго 시카고(Chicago)
числó (복·생; чи́сел) 수, 날자(日)
чи́стить (II) 청소하다, 닦다
прочи́стить (II)[완]
чи́стый (чи́ст, -á, -о; -ы́) 깨끗한, 결백한, 공명정대한
читáть (I) 읽다
почитáть (I)[완] (조금) 읽다
прочитáть (I)[완]
что 무엇; 왜
что бы...ни 무엇이 (무엇을)하더라도
Что с вáми? 어찌된 일이오?
что-то 무엇인가
чтó-нибудь 무엇이든, 아무것이나
чтóбы[접] ~하기 위하여, ~하도록
чу́вствовать (I) (чу́вству-ю, -ешь; -ют) 느끼다, 알아채다
почу́вствовать (I)[완]
чу́до (복·주; чудесá) 기적

-Ш-

шёл, шла, шло; шли (идти́의 과거)
шестнáдцать 16
шесть 6
шестьдеся́т 60
шестьсóт 600
ширóкий (ширóк, -á, -ó; -и́) 넓은, 광범한
шкаф 찬장, 책장, 장롱
шкóла 학교
шля́па 중절모, 부인모
шоколáд 쵸콜렛(chocolate)
шу́ба 털가죽, 외투
шум 소음, 시끄러운 소리
шумéть (II) (шумлю́, шуми́шь, шумя́т) 소음을 내다, 떠들다, 설레다
нашумéть(II)[완] 마구 떠들다, 소동을 일으키다
шу́мный 떠들석한, 소란한

-Э-

экзáмен 시험
эмблéма 상징, 표장(badge)
этáж 층(層)
э́тот, э́та, э́то; э́ти 이~, 그~

-Ю-

ю́бка 치마, 스커트(skirt)
ю́ноша[남] 젊은이, 청년

-Я-

я 나
язы́к 말, 혀
янвáрь [남] 1월
я́сно 분명히, 맑게; 분명하다, 명백하다
я́сный (я́сен, яснá, я́сно; -ы) 맑은, 청명한, 분명한, 명백한

러시아어

1판 1쇄 발행 • 1975년 3월 20일
2판 5쇄 발행 • 2025년 3월 10일

저　　자 • 동완 · 김학수
발 행 인 • 정 현 걸
발　　행 • 신 아 사
인　　쇄 • 삼일문화
출판등록 • 1956년 1월 5일(제9-52호)
주　　소 • 서울특별시 은평구 통일로 59길 4 (2F)
전　　화 • (02)382-6411 • 팩스(02)382-6401
홈페이지 • www.shinasa.co.kr
E-mail • shinasa@daum.net

ISBN 89-8396-175-9

정가 16,000원